선생님이 들려주는 이 책으로 공부해야 하는 이유!

•• **교과서 필수 어휘부터 국어 개념어까지, 꼭 필요한 어휘들을 모두 모았다** 이 책은 학교 수업에 등장하는 기본 어휘들과 한자 성어, 관용어와 속담, 다의어와 동음이의어, 헷갈리기 쉬운 말, 나아가 국어 시험에 나오는 필수 개념어까지, 중학생에게 꼭 필요한 여러 유형의 어휘들을 골고루 담아냈습니다. 총 세 권으로 구성된 이 시리즈를 통해 2,300개 이상의 어휘를 익힘으로써 어휘력이 훌쩍 향상될 수 있습니다.

– 김경아 선생님

•• **어휘력이 부족한 요즘 세대의 아이들에게 반드시 필요한 책** 요즘 청소년들은 영상 매체나 인터넷 매체를 많이 접하고 상대적으로 독서량은 줄어서 어휘력이 많이 부족합니다. 그런데 오늘날과 같은 정보의 바다에서는 필요한 내용을 빠르고 정확하게 읽어 내는 능력이 매우 중요하고, 이러한 독해력은 어휘력에 바탕을 두고 있기에, 어휘력은 그 어느 때보다 중요한 기본 능력입니다. 이 책은 바로 일상생활과 학습에서 꼭 필요한 '어휘력'을 튼튼하게 기를 수 있는 교재입니다.

– 정지용 선생님

•• **깔끔하면서도 지루하지 않은 구성으로 두 마리 토끼를 잡다** 이 교재는 '어휘 풀이+확인 문제'가 2쪽으로 완결성을 지니고 있어 구성이 깔끔하다는 느낌을 줍니다. 그러면서도 1회 안에서 필수 어휘, 주제별 관용 표현, 헷갈리기 쉬운 말, 필수 개념 등 여러 유형의 어휘를 골고루 다루고 있어, 1회 학습 안에서 지루할 틈이 없도록 합니다. 어휘 교재는 선생님과 같이 풀기도 하지만 혼자 공부하는 경우가 더 많을 터인데, 이 책은 알찬 내용을 깔끔하고 다채롭게 구성하여 아이들이 책장 펴기를 망설이지 않을 것입니다.

– 조영숙 선생님

•• **어휘에서 어휘로, 확장 학습이 가능한 효율적인 교재** 이 책은 하나의 어휘를 공부하면서 관련 어휘도 함께 익힐 수 있도록 구성된 점이 돋보입니다. 어휘에 따라 유의어나 반의어를 함께 살펴볼 수 있고, 또 뜻풀이에 다소 낯설거나 어려운 어휘가 포함되어 있으면 풀이를 제시해 주어, 학생들의 이해를 돕고 확장 학습을 유도합니다.

– 심억식 선생님

•• **세분화된 회차로 부담 없이 꾸준한 학습 가능** 이 교재의 큰 장점은 한 회 안에 필요한 학습 요소들을 모두 넣되, 이를 다시 세 부분으로 나누었다는 점입니다. 공부할 어휘가 너무 많아서 어휘 학습에 부담을 느끼는 학생들이 많을 텐데, 이 교재는 하루에 2쪽씩 가볍게 시작하기에 참 좋고 꾸준한 매일 학습으로 이어 가기에도 좋습니다.

– 최소형 선생님

•• **확인 문제로 한 번, 마무리 테스트로 또 한 번 실력 점검!** 이 책의 확인 문제를 풀며 학생들은 어휘의 사전적 의미와 문맥적 쓰임에 대한 이해 정도를 확인할 수 있습니다. 또한 각 회별로 '어휘력 테스트'가 있어서 학생 스스로 학습 결과를 확인하여 부족한 부분을 복습하거나, 부모님 또는 선생님이 학생의 실력을 확인하여 보충 지도를 할 수 있습니다.

– 이은숙 선생님

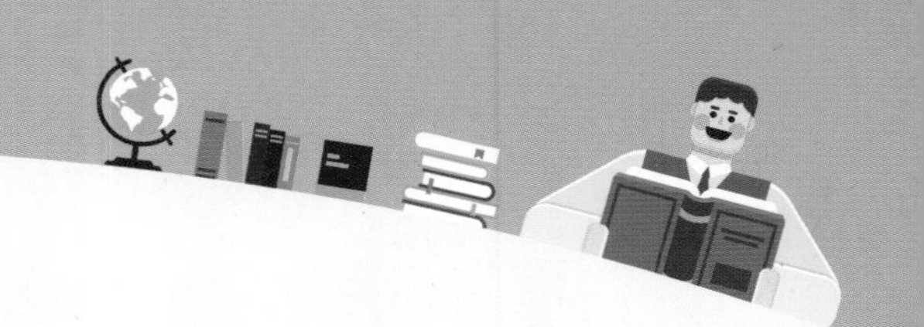

•• **중학생 수준에 맞는 적절한 내용 구성** 이 책은 중학생 수준에서 알아야 할 필수적이고 핵심적인 어휘들을 다루면서 권별로 어휘 수준이 조금씩 높아지고 있어서, 아이들의 어휘력이 차근차근 향상될 수 있습니다. 초등학교의 쉬운 용어 사용에 머무르고 있는 학생들, 중학교 교과서에 많이 나오는 설명문 · 논설문이 잘 안 읽히는 학생들, 〈춘향전〉이나 〈홍길동전〉과 같은 고전 소설이 어렵게만 느껴지는 학생들에게 이 책을 특히 추천하는 바입니다.

– 안정광 선생님

•• **문제 해결 능력은 어휘력에서 출발한다** 아이들을 가르치며, 기초적인 국어 어휘를 몰라서 문제를 못 푸는 경우를 아주 많이 보았습니다. 또한 영어 단어의 경우 스펠링은 외워서 잘 알지만 그에 해당하는 우리말 뜻을 몰라 활용하지 못하는 경우도 종종 봅니다. 결국 국어 어휘를 아는 것이 모든 학습의 뿌리이며, 단단한 뿌리가 있어야 문제도 잘 풀 수 있고 과제도 잘 해결해 낼 수 있습니다. 이 책은 어휘의 뜻풀이와 쓰임을 체계적으로 공부할 수 있어서, 학습의 뿌리를 튼튼하게 만들고 싶은 학생들에게 아주 유용할 것입니다.

– 이지영 선생님

•• **고등학교 공부와 수능의 밑바탕이 되는 교재** 고등학교에서 배우게 되는 다양한 고전 문학에는 한자어나 한자 성어가 많이 등장합니다. 또 최근 수능에서는 독해가 쉽지 않은 긴 비문학 지문들이 등장하고 있고, 다의어나 동음이의어의 의미에 대해 묻는 어휘 문제도 꾸준히 출제되고 있습니다. 어휘력이 뒷받침되지 않으면 이러한 국어 영역에서 고득점을 얻기 어렵습니다. 이 책으로 중학교 때부터 차근차근 어휘 학습을 하면 고등학교 공부와 수능의 기초를 다지는 데 큰 도움이 될 것입니다.

– 김요셉 선생님

•• **'헷갈리기 쉬운 말' 완전 정복!** '느리다, 늘리다, 늘이다'처럼, 평소 실생활에서 자주 사용하는 어휘들 중에는 형태가 비슷하여 의미가 헷갈리는 말들이 있습니다. 이런 어휘들은 언뜻 쉬워 보이지만 실제로 고등학생 아이들도 혼란을 겪는 경우가 많지요. 이러한 '헷갈리기 쉬운 말'들을 모아 짚어 볼 수 있도록 한 점이 이 책의 가장 큰 매력이라고 생각합니다.

– 정난향 선생님

•• **국어의 필수 개념도 놓치지 않는다** '시적 화자, 소설의 시점, 품사' 등의 개념어들은 국어 시험에 나오는 중요한 학습 요소입니다. 따라서 그 의미를 정확히 알고 외워 두어야 하며, 꾸준히 반복 학습을 해야 합니다. 이 책은 여러 유형의 어휘들을 공부하면서 국어의 개념어까지 놓치지 않고 짚어 볼 수 있도록 세심하게 신경 쓰고 있습니다.

– 송경님 선생님

교재 개발에 도움을 주신 모든 선생님들께 깊이 감사드립니다.

김요셉 서울　남지혜 안양　박태순 서울　송경님 이천　심억식 서울　안경순 수원
안정광 순천　오영미 서울　이은숙 서울　이지영 부천　장민애 부천　정난향 부천
정지용 대전　조영숙 서울　최소형 하남　피혜림 가평　한광희 세종　허은경 서울

중학 국어

일등급 어휘력

1

이 책으로 공부해야 하는 이유

하나 어휘력은 곧 학습 능력

- 어휘력은 모든 학습의 기초입니다. 어휘를 알아야 독해가 원활하게 이루어질 수 있고, 문제를 잘 풀 수 있으며, 사고력이 튼튼해질 수 있습니다.
- 이 책의 학습 시스템과 알차고 풍성한 내용으로 어휘력을 확실히 끌어올릴 수 있습니다.

둘 792개의 풍부한 어휘 제시

- 국어 교과서 어휘, 시험에 나오는 어휘, 독서에 필요한 어휘, 타 교과 공부에 도움이 되는 어휘 등 학습 필수 어휘를 모아 표제어로 다루었습니다.
- 표제어의 뜻풀이에 등장하는 어휘를 풀이하거나 유의어·반의어를 추가로 제시하여, 더욱 풍부한 어휘 학습이 가능합니다.

셋 다양한 유형별 어휘 총망라

- 다양한 유형의 어휘를 골고루 모아 구성하였습니다.

필수 어휘 국어 교과서에 나오는, 중학생이 필수적으로 알아야 하는 어휘들을 공부합니다.
관용 표현 주제별로 분류된 한자 성어 · 관용어 · 속담을 공부합니다.
헷갈리기 쉬운 말 형태가 비슷하여 잘못 사용되기 쉬운 어휘들을 공부합니다.
다의어 · 동음이의어 여러 가지 뜻을 지녔거나, 형태는 같지만 의미는 다른 어휘들을 공부합니다.

넷 국어 시험에 꼭 나오는 필수 개념 학습

- 국어 교과서에서 다루는 필수 개념을 문학, 읽기, 문법, 듣기·말하기, 쓰기 등 영역별로 모아 제시하였습니다.
- 필수 개념은 학교 시험에 나올 뿐만 아니라 수능까지 연결됩니다. 따라서 필수 개념을 익힘으로써 내신에 대비하고 동시에 수능 국어의 기초를 쌓을 수 있습니다.

다섯 학습 계획에 따라 단기간, 장기간 모두 활용 가능한 학습 시스템

- 단기 학습을 원하는 경우, 24회로 나뉜 학습 시스템에 따라 단기간 집중 학습으로 24일 만에 어휘력을 빠르게 향상할 수 있습니다.
- 꼼꼼한 학습을 원하는 경우, 한 회를 ①, ②, ③으로 쪼개서 매일 조금씩, 장기간에 걸쳐 꼼꼼히 어휘 공부를 할 수 있습니다.

이 책의 구조와 활용법

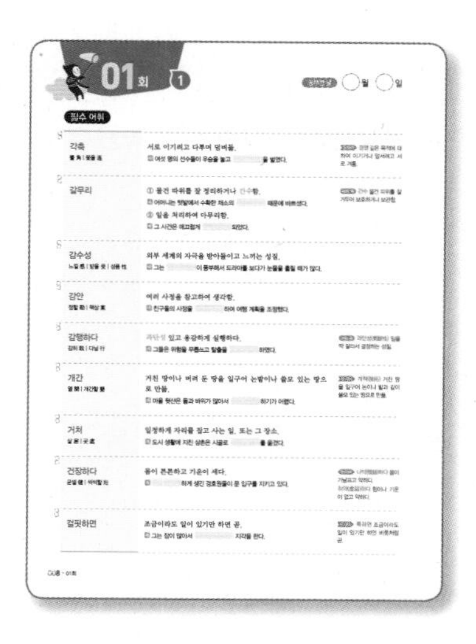

1 스스로 점검하며 **어휘 익히기**

- 유형별로 제시된 표제어의 뜻풀이를 살펴봅니다.
- 예문의 빈칸을 스스로 채우며 어휘가 맥락 속에서 어떻게 쓰이는지를 익힙니다.
- 어휘 쏙, 유의어, 반의어를 짚어 보며 어휘력을 확장합니다.
- 어휘 옆의 체크 박스를 활용해 자신의 어휘 수준을 점검해 봅니다. 어휘 학습 전후로 자신이 확실히 아는 어휘에 체크하고 완벽하게 익히지 못한 어휘는 복습합니다.

2 **문제를 풀며** 실력 다지기

- 다양한 유형의 문제를 풀며 어휘를 잘 익혔는지 확인합니다.
- 어휘의 사전적 의미뿐만 아니라 문맥적 쓰임, 상황에 어울리는 표현 등을 이해하고 있는지 평가할 수 있습니다.
- 필수 개념 문제는 문학 작품, 문법 자료, 읽기 자료 등을 활용하여 개념을 적용해 볼 수 있습니다.
- 채점하여 점수를 기록하고, 틀린 문제의 어휘는 뜻과 예문을 다시 살펴봅니다.

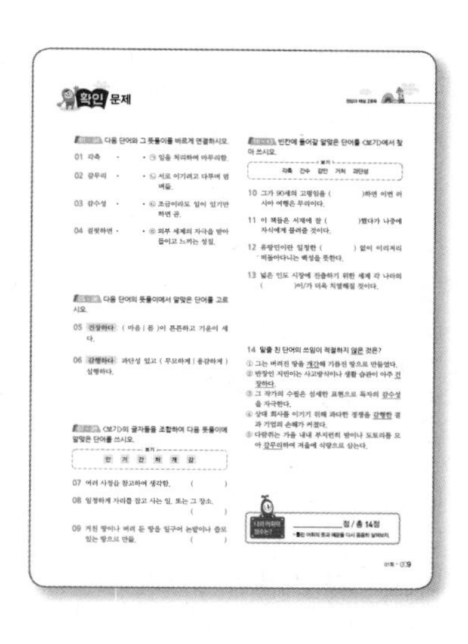

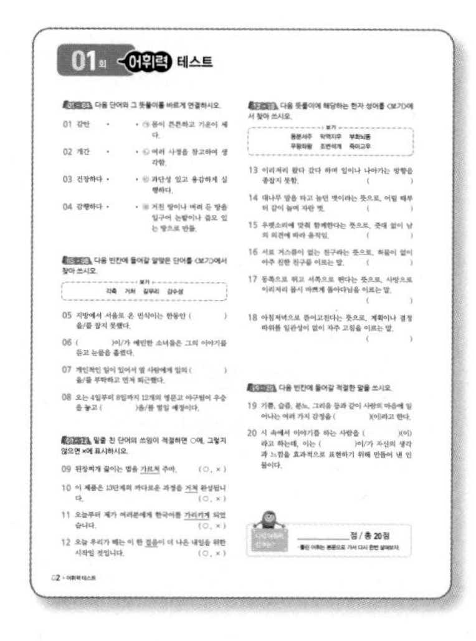

3 **어휘력 테스트**로 실력 완성하기

- 본문 회차와 대응되는 24회의 테스트로 학습 내용을 점검합니다.
- 간단한 문제를 풀며 본문에서 학습한 어휘를 다시 한번 익혀 완전히 자신의 것으로 만듭니다.
- 채점하여 점수를 기록하고, 틀린 문제의 어휘는 본문에서 뜻과 예문을 다시 살펴봅니다.

이 책의 차례

공부한 날 ( )월 ( )일

필수 어휘

각축
뿔 角 | 쫓을 逐

서로 이기려고 다투며 덤벼듦.

예 여섯 명의 선수들이 우승을 놓고 ______을 벌였다.

유의어 경쟁 같은 목적에 대하여 이기거나 앞서려고 서로 겨룸.

갈무리

① 물건 따위를 잘 정리하거나 간수함.

예 어머니는 텃밭에서 수확한 채소의 ______ 때문에 바쁘셨다.

② 일을 처리하여 마무리함.

예 그 사건은 매끄럽게 ______되었다.

어휘 쏙 간수 물건 따위를 잘 거두어 보호하거나 보관함.

감수성
느낄 感 | 받을 受 | 성품 性

외부 세계의 자극을 받아들이고 느끼는 성질.

예 그는 ______이 풍부해서 드라마를 보다가 눈물을 흘릴 때가 많다.

감안
정할 勘 | 책상 案

여러 사정을 참고하여 생각함.

예 친구들의 사정을 ______하여 여행 계획을 조정했다.

감행하다
감히 敢 | 다닐 行

과단성 있고 용감하게 실행하다.

예 그들은 위험을 무릅쓰고 탈출을 ______하였다.

어휘 쏙 과단성(果斷性) 일을 딱 잘라서 결정하는 성질.

개간
열 開 | 개간할 墾

거친 땅이나 버려 둔 땅을 일구어 논밭이나 쓸모 있는 땅으로 만듦.

예 마을 뒷산은 돌과 바위가 많아서 ______하기가 어렵다.

유의어 개척(開拓) 거친 땅을 일구어 논이나 밭과 같이 쓸모 있는 땅으로 만듦.

거처
살 居 | 곳 處

일정하게 자리를 잡고 사는 일. 또는 그 장소.

예 도시 생활에 지친 삼촌은 시골로 ______를 옮겼다.

건장하다
굳셀 健 | 씩씩할 壯

몸이 튼튼하고 기운이 세다.

예 ______하게 생긴 경호원들이 문 입구를 지키고 있다.

반의어 나약(懦弱)하다 몸이 가냘프고 약하다.
허약(虛弱)하다 힘이나 기운이 없고 약하다.

걸핏하면

조금이라도 일이 있기만 하면 곧.

예 그는 잠이 많아서 ______ 지각을 한다.

유의어 툭하면 조금이라도 일이 있기만 하면 버릇처럼 곧.

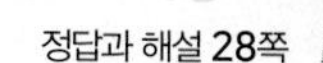

01 ~ 04 다음 단어와 그 뜻풀이를 바르게 연결하시오.

01 각축 • 　 • ㉠ 일을 처리하여 마무리함.

02 갈무리 • 　 • ㉡ 서로 이기려고 다투며 덤벼듦.

03 감수성 • 　 • ㉢ 조금이라도 일이 있기만 하면 곧.

04 걸핏하면 • 　 • ㉣ 외부 세계의 자극을 받아들이고 느끼는 성질.

05 ~ 06 다음 단어의 뜻풀이에서 알맞은 단어를 고르시오.

05 건장하다 : (마음 | 몸)이 튼튼하고 기운이 세다.

06 감행하다 : 과단성 있고 (무모하게 | 용감하게) 실행하다.

07 ~ 09 <보기>의 글자들을 조합하여 다음 뜻풀이에 알맞은 단어를 쓰시오.

보기

안 거 간 처 개 감

07 여러 사정을 참고하여 생각함. ( )

08 일정하게 자리를 잡고 사는 일. 또는 그 장소. ( )

09 거친 땅이나 버려 둔 땅을 일구어 논밭이나 쓸모 있는 땅으로 만듦. ( )

10 ~ 13 빈칸에 들어갈 알맞은 단어를 <보기>에서 찾아 쓰시오.

보기

각축 간수 감안 거처 과단성

10 그가 90세의 고령임을 ( )하면 이번 러시아 여행은 무리이다.

11 이 책들은 서재에 잘 ( )했다가 나중에 자식에게 물려줄 것이다.

12 유랑민이란 일정한 ( ) 없이 이리저리 떠돌아다니는 백성을 뜻한다.

13 넓은 인도 시장에 진출하기 위한 세계 각 나라의 ( )이/가 더욱 치열해질 것이다.

14 밑줄 친 단어의 쓰임이 적절하지 <u>않은</u> 것은?

① 그는 버려진 땅을 <u>개간</u>해 기름진 땅으로 만들었다.
② 반장인 지민이는 사고방식이나 생활 습관이 아주 <u>건장하다</u>.
③ 그 작가의 수필은 섬세한 표현으로 독자의 <u>감수성</u>을 자극한다.
④ 상대 회사를 이기기 위해 과다한 경쟁을 <u>감행한</u> 결과 기업의 손해가 커졌다.
⑤ 다람쥐는 가을 내내 부지런히 밤이나 도토리를 모아 <u>갈무리</u>하여 겨울에 식량으로 삼는다.

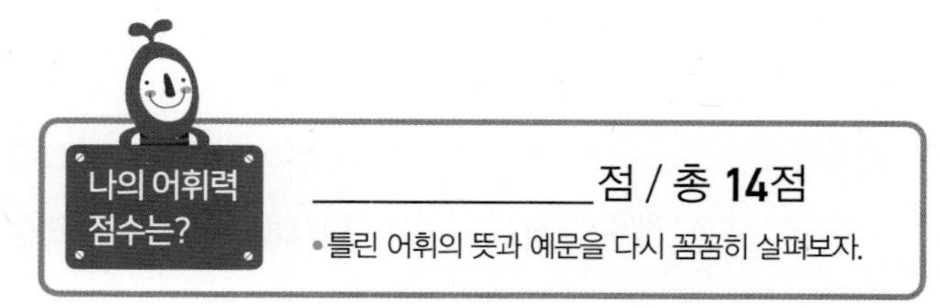

공부한 날 ( )월 ( )일

관용 표현 - 주제별 한자 성어

★ 친구, 우정

관포지교
피리 管 | 절인 물고기 鮑 | 갈 之 | 사귈 交

관중과 포숙의 사귐이란 뜻으로, 우정이 아주 돈독한 친구 관계를 이르는 말.

예 유정이와 소희는 주위에서 ______ 라고 할 만큼 우정이 깊다.

어휘 쏙 돈독(敦篤)하다 서로의 관계에 사랑이나 인정이 많고 깊으며 성실하다.

막역지우
없을 莫 | 거스를 逆 | 갈 之 | 벗 友

서로 거스름이 없는 친구라는 뜻으로, 허물이 없이 아주 친한 친구를 이르는 말.

예 그와 나는 서로 속마음을 모두 털어놓을 수 있는 ______ 이다.

수어지교
물 水 | 물고기 魚 | 갈 之 | 사귈 交

물이 없으면 살 수 없는 물고기와 물의 관계라는 뜻으로, 아주 친밀하여 떨어질 수 없는 사이를 이르는 말.

예 친해서 어디를 가든 항상 함께 다니는 그 둘의 사이는 ______ 라고 부를 만하다.

죽마고우
대 竹 | 말 馬 | 옛 故 | 벗 友

대나무 말을 타고 놀던 벗이라는 뜻으로, 어릴 때부터 같이 놀며 자란 벗.

예 지수는 어린이집부터 중학교까지 함께 다니며 친하게 지내는 ______ 가 둘 있다.

★ 변덕

부화뇌동
붙을 附 | 화목할 和 | 우레 雷 | 같을 同

우렛소리에 맞춰 함께한다는 뜻으로, 줏대 없이 남의 의견에 따라 움직임.

예 그의 단점은 남들이 부추기는 대로 쉽게 ______ 하는 것이다.

어휘 쏙 줏대 자기의 처지나 생각을 꿋꿋이 지키고 내세우는 기질이나 기풍.

조변석개
아침 朝 | 변할 變 | 저녁 夕 | 고칠 改

아침저녁으로 뜯어고친다는 뜻으로, 계획이나 결정 따위를 일관성이 없이 자주 고침을 이르는 말.

예 그 회사는 그때그때의 이익에 따라 ______ 를 일삼는다.

★ 바쁘고 분주함

동분서주
동녘 東 | 달아날 奔 | 서녘 西 | 달릴 走

동쪽으로 뛰고 서쪽으로 뛴다는 뜻으로, 사방으로 이리저리 몹시 바쁘게 돌아다님을 이르는 말.

예 경찰은 사건의 증인을 찾기 위해 ______ 하고 있다.

우왕좌왕
오른쪽 右 | 갈 往 | 왼쪽 左 | 갈 往

이리저리 왔다 갔다 하며 일이나 나아가는 방향을 종잡지 못함.

예 그는 건물 안에서 길을 잃고 ______ 했다.

문제

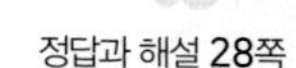

01 ~ 04 다음 뜻풀이에 해당하는 한자 성어를 <보기>에서 찾아 쓰시오.

> **보기**
> 동분서주 수어지교 조변석개 죽마고우

01 대나무 말을 타고 놀던 벗이라는 뜻으로, 어릴 때부터 같이 놀며 자란 벗. ( )

02 동쪽으로 뛰고 서쪽으로 뛴다는 뜻으로, 사방으로 이리저리 몹시 바쁘게 돌아다님을 이르는 말. ( )

03 아침저녁으로 뜯어고친다는 뜻으로, 계획이나 결정 따위를 일관성이 없이 자주 고침을 이르는 말. ( )

04 물이 없으면 살 수 없는 물고기와 물의 관계라는 뜻으로, 아주 친밀하여 떨어질 수 없는 사이를 이르는 말. ( )

05 ~ 08 제시된 초성을 참고하여 다음 뜻풀이에 알맞은 한자 성어를 쓰시오.

05 이리저리 왔다 갔다 하며 일이나 나아가는 방향을 종잡지 못함.

ㅇ		ㅈ	

06 우렛소리에 맞춰 함께한다는 뜻으로, 줏대 없이 남의 의견에 따라 움직임.

		ㄴ	ㄷ

07 관중과 포숙의 사귐이란 뜻으로, 우정이 아주 돈독한 친구 관계를 이르는 말.

ㄱ	ㅍ		

08 서로 거스름이 없는 친구라는 뜻으로, 허물이 없이 아주 친한 친구를 이르는 말.

ㅁ			ㅇ

09 ~ 11 다음 대화 내용과 의미가 통하는 한자 성어를 <보기>에서 찾아 쓰시오.

> **보기**
> 관포지교 부화뇌동 조변석개

09 지원: 이번 시험은 서술형 비중이 70%라며?
수빈: 지난 시험에서는 40%였는데, 도대체 시험 기준이 왜 이렇게 자주 바뀌는 거야?
( )

10 하늘: 요즘 장사가 안 돼서 너무 힘들었는데 도와줘서 정말 고맙다.
기정: 학창 시절에 네가 도와준 것에 비하면 아무것도 아니지. 우리 우정 영원히 변치 말자.
( )

11 성환: 민호가 그러는데, 요즘 몸을 단련하려고 철인 3종을 하는 사람들이 많대. 나도 한번 해 볼까?
현석: 남이 한다고 해서 무작정 따라 하는 것은 좋지 않아. 자기한테 맞는 운동을 해야지.
( )

12 밑줄 친 한자 성어의 쓰임이 적절하지 않은 것은?

① 윤아는 나와 뜻이 아주 잘 맞는 막역지우이다.
② 둘 사이는 수어지교여서 만나기만 하면 아웅다웅 싸운다.
③ 갑자기 비상벨이 울리자 건물 안의 사람들이 우왕좌왕하였다.
④ 그는 연극부에 들어올 신입 부원들을 모으기 위해 동분서주하고 있다.
⑤ 서준이와 태형이는 아기 때부터 학창 시절까지 함께 지낸 죽마고우이다.

나의 어휘력 점수는? ________ 점 / 총 12점
• 틀린 어휘의 뜻과 예문을 다시 꼼꼼히 살펴보자.

공부한 날 ( )월 ( )일

헷갈리기 쉬운 말

가르치다

지식이나 기능, 이치 따위를 깨닫게 하거나 익히게 하다.

예 대학생인 준희는 주말마다 동생에게 수학을 ( )고 있다.

가리키다

손가락 따위로 어떤 방향이나 대상을 집어서 보이거나 말하거나 알리다.

예 시곗바늘이 이미 밤 열 시를 ( )고 있었다.

거름

식물이 잘 자라도록 땅을 기름지게 하기 위하여 주는 물질.

예 농부들이 밭에 ( )을 뿌리고 있었다.

걸음

두 발을 번갈아 옮겨 놓는 동작.

예 지각을 할까 봐 걱정돼서 학교로 향하는 ( )이 빨라졌다.

거치다

① 오가는 도중에 어디를 지나거나 들르다.

예 휴게소를 ( )느라 도착 시간이 예상보다 늦어졌다.

② 어떤 과정이나 단계를 겪거나 밟다.

예 그 회사의 모든 제품은 세 단계의 테스트를 ( )게끔 되어 있다.

걷히다

구름이나 안개 따위가 흩어져 없어지다.

예 먹구름이 ( )고 비가 그쳤다.

필수 개념 - 시

화자
말할 話 | 사람 者

이야기를 하는 사람. 시에서 화자는 시 속에서 말하는 사람을 의미한다.

■ 화자의 특징

- 시인이 자신의 생각과 느낌을 효과적으로 표현하기 위해 만들어 낸 인물이다.
- 시에 직접 드러나는 경우도 있고, 겉으로 드러나지 않은 채 숨어 있는 경우도 있다.
- 시에서 상황을 나타내고 분위기를 형성하며, 주제를 효과적으로 전달하는 역할을 한다.

정서
뜻 情 | 실마리 緖

사람의 마음에 일어나는 여러 가지 감정. 또는 감정을 불러일으키는 기분이나 분위기. 시에서 정서는 화자의 다양한 감정이나 생각을 의미한다.

■ 정서의 예

- 밝고 긍정적인 정서: 기쁨, 희망, 반가움, 즐거움, 만족감 등
- 어둡고 슬픈 정서: 두려움, 안타까움, 쓸쓸함, 서글픔 등

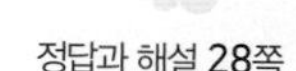

정답과 해설 28쪽

01 ~ 04 다음 단어와 그 뜻풀이를 바르게 연결하시오.

01 거름 •

02 거치다 •

03 걷히다 •

04 가르치다 •

• ㉠ 어떤 과정이나 단계를 겪거나 밟다.

• ㉡ 구름이나 안개 따위가 흩어져 없어지다.

• ㉢ 지식이나 기능, 이치 따위를 깨닫게 하거나 익히게 하다.

• ㉣ 식물이 잘 자라도록 땅을 기름지게 하기 위하여 주는 물질.

05 ~ 07 다음 문장에서 적절한 단어를 고르시오.

05 예전에는 농사를 지을 때 소똥을 (거름 | 걸음)으로 이용했다.

06 안개가 (거친 | 걷힌) 호숫가의 풍경은 매우 아름답고 평화로웠다.

07 정현이는 도서관을 찾는 외국인에게, 손으로 오른쪽을 (가르치며 | 가리키며) 길을 알려 주었다.

08 밑줄 친 단어의 쓰임이 적절하지 않은 것은?

① 하늘에 가득했던 양털 구름이 어느새 걷혀 있었다.
② 준서는 물웅덩이를 피해 조심스럽게 걸음을 옮겼다.
③ 우리는 속초에서 출발하여 울릉도를 거쳐 독도로 갔다.
④ 외삼촌은 현재 중학교에서 미술을 가리키는 선생님이다.
⑤ 우리 학교 농구 팀은 예선을 거쳐 순조롭게 본선에 진출했다.

09 ~ 11 다음 설명이 알맞으면 ○에, 틀리면 ×에 표시하시오.

09 시에서 화자는 시 속에 등장하는 인물을 뜻한다. (○ , ×)

10 시에 드러나는 화자의 다양한 감정이나 생각을 정서라고 한다. (○ , ×)

11 화자는 시에서 상황을 나타내고 주제를 효과적으로 전달하는 역할을 한다. (○ , ×)

12 다음 시에 대한 설명으로 적절한 것을 <보기>에서 모두 고르시오.

> 엄마야 누나야 강변 살자.
> 뜰에는 반짝이는 금모래빛
> 뒷문 밖에는 갈잎의 노래
> 엄마야 누나야 강변 살자.
>
> – 김소월, 〈엄마야 누나야〉

보기

㉠ 이 시의 화자는 남자아이로 볼 수 있다.
㉡ 이 시의 화자는 시에 직접 드러나 있다.
㉢ 이 시의 화자는 아름답고 평화로운 곳에서 살고 싶어 한다.
㉣ 시인은 화자를 내세워 강변에서 살았던 추억을 노래하고 있다.
㉤ 이 시에는 화자가 현실에서 느끼는 외로움의 정서가 드러나 있다.

나의 어휘력 점수는?

______________점 / 총 12점

•틀린 어휘의 뜻과 예문을 다시 꼼꼼히 살펴보자.

공부한 날 ( )월 ( )일

필수 어휘

격노
과격할 激 | 성낼 怒

몹시 분하고 노여운 감정이 북받쳐 오름.
예 아버지는 제멋대로 구는 형의 태도에 ______하셨다.

유의어 분노(憤怒) 몹시 분하게 여겨 성을 냄.

견제
끌 牽 | 억제할 制

일정한 작용을 가함으로써 상대편이 지나치게 세력을 펴거나 자유롭게 행동하지 못하게 억누름.
예 그는 상대 팀의 집중적인 ______를 당했음에도 역전 골을 넣었다.

결연하다
결정할 決 | 그럴 然

마음가짐이나 행동에 있어 태도가 움직일 수 없을 만큼 확고하다.
예 그는 이 사건을 꼭 해결하겠다고 ______하게 말했다.

어휘 쏙 확고(確固)하다 태도나 상황 따위가 튼튼하고 굳다.

결의
결정할 決 | 뜻 意

뜻을 정하여 굳게 마음을 먹음. 또는 그런 마음.
예 독립군은 나라를 되찾을 때까지 맞서 싸우기로 ______했다.

유의어 결심(決心) 할 일에 대하여 어떻게 하기로 마음을 굳게 정함. 또는 그런 마음.

겸연쩍다
찐덥지 않을 慊 | 그럴 然

쑥스럽거나 미안하여 어색하다.
예 상우는 어제의 다툼 때문에 동생을 대하기가 ______었다.

유의어 계면쩍다 '겸연쩍다'의 변한말.
무안(無顔)하다 수줍거나 창피하여 볼 낯이 없다.

경멸
가벼울 輕 | 업신여길 蔑

깔보아 업신여김.
예 그는 권력자에게 잘 보이려고 굽신거리는 행동을 ______한다.

반의어 존경(尊敬) 남의 인격, 사상, 행위 따위를 받들어 공경함.

경신
고칠 更 | 새로울 新

① 기록경기 따위에서, 종전의 기록을 깨뜨림.
예 이번 대회에서 마라톤 세계 기록이 여러 번 ______되었다.
② 어떤 분야의 종전 최고치나 최저치를 깨뜨림.
예 불볕더위로 연중 최고 기온이 ______되고 있다.

어휘 쏙 종전(從前) 지금보다 이전.

경외
공경할 敬 | 두려워할 畏

공경하면서 두려워함.
예 그는 깊이를 알 수 없는 드넓은 바다를 ______의 눈으로 바라보았다.

경청
기울 傾 | 들을 聽

귀를 기울여 들음.
예 학생들은 선생님의 당부 말씀을 조용히 ______했다.

정답과 해설 28쪽

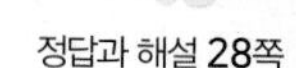

01 ~ 05 다음 뜻풀이에 해당하는 단어를 말상자에서 찾아 표시하시오.

겹	경	사	겸	상	복
정	신	혼	연	일	체
식	음	악	쩍	경	청
결	연	하	다	기	부
혼	경	외	과	의	사

01 귀를 기울여 들음.

02 공경하면서 두려워함.

03 쑥스럽거나 미안하여 어색하다.

04 기록경기 따위에서, 종전의 기록을 깨뜨림.

05 마음가짐이나 행동에 있어 태도가 움직일 수 없을 만큼 확고하다.

06 ~ 09 <보기>의 글자들을 조합하여 다음 뜻풀이에 알맞은 단어를 쓰시오.

보기

의 견 경 제 결 노 멸 격

06 깔보아 업신여김. (　　　　)

07 몹시 분하고 노여운 감정이 북받쳐 오름. (　　　　)

08 뜻을 정하여 굳게 마음을 먹음. 또는 그런 마음. (　　　　)

09 일정한 작용을 가함으로써 상대편이 지나치게 세력을 펴거나 자유롭게 행동하지 못하게 억누름. (　　　　)

10 ~ 13 빈칸에 들어갈 알맞은 단어를 <보기>에서 찾아 쓰시오.

보기

격노 존경 결심 종전 경신

10 나는 오늘부터 게임을 줄이고 공부를 열심히 하기로 (　　　　)하였다.

11 그 선수는 이번 수영 대회에서 자신의 최고 기록을 (　　　　)하였다.

12 공직자들의 비리에 (　　　　)한 시민들은 광장으로 달려 나가 항의 시위를 벌였다.

13 그는 능력이 뛰어날 뿐만 아니라 겸손해서 그를 아는 모든 사람들로부터 (　　　　)을/를 받았다.

14 밑줄 친 단어의 쓰임이 적절하지 않은 것은?

① 자신의 실수를 깨닫고 그는 겸연쩍은 듯 머리를 긁적였다.
② 그녀는 성품이 어질고 너그러워서 누구에게나 경멸을 받는다.
③ 이육사의 시에는 일본에 저항하는 그의 결연한 삶의 태도가 담겨 있다.
④ 나는 그 문제의 심각성을 주장하였지만 아무도 내 이야기를 경청하지 않았다.
⑤ 고구려, 백제, 신라의 삼국은 서로 협력하기도 하고 견제하기도 하면서 국가 발전을 이루었다.

나의 어휘력 점수는? ________점 / 총 14점

• 틀린 어휘의 뜻과 예문을 다시 꼼꼼히 살펴보자.

공부한 날 ( )월 ( )일

관용 표현 - 주제별 관용어

★ 손

손에 붙다	능숙해져서 의욕과 능률이 오르다. 예 신입 사원은 일이 ______기까지 어느 정도 시간이 걸린다. 어휘 쏙 능률(能率) 일정한 시간에 할 수 있는 일의 비율.
손에 잡히다	마음이 차분해져 일할 마음이 내키고 능률이 나다. 예 그는 휴가를 앞두고 마음이 들떠서 일이 ______지 않았다.
손을 내밀다	① 도움, 간섭 따위의 행위가 어떤 곳에 미치게 하다. 예 태풍 피해 지역을 돕기 위해 시민들이 너도나도 ______었다. ② 친하려고 나서다. 예 소극적인 나에게 희서가 먼저 ______어 준 덕분에 우리는 친구가 될 수 있었다.
손을 떼다	하던 일을 그만두다. 예 나는 그 일에서 ______고 물러나기로 했다.
손이 크다	씀씀이가 후하고 크다. 예 ______신 할머니는 언제나 용돈을 두둑하게 주셨다. 어휘 쏙 후하다 마음 씀씀이나 태도가 너그럽다.

★ 발

발을 끊다	오가지 않거나 관계를 끊다. 예 동규는 올해부터 피시방에 ______고 공부에 집중하기로 마음먹었다.
발을 빼다	어떤 일에서 관계를 완전히 끊고 물러나다. 예 이 동아리는 한번 가입하면 ______기 어렵다고 한다.
발이 넓다	사귀어 아는 사람이 많아 활동하는 범위가 넓다. 예 재영이는 ______어서 참여하는 모임이 많다.
발이 떨어지지 않다	애착, 미련, 근심, 걱정 따위로 마음이 놓이지 아니하여 선뜻 떠날 수가 없다. 예 아픈 강아지를 병원에 남겨 두고 가려니 ______았다. 어휘 쏙 애착(愛着) 몹시 사랑하거나 끌리어서 떨어지지 아니함. 또는 그런 마음. 미련(未練) 깨끗이 잊지 못하고 끌리는 데가 남아 있는 마음.

01 ~ 05 다음 뜻풀이에 해당하는 관용어를 <보기>에서 찾아 기호를 쓰시오.

보기
- ㉠ 발을 빼다
- ㉡ 손을 떼다
- ㉢ 손에 잡히다
- ㉣ 손을 내밀다
- ㉤ 발이 떨어지지 않다

01 하던 일을 그만두다. (　　　)

02 어떤 일에서 관계를 완전히 끊고 물러나다. (　　　)

03 도움, 간섭 따위의 행위가 어떤 곳에 미치게 하다. (　　　)

04 마음이 차분해져 일할 마음이 내키고 능률이 나다. (　　　)

05 애착, 미련, 근심, 걱정 따위로 마음이 놓이지 아니하여 선뜻 떠날 수가 없다. (　　　)

06 ~ 09 제시된 초성을 활용하여 관용어의 뜻풀이를 완성하시오.

06 손이 크다
→ ㅆ ㅆ ㅇ 가 후하고 크다.

07 발을 끊다
→ 오가지 않거나 ㄱ ㄱ 를 끊다.

08 손에 붙다
→ 능숙해져서 의욕과 ㄴ ㄹ 이 오르다.

09 발이 넓다
→ 사귀어 아는 사람이 많아 활동하는 ㅂ ㅇ 가 넓다.

10 ~ 13 다음 빈칸에 들어갈 관용어를 <보기>에서 찾아 문맥에 맞게 쓰시오.

보기
- ㉠ 손에 붙다
- ㉡ 발을 빼다
- ㉢ 손을 내밀다
- ㉣ 손에 잡히다

10 상황이 나빠지자 그는 그 일에서 ________ 더 이상 관여하지 않았다.

11 외딴곳에서 혼자 지낼 남편을 생각하니 그녀는 일이 ________ 않았다.

12 영지는 내가 외롭고 힘들 때 나에게 ________ 주었던 유일한 친구이다.

13 경력이 1년 정도 되면 일이 슬슬 ________ 시작해서 맡기는 일을 곧잘 해낸다.

14 밑줄 친 관용어의 쓰임이 적절하지 <u>않은</u> 것은?

① 혜연이는 <u>발이 넓어서</u> 이 동네에서 모르는 사람이 없을 정도야.
② 태호는 민준이에게 화가 나서 일 년이 넘도록 그 집에 <u>발을 끊었다</u>.
③ <u>손이 큰</u> 막내 고모는 손님이 오면 항상 음식을 푸짐하게 차려 내셨다.
④ 그는 김 형사에게 이제부터 이 사건에서 <u>손을 떼고</u> 실종 사건에 집중하라고 지시했다.
⑤ 공사가 시작된 이후 연희는 진행 상태가 궁금해서 <u>발이 떨어지지 않도록</u> 새집을 드나들었다.

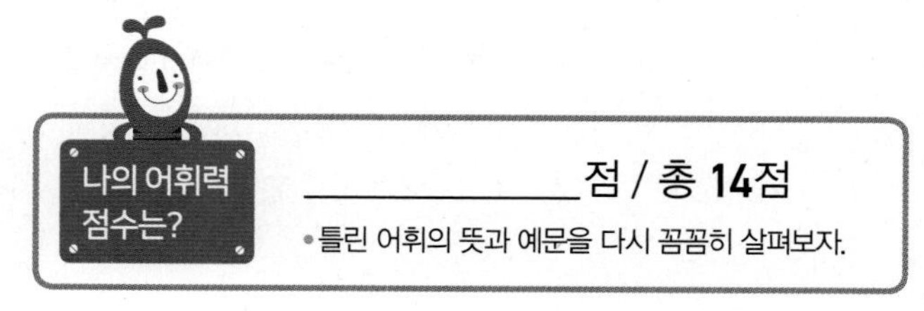

공부한 날 ( )월 ( )일

다의어 · 동음이의어

가리다[1]

보이거나 통하지 못하도록 막다.

예 커튼으로 창문을 ______니 방 안이 어두워졌다.

가리다[2]

① 여럿 가운데서 하나를 구별하여 고르다.

예 내일 경기는 우승 팀을 ______는 아주 중요한 경기이다.

② 잘잘못이나 좋은 것과 나쁜 것 따위를 따져서 분간하다.

예 누가 옳고 그른지를 ______기 위해 경찰서로 갔다.

③ 음식을 골라서 먹다.

예 음식을 ______지 말고 골고루 먹어야 한다.

갈다[1]

이미 있는 사물을 다른 것으로 바꾸다.

예 구두 굽이 닳아서 새것으로 ______았다.

갈다[2]

① 날카롭게 날을 세우거나 표면을 매끄럽게 하기 위하여 다른 물건에 대고 문지르다.

예 기계로 옥돌을 ______아 구슬을 만든다.

② 잘게 부수기 위하여 단단한 물건에 대고 문지르거나 단단한 물건 사이에 넣어 으깨다.

예 마늘을 ______아 넣어 양념장을 만들었다.

갈다[3]

쟁기나 트랙터 따위의 농기구나 농기계로 땅을 파서 뒤집다.

예 할아버지께서는 밭을 깊이 ______아야 곡식이 많이 난다고 하셨다.

필수 개념 - 시

시어
시 詩 | 말씀 語

시에 쓰인 말.

■ 시어의 기능

- 시어는 시인의 의도에 따라 선택 · 배열되어 시의 분위기와 리듬감을 형성한다.
- 시어를 통해 화자의 정서와 태도를 짐작할 수 있다.
- 시어를 통해 머릿속에 대상의 모습이나 구체적인 장면을 떠올릴 수 있다.

함축성
머금을 含 | 쌓을 蓄 | 성품 性

말이나 글이 많은 뜻을 담고 있는 성질. 시어의 특성 가운데 하나이다.

■ 시어의 함축적 의미

시어는 사전적 의미 외에 시인이 새롭게 만들어 낸 의미를 담고 있다.

사전적 의미	←	내 고장 칠월은 / 청포도가 익어 가는 시절. / - 이육사, 〈청포도〉	→	함축적 의미
열매가 푸르스름한 포도의 한 종류				희망, 풍요로움, 평화

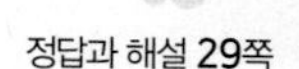

01 ~ 03 밑줄 친 단어의 뜻풀이로 알맞은 것을 고르시오.

01 조명이 너무 어두워서 전등을 새것으로 갈았다.
- ㉠ 이미 있는 사물을 다른 것으로 바꾸다.
- ㉡ 쟁기나 트랙터 따위의 농기구나 농기계로 땅을 파서 뒤집다.

02 아버지는 명절 음식을 할 때 많이 써야 한다며 칼을 갈고 계셨다.
- ㉠ 날카롭게 날을 세우거나 표면을 매끄럽게 하기 위하여 다른 물건에 대고 문지르다.
- ㉡ 잘게 부수기 위하여 단단한 물건에 대고 문지르거나 단단한 물건 사이에 넣어 으깨다.

03 혹부리 영감은 돈을 버는 일이라면 수단과 방법을 가리지 않았다.
- ㉠ 여럿 가운데서 하나를 구별하여 고르다.
- ㉡ 잘잘못이나 좋은 것과 나쁜 것 따위를 따져서 분간하다.

04 ~ 08 밑줄 친 단어의 뜻을 <보기>에서 찾아 기호를 쓰시오.

보기
- ㉠ 음식을 골라서 먹다.
- ㉡ 보이거나 통하지 못하도록 막다.
- ㉢ 잘잘못이나 좋은 것과 나쁜 것 따위를 따져서 분간하다.
- ㉣ 쟁기나 트랙터 따위의 농기구나 농기계로 땅을 파서 뒤집다.
- ㉤ 잘게 부수기 위하여 단단한 물건에 대고 문지르거나 단단한 물건 사이에 넣어 으깨다.

04 예전에는 소를 이용해 밭을 갈았다. ( )

05 맷돌로 원두를 갈아 커피를 만들었다. ( )

06 지금 우리에게 가장 필요한 것은 옥석을 가리는 능력이다. ( )

07 그는 복면으로 얼굴을 가리고 노래를 부르는 경연 대회에 참가하였다. ( )

08 연준이는 가리는 음식이 많아서 식당에 가면 먹지 못하는 음식이 많다. ( )

09 ~ 11 다음 설명이 알맞으면 ○에, 틀리면 ×에 표시하시오.

09 시어는 시인의 의도에 따라 선택 · 배열되어 시의 분위기와 리듬감을 형성한다. (○ , ×)

10 함축성은 말이나 글이 많은 뜻을 담고 있는 성질이다. (○ , ×)

11 시어는 시적 상황이 변하더라도 한 가지 의미로만 해석되어야 한다. (○ , ×)

12 다음 시에서 '길'의 함축적 의미로 알맞은 것은?

> 내를 건너서 숲으로 / 고개를 넘어서 마을로
>
> 어제도 가고 오늘도 갈 / 나의 길 새로운 길
>
> 민들레가 피고 까치가 날고
> 아가씨가 지나고 바람이 일고
>
> 나의 길은 언제나 새로운 길
> 오늘도…… 내일도……
>
> 내를 건너서 숲으로 / 고개를 넘어서 마을로
>
> – 윤동주, 〈새로운 길〉

① 꿈 ② 추억 ③ 시련
④ 인생 ⑤ 정의로움

나의 어휘력 점수는? ________ 점 / 총 12점
• 틀린 어휘의 뜻과 예문을 다시 꼼꼼히 살펴보자.

공부한 날 ( )월 ( )일

필수 어휘

계승
이을 繼 | 받들 承

① 조상의 전통이나 문화유산, 업적 따위를 물려받아 이어 나감.
예 발해를 통해 고구려의 전통이 고려에 ________ 되었다.
② 선임자의 뒤를 이어받음.
예 덕만이 왕위를 ________ 하여 신라 제27대 왕이 되었다.

어휘 쏙 업적(業績) 어떤 사업이나 연구 따위에서 노력과 수고를 들여 이루어 낸 일의 결과.
선임자(先任者) 어떤 직무나 임무를 먼저 맡아 하던 사람.

고정 관념
굳을 固 | 정할 定 | 볼 觀 | 생각할 念

잘 변하지 아니하는, 행동을 주로 결정하는 확고한 의식이나 생각.
예 회전문은 기존의 문에 대한 ________ 을 깬 발명품이었다.

고찰
생각할 考 | 살필 察

어떤 것을 깊이 생각하고 연구함.
예 이 책에서 글쓴이는 환경과 인간의 관계에 대해 ________ 하고 있다.

골똘하다

한 가지 일에 온 정신을 쏟아 딴생각이 없다.
예 준희는 창가에 앉아 무엇인가 ________ 하게 생각하고 있었다.

유의어 골몰(汨沒)하다 다른 생각을 할 여유도 없이 한 가지 일에만 파묻히다.

공공연하다
공평할 公 | 공평할 公 | 그럴 然

숨김이나 거리낌이 없이 그대로 드러나 있다.
예 그 두 사람이 곧 결혼한다는 것은 ________ 한 사실이다.

공교롭다
장인 工 | 교묘할 巧

생각지 않았거나 뜻하지 않았던 사실이나 사건과 우연히 마주치게 된 것이 기이하다고 할 만하다.
예 ________ 게도 우리 가족의 생일이 모두 5월에 있다.

어휘 쏙 기이(奇異)하다 기묘하고 이상하다.

공유
함께 共 | 있을 有

두 사람 이상이 한 물건을 공동으로 소유함.
예 수학여행에서 찍은 사진을 친구들과 ________ 하기 위해 온라인 단체 대화방에 올렸다.

반의어 독점(獨占) 혼자서 모두 차지함.

공익
공평할 公 | 더할 益

사회 전체의 이익.
예 기업의 이익이 아니라 ________ 을 목적으로 한 광고도 많다.

반의어 사익(私益) 개인의 이익.

과시
자랑할 誇 | 보일 示

자랑하여 보임.
예 그는 자신의 힘을 ________ 하듯 커다란 짐을 번쩍 들어 올렸다.

정답과 해설 29쪽

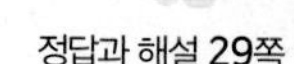

01 ~ 04 다음 뜻풀이에 해당하는 단어를 <보기>에서 찾아 쓰시오.

보기
공익　과시　골똘하다　공공연하다

01 자랑하여 보임. (　　　)

02 사회 전체의 이익. (　　　)

03 숨김이나 거리낌이 없이 그대로 드러나 있다. (　　　)

04 한 가지 일에 온 정신을 쏟아 딴생각이 없다. (　　　)

05 ~ 06 다음 단어의 뜻풀이에서 알맞은 단어를 고르시오.

05 고정 관념 : 잘 변하지 아니하는, (표정 | 행동) 을 주로 결정하는 확고한 의식이나 생각.

06 공교롭다 : 생각지 않았거나 뜻하지 않았던 사실이나 사건과 (우연히 | 의도적으로) 마주치게 된 것이 기이하다고 할 만하다.

07 ~ 09 <보기>의 글자들을 조합하여 다음 뜻풀이에 알맞은 단어를 쓰시오.

보기
공　승　찰　계　고　유

07 어떤 것을 깊이 생각하고 연구함. (　　　)

08 두 사람 이상이 한 물건을 공동으로 소유함. (　　　)

09 조상의 전통이나 문화유산, 업적 따위를 물려받아 이어 나감. (　　　)

10 ~ 13 빈칸에 들어갈 알맞은 단어를 <보기>에서 찾아 쓰시오.

보기
고찰　계승　독점　공유　과시

10 우리는 전통문화를 다각도로 연구하여 창조적으로 (　　　)하기 위해 노력해야 한다.

11 그 선수는 최근 4경기에서 6개의 홈런을 몰아치는 등 뛰어난 경기력을 (　　　)하였다.

12 청소년 문제를 해결하기 위해서는 청소년 문화에 대한 깊이 있는 (　　　)이/가 필요하다.

13 최근 들어 물건을 소유하는 개념에서 벗어나 빈방, 자동차, 사무실, 옷, 장난감 등을 (　　　) 하는 문화가 확산되고 있다.

14 밑줄 친 단어의 쓰임이 적절하지 않은 것은?

① 학교와 병원, 언론 기관 등은 공익을 앞세워야 한다.
② 사회나 역사는 외우는 과목이라는 고정 관념을 깨야 한다.
③ 어머니는 물건을 고르실 때 하나하나 골똘하게 살펴보신다.
④ 저출산·고령화 사회가 되면 공교롭게도 학생 수가 줄어들게 될 것이다.
⑤ 그는 공공연하게 자신이 다음 선거에서 대통령 후보가 될 것이라고 말하고 다녔다.

나의 어휘력 점수는? ________점 / 총 14점
• 틀린 어휘의 뜻과 예문을 다시 꼼꼼히 살펴보자.

공부한 날 ( )월 ( )일

관용 표현 - 주제별 한자 성어

★ 학문, 독서

독서삼매
읽을 讀 | 글 書 | 석 三 | 어두울 昧

다른 생각은 전혀 아니 하고 오직 책 읽기에만 정신을 쏟는 상태.
예 현수는 ______에 빠져 휴대 전화가 울리는 소리도 듣지 못했다.

박학다식
넓을 博 | 배울 學 | 많을 多 | 알 識

학식이 넓고 아는 것이 많음.
예 그는 여러 분야의 책을 많이 읽어서 ______하다.

온고지신
따뜻할 溫 | 옛 故 | 알 知 | 새로울 新

옛것을 익히고 그것을 미루어서 새것을 앎.
예 우리가 역사를 공부하는 이유는 ______하기 위해서이다.

주경야독
낮 晝 | 밭갈 耕 | 밤 夜 | 읽을 讀

낮에는 농사짓고 밤에는 글을 읽는다는 뜻으로, 어려운 조건 속에서도 꿋꿋이 공부함을 이르는 말.
예 그는 낮에는 직장에서 일하고 밤에는 대학원에 다니며 ______하고 있다.

★ 발전하는 모습

괄목상대
비빌 刮 | 눈 目 | 서로 相 | 대답할 對

눈을 비비고 상대편을 본다는 뜻으로, 남의 학식이나 재주가 놀랄 만큼 부쩍 늚을 이르는 말.
예 매일 열심히 공부하더니 국어 실력이 ______했구나!

일취월장
날 日 | 나아갈 就 | 달 月 | 장수 將

나날이 다달이 자라거나 발전함.
예 그 신인 배우는 1년 만에 연기력이 ______으로 성장하였다.

★ 말이 통하지 않음

마이동풍
말 馬 | 귀 耳 | 동녘 東 | 바람 風

동풍이 말의 귀를 스쳐 간다는 뜻으로, 남의 말을 귀담아듣지 아니하고 지나쳐 흘려버림을 이르는 말.
예 동생은 내 말을 들은 체 만 체 하며 ______으로 텔레비전만 보았다.

우이독경
소 牛 | 귀 耳 | 읽을 讀 | 경서 經

쇠귀에 경 읽기라는 뜻으로, 아무리 가르치고 일러 주어도 알아듣지 못함을 이르는 말.
예 그 직원은 ______이어서 이제는 누구도 선뜻 나서서 일을 가르쳐 주려 하지 않는다.

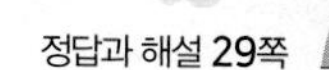

01 ~ 04 다음 뜻풀이에 해당하는 한자 성어를 <보기>에서 찾아 쓰시오.

보기

광목상대 독서삼매 온고지신 우이독경

01 옛것을 익히고 그것을 미루어서 새것을 앎. ( )

02 다른 생각은 전혀 아니 하고 오직 책 읽기에만 정신을 쏟는 상태. ( )

03 쇠귀에 경 읽기라는 뜻으로, 아무리 가르치고 일러 주어도 알아듣지 못함을 이르는 말. ( )

04 눈을 비비고 상대편을 본다는 뜻으로, 남의 학식이나 재주가 놀랄 만큼 부쩍 늚을 이르는 말. ( )

05 ~ 08 제시된 초성을 참고하여 다음 뜻풀이에 알맞은 한자 성어를 쓰시오.

05 학식이 넓고 아는 것이 많음.

ㅂ □ ㄷ □

05 나날이 다달이 자라거나 발전함.

ㅇ ㅊ □ □

07 낮에는 농사짓고 밤에는 글을 읽는다는 뜻으로, 어려운 조건 속에서도 꿋꿋이 공부함을 이르는 말.

ㅈ □ ㅇ □

08 동풍이 말의 귀를 스쳐 간다는 뜻으로, 남의 말을 귀담아듣지 아니하고 지나쳐 흘려버림을 이르는 말.

□ □ ㄷ ㅍ

09 ~ 11 다음 대화 내용과 의미가 통하는 한자 성어를 <보기>에서 찾아 쓰시오.

보기

일취월장 박학다식 우이독경

09 선생님: 피아노를 시작한 지 세 달밖에 되지 않았는데 벌써 결혼 행진곡을 연주하는구나.
학생: 선생님 덕분에 실력이 많이 늘었습니다. ( )

10 건우: 공을 던질 때 무게 중심을 잘 이동해야 한다고 아무리 말해도 태섭이가 못 알아듣더라고.
수빈: 내가 설명할 때도 이해를 잘 못 하더라. ( )

11 유진: 흔히 진달래랑 철쭉을 헷갈려 하는데, 철쭉과 달리 진달래는 잎보다 꽃이 먼저 피고, 화전을 만들어 먹을 수도 있지. 하지만 철쭉은 먹으면 안 돼.
하영: 넌 참 아는 게 많구나. ( )

12 밑줄 친 한자 성어의 쓰임이 적절하지 않은 것은?

① 그는 주경야독으로 학업을 마친 대단한 인물이다.
② 과거의 낡은 제도를 버리는 온고지신의 자세가 필요한 때이다.
③ 오빠는 독서삼매에 빠져 내가 방에 들어오는 것도 알지 못했다.
④ 책을 많이 읽어야 한다고 여러 번 말했지만 그는 마이동풍이었다.
⑤ 최근 들어 라오스의 관광 산업은 괄목상대할 만한 성장세를 보여 주고 있다.

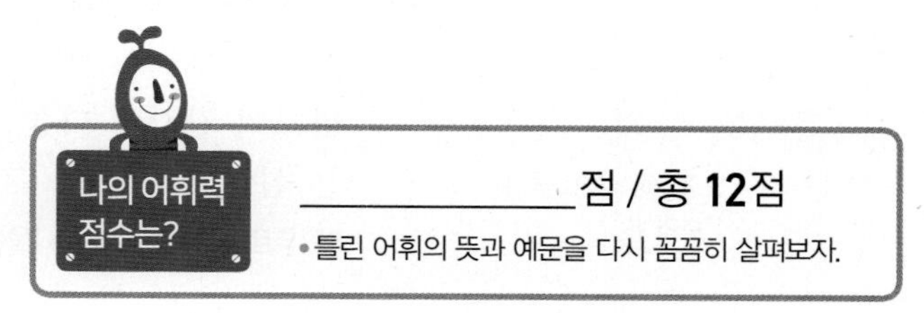

공부한 날 ( )월 ( )일

헷갈리기 쉬운 말

굳다

① 무른 물질이 단단하게 되다.

예 밀가루 반죽을 오래 그냥 두면 딱딱하게 ______는다.

② 표정이나 태도 따위가 부드럽지 못하고 딱딱하여지다.

예 발표자의 얼굴은 긴장으로 잔뜩 ______어 있었다.

③ 흔들리거나 바뀌지 아니할 만큼 힘이나 뜻이 강하다.

예 민지는 방학 동안 반드시 책을 열 권 이상 읽겠다고 ______게 마음먹었다.

궂다

비나 눈이 내려 날씨가 나쁘다.

예 눈발이 날리는 ______은 날씨여서 등산 계획을 취소했다.

껍데기

달걀이나 조개 따위의 겉을 싸고 있는 단단한 물질.

예 달걀 ______를 모아서 따로 버렸다.

껍질

물체의 겉을 싸고 있는 단단하지 않은 물질.

예 이 사과는 ______이 너무 두껍다.

꼽다

골라서 지목하다.

예 그 외국인은 좋아하는 한국 음식으로 수제비와 삼계탕을 ______았다.

꽂다

쓰러지거나 빠지지 아니하게 박아 세우거나 끼우다.

예 누나는 머리를 뒤로 올려서 머리핀을 ______았다.

필수 개념 - 시

심상
마음 心 | 모양 象

마음속에 떠오르는 감각적인 느낌이나 모습. 시를 읽을 때 떠오르는 모양, 소리, 냄새, 맛, 감촉 등의 느낌으로, 이미지(image)라고도 한다.

■ 감각적 심상의 종류

시각적 심상	모양, 빛깔, 움직임 등 눈으로 느낄 수 있는 심상 예 하얀 손가락
청각적 심상	소리와 같이 귀로 느낄 수 있는 심상 예 닭 우는 소리
후각적 심상	냄새와 같이 코로 느낄 수 있는 심상 예 매화 향기
미각적 심상	맛과 같이 혀를 통해 느낄 수 있고 혀를 자극하는 심상 예 쓴 약
촉각적 심상	감촉이나 온도와 같이 피부로 느낄 수 있는 심상 예 서느런 옷자락

공감각적 심상
한가지 共 | 느낄 感 | 깨달을 覺 | 과녁 的 | 마음 心 | 모양 象

하나의 감각을 다른 감각으로 옮겨서 둘 이상의 감각이 동시에 떠오르게 하는 심상.

예 푸르른 울음소리 ➡ '울음소리'(청각)를 '푸르른'(시각) 것으로 표현함. 청각의 시각화.

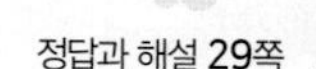

01 ~ 04 다음 단어와 그 뜻풀이를 바르게 연결하시오.

01 굳다 • 　　• ㉠ 골라서 지목하다.

02 궂다 • 　　• ㉡ 무른 물질이 단단하게 되다.

03 꼽다 • 　　• ㉢ 비나 눈이 내려 날씨가 나쁘다.

04 꽂다 • 　　• ㉣ 쓰러지거나 빠지지 아니하게 박아 세우거나 끼우다.

05 ~ 07 다음 문장에서 적절한 단어를 고르시오.

05 창녕의 조개무덤은 선사 시대에 인류가 버린 조개 (껍데기 | 껍질)을/를 쌓아 만든 유적이다.

06 과제를 제출하라는 선생님의 말씀에 공책을 집에 두고 온 원호는 (굳은 | 궂은) 표정을 지었다.

07 개봉을 일주일 앞둔 그 영화는 비평가와 영화 팬들 모두 올해 가장 기대되는 영화로 (꼽은 | 꽂은) 작품이다.

08 밑줄 친 단어의 쓰임이 적절하지 않은 것은?

① 시멘트를 발라 놓은 벽과 바닥은 이미 꽝꽝 굳어 있었다.
② 할머니께서는 날이 궂으면 다리가 아프다고 말씀하셨다.
③ 이 시조는 단종에 대한 굳은 절개와 지조를 노래하고 있다.
④ 굴이나 달걀의 껍질은 음식물 쓰레기가 아니므로 따로 버려야 한다.
⑤ 한국 대표 팀, WBC 결승전에서 일본을 꺾고 마운드에 태극기를 꽂다!

09 ~ 11 다음 설명이 알맞으면 ○에, 틀리면 ×에 표시하시오.

09 마음속에 떠오르는 감각적인 느낌이나 모습을 이미지 또는 심상이라고 한다. (○ , ×)

10 '닭 우는 소리'는 촉각적 심상이 사용된 표현이다. (○ , ×)

11 하나의 감각을 다른 감각으로 옮겨서 둘 이상의 감각이 동시에 떠오르게 하는 것을 공감각적 심상이라고 한다. (○ , ×)

12 다음 시에 나타난 심상이 사용된 것을 <보기>에서 모두 고르시오.

> 오·오·오·오·오· 소리치며 달려가니,
> 오·오·오·오·오· 연달아서 몰아온다.
>
> 간밤에 잠 살포시 / 머언 뇌성이 울더니,
>
> 오늘 아침 바다는 / 포돗빛으로 부풀어졌다.
>
> 철썩, 처얼썩, 철썩, 처얼썩, 철썩
> 제비 날아들 듯 물결 사이사이로 춤을 추어.
>
> – 정지용, 〈바다 1〉

보기

㉠ 향긋한 풀꽃 냄새
㉡ 새콤달콤한 캐러멜
㉢ 반짝반짝 빛나는 별
㉣ 졸졸졸 시냇물 흐르는 소리
㉤ 흰 돛단배가 곱게 밀려서 오면

나의 어휘력 점수는? ________ 점 / 총 12점
• 틀린 어휘의 뜻과 예문을 다시 꼼꼼히 살펴보자.

04회 1

공부한 날 ( )월 ( )일

필수 어휘

과언
지날 過 | 말씀 言

지나치게 말을 함. 또는 그 말.

예 그는 세계 최고의 지휘자라고 해도 ______이 아니다.

관습
버릇 慣 | 익힐 習

어떤 사회에서 오랫동안 지켜 내려와 그 사회 성원들이 널리 인정하는 질서나 풍습.

예 명절 때 차례를 지내는 일은 우리의 오랜 ______이다.

관여하다
빗장 關 | 더불 與

어떤 일에 관계하여 참여하다.

예 이 일은 우리 팀의 문제이니 다른 팀에서는 ______하지 마세요.

유의어 개입(介入)하다 자신과 직접적인 관계가 없는 일에 끼어들다.

관점
볼 觀 | 점찍을 點

사물이나 현상을 관찰할 때, 그 사람이 보고 생각하는 태도나 방향 또는 처지.

예 그는 남들과는 다른 ______으로 이 그림을 해석했다.

유의어 시각(視角) 사물을 관찰하고 파악하는 기본적인 자세.

교류
사귈 交 | 흐를 流

문화나 사상 따위가 서로 통함.

예 두 나라는 서로 이웃하며 예로부터 ______가 활발했다.

어휘 쏙 사상(思想) 어떤 사물에 대해 가지고 있는 구체적인 사고나 생각.

교활하다
간교할 狡 | 교활할 猾

간사하고 꾀가 많다.

예 ______한 수법으로 남을 속이는 자들을 멀리해야 한다.

어휘 쏙 간사(奸邪)하다 자기의 이익을 위하여 나쁜 꾀를 부리는 등 마음이 바르지 않다.

군림
임금 君 | 임할 臨

어떤 분야에서 절대적인 세력을 가지고 남을 눌러 꼼짝 못하게 함을 비유적으로 이르는 말.

예 그 가수는 오랫동안 가요계의 황제로 ______하였다.

궁리
다할 窮 | 다스릴 理

마음속으로 이리저리 따져 깊이 생각함. 또는 그런 생각.

예 그는 꼬인 문제를 해결하기 위해 밤늦게까지 ______했다.

권위
권세 權 | 위엄 威

① 남을 지휘하거나 통솔하여 따르게 하는 힘.

예 그는 사장으로서의 ______를 내세우지 않고 직원들과 어울리려고 애쓴다.

② 일정한 분야에서 사회적으로 인정을 받고 영향력을 끼칠 수 있는 위엄과 신망.

예 그는 생명 공학 분야에서 매우 ______ 있는 학자이다.

어휘 쏙 통솔(統率) 무리를 거느려 다스림.
신망(信望) 믿고 기대함. 또는 그런 믿음과 덕망.

정답과 해설 29쪽

01 ~ 05 다음 빈칸을 채워 십자말풀이를 완성하시오.

01					
		02			03
	04				
		05			

01 문화나 사상 따위가 서로 통함.

02 어떤 사회에서 오랫동안 지켜 내려와 그 사회 성원들이 널리 인정하는 질서나 풍습.

03 간사하고 꾀가 많다.

04 어떤 분야에서 절대적인 세력을 가지고 남을 눌러 꼼짝 못 하게 함을 비유적으로 이르는 말.

05 어떤 일에 관계하여 참여하다.

06 ~ 09 <보기>의 글자들을 조합하여 다음 뜻풀이에 알맞은 단어를 쓰시오.

보기

위 점 과 관 궁 언 권 리

06 지나치게 말을 함. 또는 그 말. (   )

07 남을 지휘하거나 통솔하여 따르게 하는 힘. (   )

08 마음속으로 이리저리 따져 깊이 생각함. 또는 그런 생각. (   )

09 사물이나 현상을 관찰할 때, 그 사람이 보고 생각하는 태도나 방향 또는 처지. (   )

10 ~ 13 빈칸에 들어갈 알맞은 단어를 <보기>에서 찾아 쓰시오.

보기

개입 과언 군림 관점 궁리

10 우리나라 양궁은 세계 최강으로 (   )하고 있다.

11 학생들은 이 현상에 대해 여러 가지 (   )에서 비판했다.

12 그는 밤새워 (   )한 끝에 이번 사건의 대책을 마련하였다.

13 우리 집 음식 맛이 좋은 것은 모두 할머니의 장맛 덕이라고 해도 (   )이/가 아니다.

14 밑줄 친 단어의 쓰임이 적절하지 않은 것은?

① 그녀는 틈만 나면 손톱을 깨무는 관습이 있다.
② 이 작업에 관여한 사람만 해도 백 명이 넘는다.
③ 이 대회는 세계 각국의 전문가들이 앞다퉈 참가할 정도로 권위를 자랑한다.
④ 이번 협상을 통해 두 나라의 문화적 · 경제적 교류가 더욱 활발해지기를 기대합니다.
⑤ 이 드라마에서 그가 맡은 역할은 자기 이익을 위해 나쁜 일도 서슴지 않는 교활한 인물이다.

나의 어휘력 점수는? ____________점 / 총 14점

• 틀린 어휘의 뜻과 예문을 다시 꼼꼼히 살펴보자.

공부한 날 ( )월 ( )일

관용 표현 - 주제별 속담

★ 사람의 성품

될성부른 나무는 떡잎부터 알아본다	잘될 사람은 어려서부터 남달리 장래성이 엿보인다는 말. 예 ______는 떡잎부터 알아본다더니, 오성은 어려서부터 영리함이 남달랐다. 어휘 쏙 장래성(將來性) 앞으로 성공하거나 크게 잘될 수 있는 가능성.
물이 깊을수록 소리가 없다	덕이 높고 생각이 깊은 사람은 겉으로 떠벌리고 잘난 체하거나 뽐내지 않는다는 말. 예 그는 아는 것이 많으면서 늘 겸손함을 잃지 않으니, 물이 깊을수록 ______는 말이 딱 맞는 사람이야.
물이 깊어야 고기가 모인다	자기에게 덕망이 있어야 많은 사람이 따르게 됨을 이르는 말. 예 물이 깊어야 ______고, 이번에 새로 뽑힌 회장이 성실하고 착해서인지 그 동아리는 올해 회원 수가 많이 늘었다. 어휘 쏙 덕망(德望) 어질고 너그러운 행실로 얻은 명망.

★ 말

가는 말이 고와야 오는 말이 곱다	자기가 남에게 말이나 행동을 좋게 하여야 남도 자기에게 좋게 한다는 말. 예 가는 말이 고와야 ______고, 남에게 퉁명스럽게 말하면 좋은 반응을 얻기 어렵다.
고기는 씹어야 맛이요, 말은 해야 맛이라	고기의 참맛을 알려면 겉만 핥을 것이 아니라 자꾸 씹어야 하듯이, 하고 싶은 말이나 해야 할 말은 시원히 다 해 버려야 좋다는 말. 예 고기는 씹어야 맛이요, ______이라고, 이번 기회에 참았던 불만을 모두 얘기하겠다.
말 한마디에 천 냥 빚도 갚는다	말만 잘하면 어려운 일이나 불가능해 보이는 일도 해결할 수 있다는 말. 예 말 한마디에 ______더니, 결국 그 사람을 설득해서 협상에 성공했구나!

★ 희망

쥐구멍에도 볕 들 날 있다	몹시 고생을 하는 삶도 좋은 운수가 터질 날이 있다는 말. 예 쥐구멍에도 ______ 있다더니, 고생만 하던 숙희에게도 행운이 찾아왔다.
하늘이 무너져도 솟아날 구멍이 있다	아무리 어려운 경우에 처하더라도 살아 나갈 방도가 생긴다는 말. 예 하늘이 무너져도 ______이 있을 테니, 포기하지 말고 이 상황을 이겨 낼 방법을 함께 찾아보자.

정답과 해설 30쪽

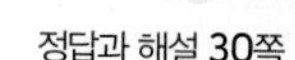

01 ~ 04 다음 뜻풀이에 해당하는 속담을 <보기>에서 찾아 기호를 쓰시오.

보기
- ㉠ 물이 깊을수록 소리가 없다
- ㉡ 말 한마디에 천 냥 빚도 갚는다
- ㉢ 가는 말이 고와야 오는 말이 곱다
- ㉣ 고기는 씹어야 맛이요, 말은 해야 맛이라

01 하고 싶은 말이나 해야 할 말은 시원히 다 해 버려야 좋다는 말. (　　　)

02 말만 잘하면 어려운 일이나 불가능해 보이는 일도 해결할 수 있다는 말. (　　　)

03 자기가 남에게 말이나 행동을 좋게 하여야 남도 자기에게 좋게 한다는 말. (　　　)

04 덕이 높고 생각이 깊은 사람은 겉으로 떠벌리고 잘난 체하거나 뽐내지 않는다는 말. (　　　)

05 ~ 08 제시된 초성을 참고하여 뜻풀이에 해당하는 속담을 완성하시오.

05 [ㅈ][ㄱ][ㅁ]에도 [ㅂ] 들 날 있다
→ 몹시 고생을 하는 삶도 좋은 운수가 터질 날이 있다는 말.

06 [ㅁ]이 깊어야 [ㄱ][ㄱ]가 모인다
→ 자기에게 덕망이 있어야 많은 사람이 따르게 됨을 이르는 말.

07 [ㅎ][ㄴ]이 무너져도 솟아날 [ㄱ][ㅁ]이 있다
→ 아무리 어려운 경우에 처하더라도 살아 나갈 방도가 생긴다는 말.

08 될성부른 [ㄴ][ㅁ]는 [ㄸ][ㅇ]부터 알아본다
→ 잘될 사람은 어려서부터 남달리 장래성이 엿보인다는 말.

09 ~ 11 밑줄 친 속담의 쓰임이 적절하면 ○에, 그렇지 않으면 ×에 표시하시오.

09 명준: 아침에 형이랑 다퉈서 기분이 안 좋아.
유정: <u>쥐구멍에도 볕 들 날 있다</u>잖아. 네가 먼저 형에게 연락해 보는 건 어때? (○, ×)

10 김 대리: 그 팀은 왜 해체된 거야?
박 대리: <u>물이 깊어야 고기가 모인다</u>잖아. 팀장이 신뢰를 못 얻어서 팀원들이 모두 나가 버렸어. (○, ×)

11 기한: 은경이는 5살인데도 연기를 정말 잘하더라.
태수: <u>될성부른 나무는 떡잎부터 알아본다</u>잖아. 은경이는 커서 훌륭한 연기자가 될 거야. (○, ×)

12 ~ 14 빈칸에 들어갈 적절한 속담을 <보기>에서 찾아 기호를 쓰시오.

보기
- ㉠ 말 한마디에 천 냥 빚도 갚는다
- ㉡ 가는 말이 고와야 오는 말이 곱다
- ㉢ 하늘이 무너져도 솟아날 구멍이 있다

12 (　　　)는 말도 있잖아. 말만 잘하면 내가 쓰던 노트북 너한테 물려줄게.

13 (　　　)더니, 태풍으로 큰 피해를 입은 마을에 이웃들의 도움의 손길이 이어졌다.

14 (　　　)고 하잖아. 중일이가 먼저 나한테 심한 말을 해서 나도 중일이에게 그런 말을 한 거라고.

나의 어휘력 점수는? ____________점 / 총 **14**점

• 틀린 어휘의 뜻과 예문을 다시 꼼꼼히 살펴보자.

공부한 날 ( )월 ( )일

다의어 · 동음이의어

감다[1]	눈꺼풀을 내려 눈동자를 덮다. 예 아기가 졸린지 눈을 스르르 ( )는다.
감다[2]	머리나 몸을 물로 씻다. 예 머리를 지나치게 자주 ( )으면 머릿결이 상한다.
감다[3]	어떤 물체를 다른 물체에 말거나 빙 두르다. 예 상처 부위를 소독한 뒤 붕대로 ( )았다.
걷다[1]	다리를 움직여 바닥에서 발을 번갈아 떼어 옮기다. 예 그는 눈 쌓인 길을 조심조심 ( )기 시작했다.
걷다[2]	늘어진 것을 말아 올리거나 열어 젖히다. 예 소매를 ( )어 올리자 손목에 찬 시계가 드러났다.
꿈	① 잠자는 동안에 깨어 있을 때와 마찬가지로 여러 가지 사물을 보고 듣는 정신 현상. 예 좋아하는 가수가 어젯밤 ( )에 나왔다. ② 실제로 이루고 싶은 희망이나 이상. 예 자전거로 전국을 여행하는 것이 내 ( )이다. ③ 이루어질 가능성이 아주 적거나 전혀 없는 헛된 기대나 생각. 예 그는 하루아침에 벼락부자가 될 수 있다는 헛된 ( )을 꾸고 있다.

필수 개념 - 시

비유 견줄 比 | 깨우칠 喻	어떤 대상(원관념)을 직접 설명하지 않고 그것과 유사한 특성을 지닌 다른 대상(보조 관념)에 빗대어 표현하는 방법. ■ 비유의 특징 • 원관념과 보조 관념이 결합되어 이루어지며, 둘 사이에 유사성이 있어야 한다. • 직접 설명할 때보다 대상을 더욱 선명하고 생동감 있게 표현할 수 있다.
직유법 곧을 直 | 깨우칠 喻 | 법도 法	'~처럼', '~같이', '~듯이', '~인 듯', '~인 양' 등과 같은 연결어를 사용하여 원관념을 보조 관념에 직접 연결하는 방법. 예 봄빛처럼 포근한 눈 ➡ 연결어 '~처럼'을 사용하여 '눈'을 '봄빛'에 직접 빗댐.
은유법 숨길 隱 | 깨우칠 喻 | 법도 法	연결어 없이 원관념을 보조 관념에 은근히 빗대어 표현하는 방법. 주로 'A(원관념)는 B(보조 관념)이다.'의 형태로 표현된다. 예 봄은 고양이로다 ➡ '봄 = 고양이'의 형태로 표현함.

01 ~ 03 밑줄 친 단어의 뜻풀이로 알맞은 것을 고르시오.

01 나는 눈을 슬며시 <u>감고</u> 노랫소리에 집중했다.
㉠ 눈꺼풀을 내려 눈동자를 덮다.
㉡ 어떤 물체를 다른 물체에 말거나 빙 두르다.

02 커튼을 <u>걷자</u> 눈부신 햇살이 쏟아져 들어왔다.
㉠ 늘어진 것을 말아 올리거나 열어 젖히다.
㉡ 다리를 움직여 바닥에서 발을 번갈아 떼어 옮기다.

03 무시무시한 <u>꿈</u> 때문에 새벽에 잠에서 깼다.
㉠ 이루어질 가능성이 아주 적거나 전혀 없는 헛된 기대나 생각.
㉡ 잠자는 동안에 깨어 있을 때와 마찬가지로 여러 가지 사물을 보고 듣는 정신 현상.

04 ~ 08 밑줄 친 단어의 뜻을 <보기>에서 찾아 기호를 쓰시오.

보기
㉠ 머리나 몸을 물로 씻다.
㉡ 실제로 이루고 싶은 희망이나 이상.
㉢ 어떤 물체를 다른 물체에 말거나 빙 두르다.
㉣ 다리를 움직여 바닥에서 발을 번갈아 떼어 옮기다.
㉤ 이루어질 가능성이 아주 적거나 전혀 없는 헛된 기대나 생각.

04 그는 이불로 몸을 둘둘 <u>감고</u> 앉아 있었다. (　　)

05 나의 어릴 때 <u>꿈</u>은 소방관이 되는 것이었다. (　　)

06 한여름 더위를 식히려 개울에서 멱을 <u>감았다</u>. (　　)

07 수민이는 머리가 어지러운지 이마에 손을 대고 비틀거리며 <u>걷고</u> 있었다. (　　)

08 아무 노력 없이 하루아침에 세계적인 스타가 되기를 바라는 것은 한낱 <u>꿈</u>에 불과하다. (　　)

09 ~ 11 다음 설명이 알맞으면 ○에, 틀리면 ×에 표시하시오.

09 어떤 대상을 직접 설명하지 않고 그것과 유사한 특성을 지닌 다른 대상에 빗대어 표현하는 방법을 비유라고 한다. (○ , ×)

10 비유를 사용하면 직접 설명할 때보다 대상을 더욱 선명하고 생동감 있게 표현할 수 있다. (○ , ×)

11 연결어 없이 원관념을 보조 관념에 은근히 빗대어 표현하는 방법을 직유법이라고 한다. (○ , ×)

12 Ⓐ, Ⓑ와 같은 표현 방법이 사용된 것을 <보기>에서 골라 기호를 쓰시오.

Ⓐ<u>아씨처럼 나린다 / 보슬보슬 햇비</u>
맞아 주자 다 같이 / 옥수숫대처럼 크게
닷 자 엿 자 자라게
해님이 웃는다 / 나 보고 웃는다.

Ⓑ<u>하늘 다리 놓였다 / 알롱알롱 무지개</u>
노래하자 즐겁게 / 동무들아 이리 오나
다 같이 춤을 추자
해님이 웃는다 / 즐거워 웃는다.

– 윤동주, 〈햇비〉

보기
㉠ 하늘처럼 파란 호수
㉡ 나는 한 마리 어린 짐승
㉢ 나는 나룻배, 당신은 행인
㉣ 배춧잎 같은 발소리 타박타박
㉤ 꽃가루와 같이 부드러운 고양이의 털

Ⓐ: ______________ Ⓑ: ______________

나의 어휘력 점수는? ______________점 / 총 12점
• 틀린 어휘의 뜻과 예문을 다시 꼼꼼히 살펴보자.

필수 어휘

권장
권할 勸 | 장려할 奬

권하여 좋은 일에 힘쓰도록 북돋아 줌.

예 의사는 건강을 위해 운동을 하라고 ______했다.

유의어 권유(勸誘) 어떤 일 따위를 하도록 권함.

귀화
돌아올 歸 | 될 化

다른 나라의 국적을 얻어 그 나라의 국민이 되는 일.

예 외국 선수가 한국에 ______하여 국가 대표가 되는 경우도 있다.

극진하다
지극할 極 | 다할 盡

어떤 대상에 대하여 정성을 다하는 태도가 있다.

예 간병인은 환자를 ______하게 보살폈다.

어휘 쏙 정성(精誠) 온갖 힘을 다하려는 참되고 성실한 마음.

근거
뿌리 根 | 의거할 據

어떤 일이나 의논, 의견에 그 근본이 됨. 또는 그런 까닭.

예 ______ 없는 소문을 함부로 퍼뜨리면 안 된다.

기구하다
험할 崎 | 가파를 嶇

세상살이가 순탄하지 못하고 가탈이 많다.

예 그는 전쟁 통에 이리저리 떠돌며 고생했던 자신의 ______한 삶을 털어놓았다.

어휘 쏙 가탈 일이 순조롭게 나아가는 것을 방해하는 조건.

기껍다

마음속으로 은근히 기쁘다.

예 할아버지는 도시로 이사하게 된 것이 별로 ______지 않은 듯하셨다.

기하급수적
기미 幾 | 어찌 何 | 등급 級 | 셀 數 | 과녁 的

증가하는 수나 양이 아주 많은. 또는 그런 것.

예 방송에 나온 이후 이 가게를 찾는 사람들이 ______으로 늘었다.

긴밀하다
팽팽할 緊 | 빽빽할 密

서로의 관계가 매우 가까워 빈틈이 없다.

예 두 나라는 오랫동안 ______한 협력 관계를 이어 왔다.

까마득하다

① 거리가 매우 멀어 보이는 것이나 들리는 것이 희미하다.

예 절벽에서 아래를 내려다보니 ______했다.

② 시간이 아주 오래되어 기억이 희미하다.

예 고향의 정겨움이 이제는 ______한 추억으로 남았다.

어휘 쏙 희미(稀微)하다 분명하지 못하고 어렴풋하다.

유의어 아득하다 ① 보이는 것이나 들리는 것이 희미하고 매우 멀다. ② 까마득히 오래되다.

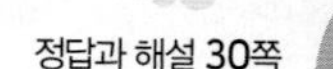

확인 문제

01 ~ 04 다음 단어와 그 뜻풀이를 바르게 연결하시오.

01 기껍다 •		• ㉠ 마음속으로 은근히 기쁘다.
02 극진하다 •		• ㉡ 시간이 아주 오래되어 기억이 희미하다.
03 긴밀하다 •		• ㉢ 서로의 관계가 매우 가까워 빈틈이 없다.
04 까마득하다 •		• ㉣ 어떤 대상에 대하여 정성을 다하는 태도가 있다.

05 ~ 06 다음 단어의 뜻풀이에서 알맞은 단어를 고르시오.

05 기하급수적 : 증가하는 수나 양이 아주 (많은 | 적은) 것.

06 기구하다 : 세상살이가 (너그럽지 | 순탄하지) 못하고 가탈이 많다.

07 ~ 09 <보기>의 글자들을 조합하여 다음 뜻풀이에 알맞은 단어를 쓰시오.

보기

거 장 화 근 귀 권

07 권하여 좋은 일에 힘쓰도록 북돋아 줌. (   )

08 다른 나라의 국적을 얻어 그 나라의 국민이 되는 일. (   )

09 어떤 일이나 의논, 의견에 그 근본이 됨. 또는 그런 까닭. (   )

10 ~ 13 빈칸에 들어갈 알맞은 단어를 <보기>에서 찾아 쓰시오.

보기

가탈 권장 근거 귀화 기하급수적

10 그의 주장은 이론적 (   )이/가 매우 부족하다.

11 선생님은 학생들에게 이 책을 (   ) 도서로 소개하였다.

12 그는 캐나다 사람이지만 결혼 후 (   )하여 한국 국적을 가질 계획이다.

13 햄스터는 애완동물로 인기가 있지만 번식력이 매우 왕성하여 그 숫자가 (   )(으)로 증가할 수 있다.

14 밑줄 친 단어의 쓰임이 적절하지 않은 것은?

① 유년기에는 부모와 아동이 긴밀한 관계를 쌓아 나가야 한다.
② 지금껏 까마득하게 잊고 있었던 어릴 때의 기억이 퍼뜩 떠올랐다.
③ 오랜만에 자전거를 타며 바람을 쐬자 몸과 마음이 한결 극진해졌다.
④ 집들이 선물을 들고 찾아가자 그는 기꺼운 표정으로 우리를 맞아 주었다.
⑤ 영웅 소설의 주인공들은 어려서 버림받고 목숨의 위협을 받거나 큰 시련을 겪는 등 기구한 운명을 타고나는 경우가 많다.

나의 어휘력 점수는? ________점 / 총 14점

• 틀린 어휘의 뜻과 예문을 다시 꼼꼼히 살펴보자.

공부한 날 ( )월 ( )일

관용 표현 - 주제별 한자 성어

★ 효(孝)

망운지정
바랄 望 | 구름 雲 | 갈 之 | 뜻 情

자식이 객지에서 고향에 계신 어버이를 생각하는 마음.
예 외국에서 공부 중인 서희는 ______에 젖을 때마다 부모님께 전화를 드린다.
어휘 쏙 객지(客地) 자기 집을 멀리 떠나 임시로 있는 곳.

반포지효
돌이킬 反 | 먹을 哺 | 갈 之 | 효도 孝

까마귀 새끼가 자라서 늙은 어미에게 먹이를 물어다 주는 효(孝)라는 뜻으로, 자식이 자란 후에 어버이의 은혜를 갚는 효성을 이르는 말.
예 사람들은 90대 어머니를 정성껏 모시는 그의 ______를 칭찬했다.

풍수지탄
바람 風 | 나무 樹 | 갈 之 | 탄식할 歎

효도를 다하지 못한 채 어버이를 여읜 자식의 슬픔을 이르는 말.
예 그는 부모님이 살아 계실 때 더 잘해 드리지 못한 것을 후회하며 종종 ______을 느끼곤 한다.

★ 애타게 기다림

일일여삼추
하나 一 | 날 日 | 같을 如 | 석 三 | 가을 秋

하루가 삼 년 같다는 뜻으로, 몹시 애태우며 기다림을 이르는 말.
예 아버지는 한 달 동안 외국으로 여행을 떠난 어머니를 ______로 애타게 기다렸다.

학수고대
학 鶴 | 머리 首 | 괴로울 苦 | 기다릴 待

학의 목처럼 목을 길게 빼고 간절히 기다림.
예 아이들은 어서 방학이 오기만을 ______했다.

★ 비슷한 실력

난형난제
어려울 難 | 형 兄 | 어려울 難 | 아우 弟

누구를 형이라 하고 누구를 아우라 하기 어렵다는 뜻으로, 두 사물이 비슷하여 낫고 못함을 정하기 어려움을 이르는 말.
예 결승에 오른 두 선수는 실력이 ______라 결과를 예상하기가 어렵다.

막상막하
없을 莫 | 위 上 | 없을 莫 | 아래 下

더 낫고 더 못함의 차이가 거의 없음.
예 나와 동생의 요리 솜씨는 ______이다.

호각지세
서로 互 | 뿔 角 | 갈 之 | 기세 勢

어떤 일을 해낼 수 있는 힘이 서로 비슷비슷한 위세.
예 이번 선거에 나온 두 후보는 지지율에서 ______를 이루었다.

확인 문제

01 ~ 04 다음 뜻풀이에 해당하는 한자 성어를 <보기>에서 찾아 쓰시오.

보기
난형난제 막상막하 망운지정 일일여삼추

01 더 낫고 더 못함의 차이가 거의 없음. (　　　　)

02 자식이 객지에서 고향에 계신 어버이를 생각하는 마음. (　　　　)

03 하루가 삼 년 같다는 뜻으로, 몹시 애태우며 기다림을 이르는 말. (　　　　)

04 누구를 형이라 하고 누구를 아우라 하기 어렵다는 뜻으로, 두 사물이 비슷하여 낫고 못함을 정하기 어려움을 이르는 말. (　　　　)

05 ~ 08 제시된 초성을 참고하여 다음 뜻풀이에 알맞은 한자 성어를 쓰시오.

05 학의 목처럼 목을 길게 빼고 간절히 기다림.

		ㄱ	ㄷ

06 어떤 일을 해낼 수 있는 힘이 서로 비슷비슷한 위세.

ㅎ		ㅈ	

07 효도를 다하지 못한 채 어버이를 여읜 자식의 슬픔을 이르는 말.

ㅍ	ㅅ		

08 까마귀 새끼가 자라서 늙은 어미에게 먹이를 물어다 주는 효(孝)라는 뜻으로, 자식이 자란 후에 어버이의 은혜를 갚는 효성을 이르는 말.

ㅂ			ㅎ

09 ~ 11 다음 대화 내용과 의미가 통하는 한자 성어를 <보기>에서 찾아 쓰시오.

보기
반포지효 막상막하 일일여삼추

09 서영: 넌 이번 대회에서 어디가 우승할 것 같아?
지민: 글쎄, 두 팀의 실력 차이가 거의 없어서 잘 모르겠어. (　　　　)

10 언니: 콘서트가 이번 주 일요일이라고 했지?
동생: 응. 빨리 일요일이 왔으면 좋겠는데 겨우 수요일밖에 안 됐어. (　　　　)

11 어머니: 매번 이렇게 찾아오고 맛있는 음식도 구해다 주니 정말 고맙구나.
아들: 뭘요. 어릴 때 어머니께서 베풀어 주신 것에 비하면 아무것도 아니죠. (　　　　)

12 밑줄 친 한자 성어의 쓰임이 적절하지 않은 것은?

① 연준이는 용돈을 받는 날만을 학수고대 기다리고 있다.
② 공격력은 허훈이, 수비력은 허웅이 앞서 난형난제의 모습을 보여 주었다.
③ 형택과 정현은 이번에도 결승전에서 만나 시종일관 호각지세의 경기를 펼쳤다.
④ 추석날 고향에 갈 수 없었던 은수는 어머니께 전화를 드리는 것으로 망운지정을 달랬다.
⑤ 이 시는 나라를 잃고 떠돌던 시인이 고국을 그리워하는 풍수지탄의 마음을 노래한 작품이다.

나의 어휘력 점수는?
________점 / 총 12점
• 틀린 어휘의 뜻과 예문을 다시 꼼꼼히 살펴보자.

공부한 날 월 일

헷갈리기 쉬운 말

나르다	물건을 한 곳에서 다른 곳으로 옮기다. 예 옆집에서 사람들이 이삿짐을 ______고 있었다.
날다	공중에 떠서 어떤 위치에서 다른 위치로 움직이다. 예 배 위에서 여러 마리의 갈매기가 ______고 있다.
낫다[1]	병이나 상처 따위가 고쳐져 본래대로 되다. 예 감기가 ______는 것 같더니 다시 심해졌다.
낫다[2]	보다 더 좋거나 앞서 있다. 예 강아지를 기르기에는 아파트보다 마당 있는 주택이 ______다.
낳다	배 속의 아이, 새끼, 알을 몸 밖으로 내놓다. 예 우리 집 소가 오늘 아침 송아지를 ______았다.
너머	높이나 경계로 가로막은 사물의 저쪽. 또는 그 공간. 예 감나무 가지가 옆집 담 ______로 뻗어 있다.
넘어	'높은 부분의 위를 지나가거나 경계를 건너 지나다.'라는 의미를 지닌 동사 '넘다'의 활용형. 예 지민이가 찬 축구공이 담을 ______ 옆집 마당으로 들어갔다.

필수 개념 - 시

의인법 헤아릴 擬 | 사람 人 | 법도 法	사람이 아닌 대상에 인격을 부여하여 사람처럼 나타내는 표현 방법. 예 샘물이 혼자서 웃으며 간다 ➡ '샘물'이 마치 사람처럼 '웃으며 간다'고 표현함.
활유법 살 活 | 깨달을 喩 | 법도 法	무생물을 살아 있는 것처럼 나타내는 표현 방법. 예 긴 날개를 펼친 산 ➡ 무생물인 '산'이 날개를 펼치는 행동을 하였다고 표현함.
대유법 대신할 代 | 깨달을 喩 | 법도 法	어떤 대상의 일부분으로 전체를 나타내거나, 사물의 속성이나 특징으로 그 사물 자체를 나타내는 표현 방법. 예 • 빼앗긴 들에도 봄은 오는가 ➡ '들'은 우리 국토의 일부로, '국토' 전체를 의미함. • 펜은 칼보다 강하다 ➡ '펜'은 '문화'를, '칼'은 '무력'을 의미함.

정답과 해설 30쪽

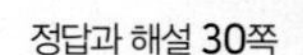

01 ~ 04 다음 단어와 그 뜻풀이를 바르게 연결하시오.

01 낫다 • • ㉠ 보다 더 좋거나 앞서 있다.

02 낳다 • • ㉡ 물건을 한 곳에서 다른 곳으로 옮기다.

03 너머 • • ㉢ 배 속의 아이, 새끼, 알을 몸 밖으로 내놓다.

04 나르다 • • ㉣ 높이나 경계로 가로막은 사물의 저쪽. 또는 그 공간.

05 ~ 07 다음 문장에서 적절한 단어를 고르시오.

05 가을 하늘을 (나르던 | 날던) 잠자리들이 나뭇가지에 내려앉았다.

06 아름이는 다친 다리가 다 (나을 | 낳을) 때까지 병원에 입원하기로 했다.

07 저 고개 (너머 | 넘어)에는 지붕이 파란 우리 집과 대문이 노란 그의 집이 있다.

08 밑줄 친 단어의 쓰임이 적절하지 않은 것은?

① 아이를 낳은 산모는 충분히 휴식을 취해야 한다.
② 그들은 위기가 닥치자 국경을 너머 이웃 나라로 도망쳤다.
③ 연탄을 나르다 보니 나도 모르는 사이에 얼굴이 까매졌다.
④ 전날 밤에 고양이들이 담을 넘어 마당으로 들어온 것 같다.
⑤ 피부가 검은 편인 나에게는 어두운색 옷보다는 밝은색 옷이 더 낫다.

09 ~ 11 다음 설명이 알맞으면 ○에, 틀리면 ×에 표시하시오.

09 활유법은 사람이 아닌 대상에 인격을 부여하여 사람처럼 나타내는 표현 방법이다. (○ , ×)

10 의인법은 무생물을 살아 있는 것처럼 나타내는 표현 방법이다. (○ , ×)

11 대유법은 어떤 대상의 일부분으로 전체를 나타내거나, 사물의 속성이나 특징으로 그 사물 자체를 나타내는 표현 방법이다. (○ , ×)

12 ㉠, ㉡에 들어갈 표현 방법이 알맞게 짝 지어진 것은?

> 그날이 오면 그날이 오면은
> 삼각산이 일어나 더덩실 춤이라도 추고
> 한강 물이 뒤집혀 용솟음칠 그날이
> 이 목숨이 끊기기 전에 와 주기만 할 양이면
> 나는 밤하늘에 나는 까마귀와 같이
> 종로의 인경을 머리로 들이받아 울리오리다.
>
> – 심훈, 〈그날이 오면〉
>
> → 이 시는 일제 강점기에 쓰인 작품으로, 시에서 '그날'이란 조국이 광복되는 날을 가리킨다. '삼각산'과 '한강'은 우리나라를 의미하므로 이 부분에는 (㉠)이 사용되었다. '삼각산이 일어나 더덩실 춤이라도 추고'는 광복을 맞이하면 느낄 기쁨의 정서를 (㉡)을 사용하여 나타낸 표현이다.

	㉠	㉡
①	활유법	의인법
②	의인법	대유법
③	직유법	활유법
④	대유법	직유법
⑤	대유법	의인법

나의 어휘력 점수는? ________점 / 총 12점

• 틀린 어휘의 뜻과 예문을 다시 꼼꼼히 살펴보자.

공부한 날 ( )월 ( )일

필수 어휘

낙담
떨어질 落 | 쓸개 膽

바라던 일이 뜻대로 되지 않아 마음이 몹시 상함.
예 원하던 실험 결과를 얻지 못하자 연구원들은 ______에 빠졌다.

유의어 실망(失望) 바라던 일이 뜻대로 되지 않아 마음이 몹시 상함.

낙천적
즐길 樂 | 하늘 天 | 과녁 的

세상과 인생을 즐겁고 좋은 것으로 여기는 것.
예 그는 워낙 성격이 ______이어서 쉽게 절망하지 않는다.

유의어 낙관적(樂觀的) 인생이나 사물을 밝고 희망적인 것으로 보는 것.

난감하다
어려울 難 | 견딜 堪

① 이렇게 하기도 저렇게 하기도 어려워 처지가 매우 딱하다.
예 같은 날 결혼식이 두 개여서 어느 쪽으로 가야 할지 ______하다.
② 맞부딪쳐 견디어 내거나 해결하기가 어렵다.
예 맡은 일의 양이 혼자 하기에는 너무 많아서 ______했다.

어휘 쏙 딱하다 일을 처리하기가 난처하다.

남루하다
헌누더기 襤 | 헌누더기 褸

옷 따위가 낡아 해지고 차림새가 너저분하다.
예 그는 오랜 떠돌이 생활로 옷차림이 ______했다.

어휘 쏙 너저분하다 질서가 없이 마구 널려 있어 어지럽고 깨끗하지 않다.

낭자하다
이리 狼 | 깔개 藉

여기저기 흩어져 어지럽다.
예 바람에 떨어진 꽃잎들이 발밑에 ______했다.

내면화
안 內 | 낯 面 | 될 化

정신적 · 심리적으로 깊이 마음속에 자리 잡힘.
예 한국인으로서 바람직한 역사의식을 ______해야 한다.

냉담하다
찰 冷 | 묽을 淡

태도나 마음씨가 동정심 없이 차갑다.
예 실수에 대해 사과했지만 사람들의 반응은 ______했다.

유의어 냉랭(冷冷)하다 태도가 정답지 않고 매우 차다.

누설
샐 漏 | 샐 泄

① 기체나 액체 따위가 밖으로 새어 나감.
예 실내에 가스가 ______되어 큰 사고가 일어날 뻔했다.
② 비밀이 새어 나감.
예 그 회사는 신제품 정보가 ______되어 큰 피해를 입었다.

유의어 누출(漏出) ① 액체나 기체 따위가 밖으로 새어 나옴. ② 비밀이나 정보 따위가 밖으로 새어 나감.

능동적
능할 能 | 움직일 動 | 과녁 的

다른 것에 이끌리지 아니하고 스스로 일으키거나 움직이는. 또는 그런 것.
예 나영이는 먼저 질문을 던지면서 ______으로 대화를 이끌었다.

반의어 수동적(受動的) 스스로 움직이지 않고 다른 것의 작용을 받아 움직이는. 또는 그런 것.

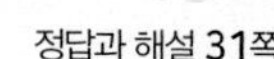

01 ~ 05 다음 뜻풀이에 해당하는 단어를 말상자에서 찾아 표시하시오.

하	루	남	낙	천	적
다	독	루	담	긍	냉
난	감	하	다	과	담
정	하	다	정	일	하
급	류	낭	자	하	다

01 여기저기 흩어져 어지럽다.

02 태도나 마음씨가 동정심 없이 차갑다.

03 옷 따위가 낡아 해지고 차림새가 너저분하다.

04 세상과 인생을 즐겁고 좋은 것으로 여기는 것.

05 이렇게 하기도 저렇게 하기도 어려워 처지가 매우 딱하다.

06 ~ 09 <보기>의 글자들을 조합하여 다음 뜻풀이에 알맞은 단어를 쓰시오.

보기

낙 동 화 면 내 담 능 누 적 설

06 기체나 액체 따위가 밖으로 새어 나감. (　　　)

07 정신적 · 심리적으로 깊이 마음속에 자리 잡힘. (　　　)

08 바라던 일이 뜻대로 되지 않아 마음이 몹시 상함. (　　　)

09 다른 것에 이끌리지 아니하고 스스로 일으키거나 움직이는. 또는 그런 것. (　　　)

10 ~ 13 빈칸에 들어갈 알맞은 단어를 <보기>에서 찾아 쓰시오.

보기

낙담 누설 내면화 낙관적 능동적

10 이미 (　　　)되어 버린 성품을 바꾸는 것은 무척 어렵다.

11 베토벤은 청각을 잃은 후에도 (　　　)하지 않고 훌륭한 음악들을 작곡하였다.

12 정보화 사회가 되면서 개인 정보의 (　　　)이/가 심각한 사회 문제가 되었다.

13 빠르게 변하는 현대 사회에서는 남에게 의존하는 태도에서 벗어나 (　　　)(으)로 상황에 대처하는 자세를 가져야 한다.

14 밑줄 친 단어의 쓰임이 적절하지 않은 것은?

① 지혁이가 코피를 쏟아서 바닥에 피가 낭자했다.
② 차림새가 남루한 사람이 가게 안으로 들어왔다.
③ 우리 민족은 소박하고 낙천적인 기질을 지녔다.
④ 밤사이 기온이 갑자기 내려가서 오늘 아침은 꽤 냉담하다.
⑤ 둘 중에 누구를 반장으로 뽑아야 할지 선택하기가 매우 난감하다.

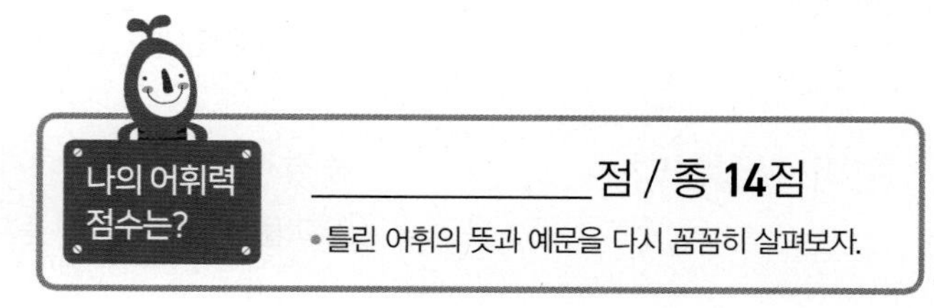

공부한 날 ( )월 ( )일

관용 표현 - 주제별 관용어

★ 머리

머리가 굳다

① 사고방식이나 사상 따위가 융통성 없이 올곧고 고집이 세다.

예 기성세대가 되니 ______어서 그런지 젊은이들의 생각을 이해하기가 어렵다.

② 기억력 따위가 무디다.

예 나이가 드니 ______어서 어제 일도 잘 생각나지 않는다.

어휘 쏙 융통성(融通性) 그때그때의 사정과 형편을 보아 일을 처리하는 재주.

머리를 굴리다

머리를 써서 해결 방안을 생각해 내다.

예 나는 약속 시간에 늦지 않을 방법을 찾기 위해 ______기 시작했다.

머리를 맞대다

어떤 일을 의논하거나 결정하기 위하여 서로 마주 대하다.

예 그들은 게임에서 이길 작전을 짜느라 한참 동안 ______고 이야기했다.

머리를 식히다

흥분되거나 긴장된 마음을 가라앉히다.

예 회의 분위기가 너무 격해져서 잠시 쉬면서 ______기로 했다.

머리를 싸매다

있는 힘을 다하여 노력하다.

예 새로 그릴 웹툰의 스토리를 짜내느라 며칠 동안 ______고 고민했다.

★ 눈

눈에 띄다

두드러지게 드러나다.

예 형은 대학생이 되더니 ______게 멋을 부리기 시작했다.

눈이 높다

① 정도 이상의 좋은 것만 찾는 버릇이 있다.

예 그는 ______아서 웬만큼 비싼 옷이 아니면 거들떠보지도 않는다.

② 안목이 높다.

예 그는 나이는 젊지만 예술품을 보는 ______다.

어휘 쏙 안목(眼目) 사물을 보고 분별하는 지식과 능력.

눈에 익다

여러 번 보아서 익숙하다.

예 버스에서 내려 조금 걸으니 ______은 거리가 나왔다.

눈이 뒤집히다

충격적인 일을 당하거나 어떤 일에 집착하여 이성을 잃다.

예 아들의 사고 소식을 듣자 그는 ______혀 사건 현장으로 달려갔다.

정답과 해설 31쪽

01 ~ 05 다음 뜻풀이에 해당하는 관용어를 <보기>에서 찾아 기호를 쓰시오.

보기
㉠ 눈에 띄다
㉡ 머리를 맞대다
㉢ 머리를 식히다
㉣ 머리를 싸매다
㉤ 눈이 뒤집히다

01 두드러지게 드러나다. (　　)

02 있는 힘을 다하여 노력하다. (　　)

03 흥분되거나 긴장된 마음을 가라앉히다. (　　)

04 어떤 일을 의논하거나 결정하기 위하여 서로 마주 대하다. (　　)

05 충격적인 일을 당하거나 어떤 일에 집착하여 이성을 잃다. (　　)

06 ~ 09 제시된 초성을 활용하여 관용어의 뜻풀이를 완성하시오.

06 눈에 익다
→ 여러 번 보아서 [ㅇ][ㅅ]하다.

07 눈이 높다
→ [ㅇ][ㅁ]이 높다.
→ 정도 이상의 좋은 것만 찾는 [ㅂ][ㄹ]이 있다.

08 머리를 굴리다
→ 머리를 써서 [ㅎ][ㄱ] 방안을 생각해 내다.

09 머리가 굳다
→ [ㄱ][ㅇ][ㄹ] 따위가 무디다.
→ 사고방식이나 사상 따위가 [ㅇ][ㅌ][ㅅ] 없이 올곧고 고집이 세다.

10 ~ 13 다음 빈칸에 들어갈 관용어를 <보기>에서 찾아 문맥에 맞게 쓰시오.

보기
㉠ 눈이 높다
㉡ 눈에 익다
㉢ 머리를 굴리다
㉣ 머리를 식히다

10 나는 아무리 ________ 해결 방법을 찾을 수가 없었다.

11 진영이는 ________ 그 정도의 물건은 마음에 안 들어 할 거야.

12 회의가 길어지자 ________ 위해 잠시 밖으로 나와 바람을 쐬었다.

13 새로 바뀐 반에 아는 사람이 없을까 봐 걱정했는데, 다행히 ________ 얼굴들이 꽤 있었다.

14 밑줄 친 관용어의 쓰임이 적절하지 않은 것은?

① 석진이는 학창 시절부터 눈에 띄는 친구였다.
② 이제는 머리가 굳어서 새로운 언어를 배우기가 어렵다.
③ 그가 이번에는 어떤 노래를 부를지 모두의 눈이 뒤집혔다.
④ 반 아이들이 함께 머리를 맞대고 새로운 규칙을 만들었다.
⑤ 나는 새로운 공연 내용을 마련하기 위해 머리를 싸매고 고민했다.

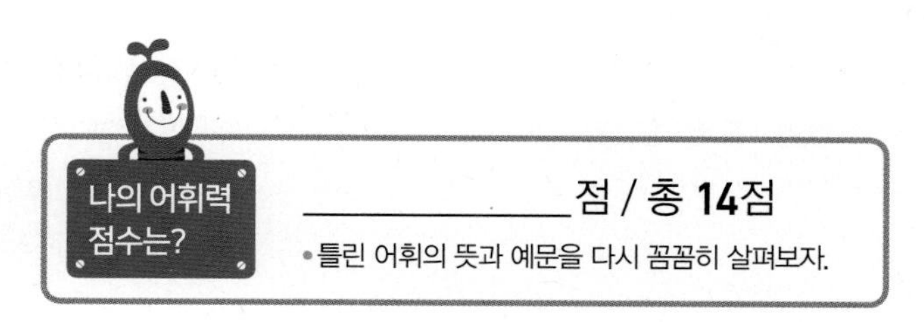

공부한 날 ( )월 ( )일

다의어 · 동음이의어

개다[1]	흐리거나 궂은 날씨가 맑아지다. 예 흐리던 날씨가 활짝 ____고 하늘에는 구름 한 점 없다.
개다[2]	가루나 덩이진 것에 물이나 기름 따위를 쳐서 서로 섞이거나 풀어지도록 으깨거나 이기다. 예 빵을 만들기 위해 밀가루를 미지근한 물에 ____어 두었다.
개다[3]	옷이나 이부자리 따위를 겹치거나 접어서 단정하게 포개다. 예 옷가지들을 ____어 서랍 속에 정리했다.
그리다[1]	사랑하는 마음으로 간절히 생각하다. 예 그는 오랜 외국 생활을 마치고 꿈에 ____던 한국 땅을 밟았다.
그리다[2]	연필, 붓 따위로 어떤 사물의 모양을 그와 닮게 선이나 색으로 나타내다. 예 이번 주말에 봉사 활동으로 벽화를 ____러 갈 계획이다.
눈	① 빛의 자극을 받아 물체를 볼 수 있는 감각 기관. 예 경수는 ____이 정말 초롱초롱하다. ② 시력. 즉 물체의 존재나 형상을 인식하는 눈의 능력. 예 어두운 곳에서 책을 자주 읽었더니 ____이 나빠진 것 같아. ③ 사물을 보고 판단하는 힘. 예 그는 사람 보는 ____이 정확하다.

필수 개념 - 시

상징 모양 象 | 부를 徵	인간의 감정, 사상처럼 눈에 보이지 않는 추상적인 관념을 구체적인 다른 사물로 나타내는 표현 방법. ◪ 상징의 특성 • 원관념을 드러내지 않고 보조 관념만으로 의미를 표현한다. • 원관념이 명확하게 드러나지 않아 의미가 여러 가지로 해석될 수 있다.
감정 이입 느낄 感 | 뜻 情 | 옮길 移 | 들 入	화자의 감정을 다른 대상에 옮겨 넣어 그 대상이 화자와 같은 정서를 느끼는 것처럼 표현하는 기법. 예 산새도 오리나무 / 위에서 운다 – 김소월, 〈산〉 → 산새가 '운다'고 함으로써 화자가 느끼는 슬픔과 서러움의 정서를 '산새'가 함께 느끼는 것처럼 표현함.

확인 문제

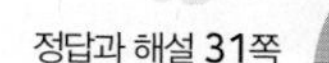

정답과 해설 31쪽

01 ~ 03 밑줄 친 단어의 뜻으로 알맞은 것을 고르시오.

01 우리 반에서 눈이 가장 큰 아이는 태형이다.
- ㉠ 사물을 보고 판단하는 힘.
- ㉡ 빛의 자극을 받아 물체를 볼 수 있는 감각 기관.

02 땅바닥에 그의 얼굴을 그리고 지우기를 반복했다.
- ㉠ 사랑하는 마음으로 간절히 생각하다.
- ㉡ 연필, 붓 따위로 어떤 사물의 모양을 그와 닮게 선이나 색으로 나타내다.

03 화단을 만들기 위해 삽으로 시멘트를 개었다.
- ㉠ 옷이나 이부자리 따위를 겹치거나 접어서 단정하게 포개다.
- ㉡ 가루나 덩이진 것에 물이나 기름 따위를 쳐서 서로 섞이거나 풀어지도록 으깨거나 이기다.

04 ~ 08 밑줄 친 단어의 뜻을 <보기>에서 찾아 기호를 쓰시오.

보기
- ㉠ 사물을 보고 판단하는 힘.
- ㉡ 흐리거나 궂은 날씨가 맑아지다.
- ㉢ 사랑하는 마음으로 간절히 생각하다.
- ㉣ 시력. 즉 물체의 존재나 형상을 인식하는 눈의 능력.
- ㉤ 옷이나 이부자리 따위를 겹치거나 접어서 단정하게 포개다.

04 날이 개어 소풍을 갈 수 있게 되었다. (　　　)

05 눈이 나빠져서 안경을 쓰는 학생이 늘었다. (　　　)

06 이번에도 김 감독의 선수 보는 눈을 믿어 보자. (　　　)

07 세월이 많이 흘렀지만 그는 아직도 첫사랑을 그리고 있다. (　　　)

08 자고 일어나면 바로 이불을 개는 습관을 들이려고 노력하고 있다. (　　　)

09 ~ 11 다음 설명이 알맞으면 ○에, 틀리면 ×에 표시하시오.

09 상징은 인간의 감정, 사상처럼 눈에 보이지 않는 추상적인 관념을 구체적인 사물로 나타내는 표현 방법이다. (○, ×)

10 상징은 보조 관념이 명확하게 드러나지 않아 의미가 여러 가지로 해석될 수 있다. (○, ×)

11 화자의 감정을 다른 대상에 옮겨 넣어 그 대상이 화자와 같은 정서를 느끼는 것처럼 표현하는 기법을 감정 이입이라고 한다. (○, ×)

12 다음 시조에 대한 설명으로 적절한 것은?

> 천만리 머나먼 길에 고운 임 이별하고
> 내 마음 둘 데 없어 냇가에 앉았더니
> 저 물도 내 마음 같아서 울며 밤길 가는구나.
>
> – 왕방연

① 강인한 의지와 경건한 분위기가 느껴진다.
② 임과 행복하게 지냈던 시절을 회상하고 있다.
③ 불합리한 사회 현실을 날카롭게 비판하고 있다.
④ 화자와 자연물의 상황을 대조하여 주제를 강조하고 있다.
⑤ 감정 이입의 방법을 사용하여 이별의 슬픔을 드러내고 있다.

나의 어휘력 점수는? ____________점 / 총 12점
- 틀린 어휘의 뜻과 예문을 다시 꼼꼼히 살펴보자.

07회 1

공부한 날 ( )월 ( )일

필수 어휘

다분하다
많을 多 | 나눌 分

그 비율이 어느 정도 많다.
예 그는 이번 일이 실패할 가능성이 ______ 하다고 보았다.

다채롭다
많을 多 | 채색 彩

여러 가지 색채나 형태, 종류 따위가 한데 어울려 호화스럽다.
예 우리 학교 가을 축제에서는 ______ 롭고 유익한 행사들이 열린다.

어휘 쏙 호화(豪華)스럽다 보기에 사치스럽고 화려한 데가 있다.

단호하다
끊을 斷 | 어조사 乎

결심이나 태도, 입장 따위가 과단성 있고 엄격하다.
예 나는 그런 부탁은 들어줄 수 없다고 ______ 하게 말했다.

어휘 쏙 엄격(嚴格)하다 말, 태도, 규칙 따위가 매우 엄하고 철저하다.

당부
마땅할 當 | 줄 付

말로 단단히 부탁함. 또는 그런 부탁.
예 이야기를 마치며 그는 비밀을 꼭 지켜 달라고 ______ 했다.

대수롭다

중요하게 여길 만하다.
예 그는 작은 상처를 ______ 롭지 않게 여겼다가 결국 병원에 입원하게 되었다.

대응
대답할 對 | 응할 應

① 어떤 일이나 사태에 맞추어 태도나 행동을 취함.
예 그 가수는 악성 댓글에 대해 법적 ______ 을 하기로 했다.
② 어떤 두 대상이 주어진 어떤 관계에 의하여 서로 짝이 되는 일.
예 국어에서 글자는 소리에 일대일로 ______ 된다.

유의어 대처(對處) 어떤 사건이나 상태에 대해 필요한 대책을 세워 행함.

대중화
큰 大 | 무리 衆 | 될 化

대중 사이에 널리 퍼져 친숙해짐.
예 샤프의 ______ 로 연필깎이는 어느새 추억의 물건이 되었다.

어휘 쏙 대중(大衆) 수많은 사람의 무리.

덕택
덕 德 | 못 澤

베풀어 준 은혜나 도움.
예 친구 어머니께서 차에 태워 준 ______ 에 집에 편하게 왔다.

유의어 덕분(德分) 베풀어 준 은혜나 도움.

도입
이끌 導 | 들 入

기술, 방법, 물자 따위를 끌어 들임.
예 기술자들이 새로 ______ 한 기계의 운전법을 익히고 있다.

어휘 쏙 물자(物資) 어떤 활동에 필요한 여러 가지 물건이나 재료.

확인 문제

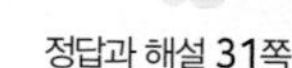

01 ~ 04 다음 뜻풀이에 해당하는 단어를 <보기>에서 찾아 쓰시오.

> 보기
> 도입　대중화　단호하다　대수롭다

01 중요하게 여길 만하다. (　　　)

02 대중 사이에 널리 퍼져 친숙해짐. (　　　)

03 기술, 방법, 물자 따위를 끌어 들임. (　　　)

04 결심이나 태도, 입장 따위가 과단성 있고 엄격하다. (　　　)

05 ~ 06 다음 단어의 뜻풀이에서 알맞은 단어를 고르시오.

05 다분하다 : 그 비율이 어느 정도 (많다 | 적다).

06 다채롭다 : 여러 가지 색채나 형태, 종류 따위가 한데 어울려 (어지럽다 | 호화스럽다).

07 ~ 09 <보기>의 글자들을 조합하여 다음 뜻풀이에 알맞은 단어를 쓰시오.

> 보기
> 부　당　응　택　대　덕

07 베풀어 준 은혜나 도움. (　　　)

08 말로 단단히 부탁함. 또는 그런 부탁. (　　　)

09 어떤 일이나 사태에 맞추어 태도나 행동을 취함. (　　　)

10 ~ 13 빈칸에 들어갈 알맞은 단어를 <보기>에서 찾아 쓰시오.

> 보기
> 대처　도입　당부　덕택　대중화

10 새로운 생산 방법을 (　　　)하여 생산량이 많이 늘었다.

11 선생님께서 가르쳐 주신 (　　　)에 시험에 합격하였습니다.

12 그녀는 대중 가수이지만 국악의 (　　　)을/를 위해 많은 노력을 기울였다.

13 가이드는 미술관 안에서는 조용히 해 달라고 관광객들에게 (　　　)하였다.

14 밑줄 친 단어의 쓰임이 적절하지 않은 것은?

① 미라는 어려서부터 작가가 될 소질이 다분했다.
② 봄이 되면 개나리, 진달래, 철쭉 등 다채로운 꽃들이 핀다.
③ 선생님은 규칙을 지키지 않은 학생에게 단호하게 대하셨다.
④ 예고편을 보고 기대한 것과 달리 그 영화가 대수롭게 끝나 실망했다.
⑤ 이번 사건을 겪으며 위기에 적절히 대응하는 그의 능력을 확인할 수 있었다.

나의 어휘력 점수는?　＿＿＿＿점 / 총 14점

• 틀린 어휘의 뜻과 예문을 다시 꼼꼼히 살펴보자.

공부한 날 ( )월 ( )일

관용 표현 - 주제별 한자 성어

★ 평범한 사람들

갑남을녀 갑옷 甲 | 사내 男 | 새 乙 | 여자 女	갑이란 남자와 을이란 여자라는 뜻으로, 평범한 사람들을 이르는 말. 예 이 마을은 ______가 모여 이룬 아담한 시골 마을이다.
장삼이사 베풀 張 | 석 三 | 오얏 李 | 넉 四	장씨의 셋째 아들과 이씨의 넷째 아들이라는 뜻으로, 이름이나 신분이 특별하지 아니한 평범한 사람들을 이르는 말. 예 전쟁을 승리로 이끈 영웅도 평화로운 시대에 태어났더라면 ______로 살았을 것이다.
필부필부 짝 匹 | 남편 夫 | 짝 匹 | 아내 婦	평범한 남녀. 예 그들은 ______로 만나 결혼을 하게 되었다.
초동급부 땔나무 樵 | 아이 童 | 길을 汲 | 아내 婦	땔나무를 하는 아이와 물을 긷는 아낙네라는 뜻으로, 평범한 사람을 이르는 말. 예 유명해지거나 높은 지위에 오르는 것도 좋지만, 그저 ______로 살아가는 것도 나쁘지 않다.

★ 가난한 생활

남부여대 사내 男 | 짐질 負 | 여자 女 | 일 戴	남자는 지고 여자는 인다는 뜻으로, 가난한 사람들이 살 곳을 찾아 이리저리 떠돌아다님을 이르는 말. 예 전쟁이 일어나자 사람들은 ______하여 피란을 떠났다.
삼순구식 석 三 | 열흘 旬 | 아홉 九 | 먹을 食	삼십 일 동안 아홉 끼니밖에 먹지 못한다는 뜻으로, 몹시 가난함을 이르는 말. 예 홍수 때문에 농사를 망친 백성들은 ______을 하는 처지가 되었다.

★ 청빈한 생활

단표누항 소쿠리 簞 | 바가지 瓢 | 좁을 陋 | 거리 巷	좁고 지저분한 거리에서 먹는 한 그릇의 밥과 한 바가지의 물이라는 뜻으로, 선비의 청빈한 생활을 이르는 말. 예 그는 재산을 사회에 기부하고 시골에 작은 집을 얻어 ______의 삶을 살고 있다. 어휘 쏙 청빈(淸貧) 성품이 깨끗하고 재물에 대한 욕심이 없어 가난함.
단사표음 소쿠리 簞 | 먹이 食 | 바가지 瓢 | 마실 飮	대나무로 만든 밥그릇에 담은 밥과 표주박에 든 물이라는 뜻으로, 청빈하고 소박한 생활을 이르는 말. 예 조선 시대 선비들 가운데는 벼슬을 내려놓고 고향으로 돌아가 ______으로 조용히 살아가는 이들도 있었다. 어휘 쏙 소박(素朴)하다 꾸밈이나 거짓이 없고 수수하다.

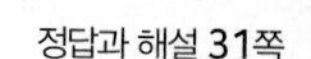

01 ~ 04 다음 뜻풀이에 해당하는 한자 성어를 <보기>에서 찾아 쓰시오.

보기

갑남을녀　남부여대　단표누항　초동급부

01 갑이란 남자와 을이란 여자라는 뜻으로, 평범한 사람들을 이르는 말. (　　　　)

02 땔나무를 하는 아이와 물을 긷는 아낙네라는 뜻으로, 평범한 사람을 이르는 말. (　　　　)

03 남자는 지고 여자는 인다는 뜻으로, 가난한 사람들이 살 곳을 찾아 이리저리 떠돌아다님을 이르는 말. (　　　　)

04 좁고 지저분한 거리에서 먹는 한 그릇의 밥과 한 바가지의 물이라는 뜻으로, 선비의 청빈한 생활을 이르는 말. (　　　　)

05 ~ 08 제시된 초성을 참고하여 다음 뜻풀이에 알맞은 한자 성어를 쓰시오.

05 평범한 남녀.

ㅍ ㅂ □ □

06 삼십 일 동안 아홉 끼니밖에 먹지 못한다는 뜻으로, 몹시 가난함을 이르는 말.

ㅅ □ ㄱ □

07 대나무로 만든 밥그릇에 담은 밥과 표주박에 든 물이라는 뜻으로, 청빈하고 소박한 생활을 이르는 말.

ㄷ □ □ ㅇ

08 장씨의 셋째 아들과 이씨의 넷째 아들이라는 뜻으로, 이름이나 신분이 특별하지 아니한 평범한 사람들을 이르는 말.

□ ㅅ □ ㅅ

09 ~ 11 다음 밑줄 친 부분과 의미가 통하는 한자 성어를 <보기>에서 찾아 쓰시오.

보기

남부여대　단표누항　장삼이사

09 일제가 농토를 강제로 빼앗자 <u>땅을 잃은 사람들은 가난을 이기지 못해 고향을 떠나 간도로 향했다.</u> (　　　　)

10 화려한 도시 생활을 접고 <u>산속의 작은 집에서 손수 기른 채소를 먹으며 검소하게 사는 삶</u>에 만족하게 되었다. (　　　　)

11 임진왜란 때의 의병장인 곽재우, 고경명, 조헌 등의 활약도 대단했지만, <u>이름 없는 평범한 사람들</u>도 의병으로 많이 참여했다는 사실을 잊지 말아야 한다. (　　　　)

12 밑줄 친 한자 성어의 쓰임이 적절하지 <u>않은</u> 것은?

① 흥부는 <u>삼순구식</u>을 하는 삶을 견디다 못해 쌀을 얻으러 형인 놀부를 찾아갔다.
② 선비라면 <u>단사표음</u>을 부끄러워할 것이 아니라 법도와 의리를 지키지 못함을 부끄러워해야 한다.
③ <u>필부필부</u>라더니, 누가 부부 아니랄까 봐 서로 얼굴만 봐도 무슨 생각을 하는지 바로 알아차리는구나.
④ 뛰어난 활약으로 세상에 이름을 남기는 것도 좋지만, <u>초동급부</u>로 보통의 삶을 살아가는 것도 좋을 것 같다.
⑤ 바람직한 사회는 몇몇 특별한 사람만 잘사는 사회가 아니라 <u>갑남을녀</u>가 골고루 평화롭게 살아가는 사회이다.

나의 어휘력 점수는?　________ 점 / 총 **12**점

• 틀린 어휘의 뜻과 예문을 다시 꼼꼼히 살펴보자.

공부한 날 ( )월 ( )일

헷갈리기 쉬운 말

다르다	① 비교가 되는 두 대상이 서로 같지 아니하다. 예 아무리 쌍둥이라도 성격은 서로 ______다. ② 보통의 것보다 두드러진 데가 있다. 예 고장 난 문을 감쪽같이 고치다니 기술자는 역시 ______구나.
틀리다	셈이나 사실 따위가 그르게 되거나 어긋나다. 예 그 배우는 대사를 하나도 안 ______고 줄줄 외었다.
다리다	옷이나 천 따위의 주름이나 구김을 펴고 줄을 세우기 위해 다리미와 같은 기구로 문지르다. 예 이 셔츠는 ______지 않아서 여기저기 구김살이 가 있다.
달이다	약재 따위에 물을 부어 우러나도록 끓이다. 예 한약방 안은 한약을 ______는 냄새로 가득했다.
다치다	부딪치거나 맞거나 하여 신체에 상처가 생기다. 예 급히 달리다가 넘어져 무릎을 ______고 말았다.
닫히다	열린 문짝, 뚜껑, 서랍 따위가 도로 제자리로 가 막히다. 예 열어 놓은 문이 바람에 ______면서 큰 소리가 났다.

필수 개념 - 소설

허구성 빌 虛 | 만들어 낼 構 | 성품 性	실제로 일어난 일이 아니라 현실에 있음 직한 일을 작가가 상상력을 발휘해 꾸며 낸 이야기라는 소설의 특징.
산문성 흩을 散 | 글월 文 | 성품 性	줄글 형태로 이루어진 산문 문학으로서 소설의 특징.
서사성 차례 敍 | 일 事 | 성품 性	인물, 사건, 배경 등을 갖추고 일정한 흐름에 따라 사건이 전개되는 소설의 특징.
모방성 본뜰 摸 | 본받을 倣 | 성품 性	현실 세계의 모습을 본뜨거나 반영하는 소설의 특징.
진실성 참 眞 | 열매 實 | 성품 性	꾸며 낸 이야기지만 인생의 진솔한 이야기를 통해 삶의 진실을 추구하고 바람직한 인간상을 찾고자 하는 소설의 특징.

확인 문제

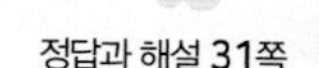

01 ~ 04 다음 단어와 그 뜻풀이를 바르게 연결하시오.

01 다르다 •

02 다리다 •

03 달이다 •

04 틀리다 •

• ㉠ 약재 따위에 물을 부어 우러나도록 끓이다.

• ㉡ 비교가 되는 두 대상이 서로 같지 아니하다.

• ㉢ 셈이나 사실 따위가 그르게 되거나 어긋나다.

• ㉣ 옷이나 천 따위의 주름이나 구김을 펴고 줄을 세우기 위해 다리미와 같은 기구로 문지르다.

05 ~ 07 다음 문장에서 적절한 단어를 고르시오.

05 무거운 짐을 들다가 허리를 (다쳐서 | 닫혀서) 병원에 갔다.

06 소화기 장애가 있을 때 감초를 (다려 | 달여) 마시면 좋다.

07 내가 직접 키운 상추라 그런지 사 먹는 것과는 맛이 (다르다 | 틀리다).

08 밑줄 친 단어의 쓰임이 적절하지 않은 것은?

① 우리 형은 심지어 청바지도 다려 입는다.
② 보약을 달이는 것은 정성이 필요한 일이다.
③ 모델이라 그런지 지원이는 옷 입는 감각이 남들과 다르다.
④ 병뚜껑이 너무 꽉 닫혀서 내 힘으로는 도저히 열 수가 없다.
⑤ 옆집 자매는 얼굴이 너무 틀리게 생겨서 처음엔 자매인 줄 몰랐다.

09 ~ 11 다음 설명이 알맞으면 ○에, 틀리면 ×에 표시하시오.

09 모방성은 현실 세계의 모습을 본뜨거나 반영하는 소설의 특징이다. (○ , ×)

10 서사성은 줄글 형태로 이루어진 산문 문학으로서 소설의 특징이다. (○ , ×)

11 실제로 일어난 일이 아니라 현실에 있음 직한 일을 작가가 상상력을 발휘해 꾸며 낸 이야기라는 점에서 소설은 진실성을 갖는다. (○ , ×)

12 다음은 소설 <자전거 도둑>의 줄거리이다. 이를 읽고 난 반응으로 적절하지 않은 것은?

> 열여섯 살 소년 수남이는 청계천 세운 상가의 전기용품 도매상에서 점원으로 일하고 있다. 바람이 심하게 불던 어느 봄날, 수남이는 자전거를 타고 배달을 나간다. 그런데 길가에 세워 놓은 수남이의 자전거가 세찬 바람에 넘어져 고급 자동차에 흠집이 나는 사건이 일어난다. 차 주인인 신사가 수리비를 요구하자, 수남이는 자전거를 들고 도망친다. 수남이는 자전거를 들고 도망 온 자신의 행동을 꾸짖기는커녕 칭찬을 하는 주인 영감에게 혐오감을 느낀다.
> 그날 밤 수남이는 낮에 한 자신의 행동을 떠올리며 괴로워한다. 수남이는 도둑질만은 하지 말라고 당부하던 아버지의 얼굴을 떠올리며, 아버지가 계신 고향으로 돌아가기로 마음을 먹는다.
> – 박완서, 〈자전거 도둑〉 줄거리

① 이 작품은 줄글 형태의 산문 문학에 속해.
② 사건의 전개를 통해 서사성을 확인할 수 있어.
③ '수남이'는 작가가 만들어 낸 허구적 인물이로군.
④ 도덕적으로 살아야 한다는 삶의 진실을 추구하는군.
⑤ 사건이나 배경으로 보아 현실 세계를 본뜨지는 않았군.

나의 어휘력 점수는? ________ 점 / 총 12점

• 틀린 어휘의 뜻과 예문을 다시 꼼꼼히 살펴보자.

08회 1

공부한 날 ( )월 ( )일

필수 어휘

독창적
홀로 獨 | 비롯할 創 | 과녁 的

다른 것을 본뜨거나 본받음 없이 새로운 것을 처음으로 만들어 내거나 생각해 내는. 또는 그런 것.

예 그 회사는 외국 제품을 모방하는 것에서 벗어나 ______인 제품을 만들어 냈다.

돈독하다
도타울 敦 | 도타울 篤

도탑고 성실하다.

예 옆집 남매는 우애가 매우 ______하다.

어휘 쏙 도탑다 서로의 관계에 사랑이나 인정이 많고 깊다.

등용
오를 登 | 쓸 用

인재를 뽑아서 씀.

예 왕은 나라를 위해 우수한 인재를 ______하고자 했다.

어휘 쏙 인재(人材) 어떤 일을 할 수 있는 학식이나 능력을 갖춘 사람.

막바지

어떤 일이나 현상 따위의 마지막 단계.

예 길었던 겨울 방학도 ______에 접어들었다.

반의어 초입(初入) 어떤 일이나 시기가 시작되는 첫머리.

만연하다
덩굴 蔓 | 끌 延

전염병이나 나쁜 현상이 널리 퍼지다. 식물의 줄기가 널리 뻗는다는 뜻에서 나온 말이다.

예 이기주의가 ______한 사회에서는 평화를 기대할 수 없다.

만회
당길 挽 | 돌아올 回

바로잡아 원래의 상태로 돌이키거나 원래의 상태를 되찾음.

예 민호는 전반전에 저지른 실수를 ______하기 위해 후반전에 더 열심히 달렸다.

매료
도깨비 魅 | 마칠 了

사람의 마음을 완전히 사로잡아 홀리게 함.

예 우주 영화를 보고 신비로운 우주의 세계에 ______되었다.

매섭다

① 남이 겁을 낼 만큼 성질이나 기세 따위가 매몰차고 날카롭다.

예 승원이는 평소에는 성격이 아주 부드럽지만 축구 시합에서는 상대를 ______게 몰아붙인다.

② 정도가 매우 심하다.

예 ______게 부는 겨울바람을 피해 안으로 들어갔다.

반의어 부드럽다 성질이나 태도가 억세지 아니하고 매우 따뜻하다.

면밀하다
이어질 綿 | 빽빽할 密

자세하고 빈틈이 없다.

예 전문가들은 제품이 고장을 일으키는 원인을 ______하게 분석했다.

유의어 세밀(細密)하다, 치밀(緻密)하다 자세하고 꼼꼼하다.

반의어 엉성하다 꽉 짜이지 아니하여 어울리는 맛이 없고 빈틈이 있다.

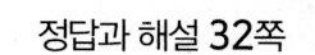

01 ~ 05 다음 빈칸을 채워 십자말풀이를 완성하시오.

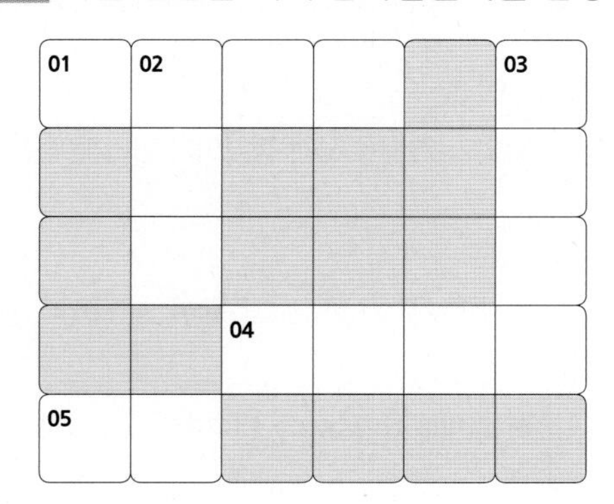

01 도탑고 성실하다.

02 다른 것을 본뜨거나 본받음 없이 새로운 것을 처음으로 만들어 내거나 생각해 내는. 또는 그런 것.

03 전염병이나 나쁜 현상이 널리 퍼지다.

04 자세하고 빈틈이 없다.

05 사람의 마음을 완전히 사로잡아 홀리게 함.

06 ~ 09 <보기>의 글자들을 조합하여 다음 뜻풀이에 알맞은 단어를 쓰시오.

보기

다 만 바 지 회 용 섭 막 등 매

06 인재를 뽑아서 씀. (　　　　)

07 어떤 일이나 현상 따위의 마지막 단계. (　　　　)

08 바로잡아 원래의 상태로 돌이키거나 원래의 상태를 되찾음. (　　　　)

09 남이 겁을 낼 만큼 성질이나 기세 따위가 매몰차고 날카롭다. (　　　　)

10 ~ 13 빈칸에 들어갈 알맞은 단어를 <보기>에서 찾아 쓰시오.

보기

만회 등용 매료 초입 만연

10 허준은 전염병이 (　　　　)한 마을로 들어가 환자들을 돌보았다.

11 그녀의 피아노 연주를 들은 청중들은 모두 그녀에게 (　　　　)되었다.

12 과거 제도는 고려 시대부터 조선 시대에 걸쳐 관리를 (　　　　)하기 위해 시험을 치렀던 제도이다.

13 작은 가게를 운영하고 있는 외삼촌은 지난달의 손실을 (　　　　)하기 위해 이번 달에는 더 열심히 일했다.

14 밑줄 친 단어의 쓰임이 적절하지 <u>않은</u> 것은?

① 그들은 어린 시절부터 <u>돈독한</u> 우정을 쌓아 왔다.
② 겨울 <u>막바지</u>에 이른 추위가 닥쳐서 김장을 서둘렀다.
③ 그는 반칙을 일삼는 상대 선수를 <u>매서운</u> 눈초리로 쏘아보았다.
④ 우리나라는 외국의 문화를 받아들인 후 이를 <u>독창적</u>으로 발전시켰다.
⑤ 실험 과정에 문제가 없었는지 <u>면밀하게</u> 검토한 후에 결론을 내리기로 했다.

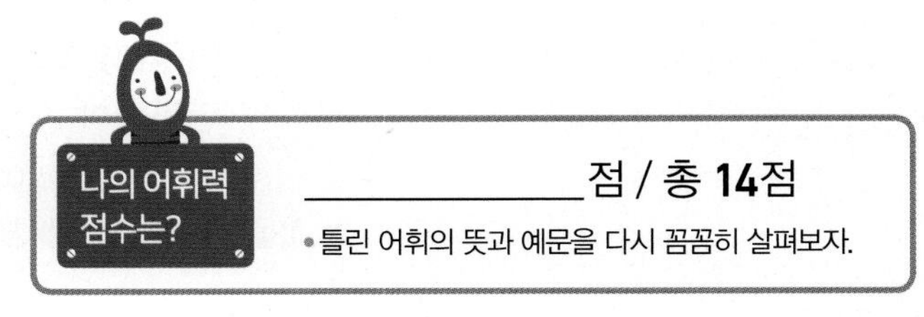

공부한 날 ( )월 ( )일

관용 표현 - 주제별 속담

★ 작은 것이 모여 큰일을 이룸

낙숫물이 댓돌을 뚫는다	작은 힘이라도 꾸준히 계속하면 큰일을 이룰 수 있음을 이르는 말. 예 낙숫물이 ______ 더니, 평소 꾸준히 달리기 연습을 하던 정현이가 마라톤에 참가하여 코스를 완주하였다.
열 번 찍어 안 넘어가는 나무 없다	아무리 뜻이 굳은 사람이라도 여러 번 권하거나 꾀고 달래면 결국은 마음이 변한다는 말. 예 열 번 찍어 ______ 고, 댄스 동아리에 가입하자는 친구의 계속된 설득에 유정이의 마음이 크게 흔들렸다.
티끌 모아 태산	아무리 작은 것이라도 모이고 모이면 나중에 큰 덩어리가 됨을 이르는 말. 예 얼마 안 되는 용돈을 모아 컴퓨터를 사다니, 그야말로 ______ 태산이로구나.

★ 노력, 정성

공든 탑이 무너지랴	공들여 쌓은 탑은 무너질 리 없다는 뜻으로, 힘을 다하고 정성을 다하여 한 일은 그 결과가 반드시 헛되지 아니함을 이르는 말. 예 ______ 라는 말처럼, 열심히 연습했으니 대회에서 좋은 결과가 있을 거야.
달리는 말에 채찍질	기세가 한창 좋을 때 더 힘을 가한다는 말. 예 ______ 에 채찍질이라고, 신제품이 잘 팔리고 있는 이때 광고를 더욱 늘려야 합니다.
우물을 파도 한 우물을 파라	일을 너무 벌여 놓거나 하던 일을 자주 바꾸어 하면 아무런 성과가 없으니 어떠한 일이든 한 가지 일을 끝까지 하여야 성공할 수 있다는 말. 예 우물을 파도 ______ 는 말처럼, 성공하려면 한 가지 일에 집중해라.
지성이면 감천	정성이 지극하면 하늘도 감동하게 된다는 뜻으로, 무슨 일에든 정성을 다하면 아주 어려운 일도 순조롭게 풀리어 좋은 결과를 맺는다는 말. 예 생명이 위태롭던 친구네 강아지가 정성스러운 보살핌으로 살아난 것을 보니, ______ 이라는 말이 맞는 것 같아.
흐르는 물은 썩지 않는다	고인 물이 썩지 흐르는 물은 썩지 않는다는 뜻으로, 사람은 언제나 일하고 공부하며 단련해야 시대에 뒤떨어지지 않고 또 변질되지 아니함을 이르는 말. 예 ______ 은 썩지 않는다더니, 그 디자이너는 끊임없이 연구하고 노력하여 유행을 이끄는 옷을 계속 만들어 냈다.

확인 문제

01 ~ 04 다음 뜻풀이에 해당하는 속담을 <보기>에서 찾아 기호를 쓰시오.

보기

㉠ 달리는 말에 채찍질
㉡ 낙숫물이 댓돌을 뚫는다
㉢ 흐르는 물은 썩지 않는다
㉣ 우물을 파도 한 우물을 파라

01 기세가 한창 좋을 때 더 힘을 가한다는 말. (　　)

02 어떠한 일이든 한 가지 일을 끝까지 하여야 성공할 수 있다는 말. (　　)

03 작은 힘이라도 꾸준히 계속하면 큰일을 이룰 수 있음을 이르는 말. (　　)

04 사람은 언제나 일하고 공부하며 단련해야 시대에 뒤떨어지지 않고 또 변질되지 아니함을 이르는 말. (　　)

05 ~ 08 제시된 초성을 참고하여 뜻풀이에 해당하는 속담을 완성하시오.

05 [ㅌ][ㄲ] 모아 [ㅌ][ㅅ]

→ 아무리 작은 것이라도 모이고 모이면 나중에 큰 덩어리가 됨을 이르는 말.

06 [ㄱ][ㄷ] [ㅌ]이 무너지랴

→ 힘을 다하고 정성을 다하여 한 일은 그 결과가 반드시 헛되지 아니함을 이르는 말.

07 [ㅈ][ㅅ]이면 [ㄱ][ㅊ]

→ 무슨 일에든 정성을 다하면 아주 어려운 일도 순조롭게 풀리어 좋은 결과를 맺는다는 말.

08 [ㅇ] 번 찍어 안 넘어가는 [ㄴ][ㅁ] 없다

→ 아무리 뜻이 굳은 사람이라도 여러 번 권하거나 꾀고 달래면 결국은 마음이 변한다는 말.

09 ~ 11 밑줄 친 속담의 쓰임이 적절하면 ○에, 그렇지 않으면 ×에 표시하시오.

09 희열: 요즘 사업이 무척 잘된다며?
세정: 응, 그래서 더 투자를 하려고 해. <u>낙숫물이 댓돌을 뚫는다</u>잖아. (○ , ×)

10 용건: 선배님은 여든이 넘으셨는데도 연기 공부를 하신다면서요?
순제: <u>흐르는 물은 썩지 않는다</u>잖아. 시대에 뒤떨어지지 않으려면 계속 공부해야지. (○ , ×)

11 딸: 연기는 저하고 안 맞는 것 같아요. 이제 춤이랑 노래를 배워서 아이돌이 될래요.
어머니: 연기 학원을 다닌 지 겨우 한 달밖에 안 됐는데? <u>우물을 파도 한 우물을 파야</u> 성공하는 법이야. (○ , ×)

12 ~ 14 빈칸에 들어갈 적절한 속담을 <보기>에서 찾아 기호를 쓰시오.

보기

㉠ 지성이면 감천
㉡ 티끌 모아 태산
㉢ 열 번 찍어 안 넘어가는 나무 없다

12 아무리 작은 돈이라도 열심히 모으면 (　　)(이라)고 부자가 될 수 있다.

13 (　　)(이라)고 하잖니. 네가 그렇게 정성껏 간호했으니 할머니의 병세가 곧 나아지실 거야.

14 (　　)(이라)고, 처음에는 개발에 반대하던 주민들도 끈질기게 설득하니 찬성하게 되었다.

나의 어휘력 점수는? ________ 점 / 총 14점

• 틀린 어휘의 뜻과 예문을 다시 꼼꼼히 살펴보자.

공부한 날 ( )월 ( )일

다의어 · 동음이의어

나오다

① 안에서 밖으로 오다.

예 형은 밀린 잠을 자느라 하루 종일 방 밖으로 ____지를 않았다.

② 어떠한 태도를 취하여 겉으로 드러내다.

예 상대방이 삐딱한 태도로 ____니 기분이 좋지 않았다.

③ 감정 표현이나 생리 작용 따위가 나타나다.

예 나는 자꾸 하품이 ____는 것을 참을 수가 없었다.

돌다

① 물체가 일정한 축을 중심으로 원을 그리면서 움직이다.

예 바람에 풍차가 천천히 ____기 시작했다.

② 어떤 기운이나 빛이 겉으로 나타나다.

예 보일러를 틀었더니 바닥에서 따뜻한 기운이 ____았다.

듣다

① 사람이나 동물이 소리를 감각 기관을 통해 알아차리다.

예 새벽에 천둥소리를 ____고 잠에서 깼다.

② 다른 사람의 말을 받아들여 그렇게 하다.

예 내 동생은 부모님 말씀을 참 잘 ____는다.

③ 기계, 장치 따위가 정상적으로 움직이다.

예 말 잘 ____던 청소기가 오늘따라 왜 고장인지 모르겠다.

필수 개념 - 소설

인물

사람 人 | 물건 物

작가의 상상력으로 창조되어 소설 속에 등장하는 사람(존재). 인물은 사건을 일으키고 행동하며, 이를 통해 소설의 주제가 드러난다.

◪ 인물의 유형

중요도, 역할, 성격 변화, 집단의 대표성에 따라 소설 속 인물을 분류할 수 있다.

기준	유형	설명
중요도	중심인물	작품의 주인공과 같이 비중이 큰 중요한 인물
	주변 인물	작품에서 차지하는 비중이 크지 않은 보조적 인물
역할	주동 인물	작가가 전달하려는 주제와 같은 방향으로 움직이는 인물
	반동 인물	주제와 반대로 움직이며 주동 인물과 대립하는 인물
성격 변화	평면적 인물	작품의 처음부터 끝까지 성격이 변화하지 않는 인물
	입체적 인물	작품 속 상황이나 환경이 변화함에 따라 성격이 변하는 인물
집단의 대표성	전형적 인물	사회의 특정 계층이나 집단을 대표하는 인물
	개성적 인물	그 인물만이 지니는 독특한 개성이 나타나는 인물

확인 문제

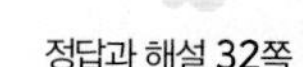

01 ~ 03 밑줄 친 단어의 뜻풀이로 알맞은 것을 고르시오.

01 상대가 비협조적인 태도로 나온다면 협상은 어렵다.
㉠ 어떠한 태도를 취하여 겉으로 드러내다.
㉡ 감정 표현이나 생리 작용 따위가 나타나다.

02 자전거 브레이크가 말을 안 들어서 큰일 날 뻔했다.
㉠ 기계, 장치 따위가 정상적으로 움직이다.
㉡ 다른 사람의 말을 받아들여 그렇게 하다.

03 기다리던 메시지를 받은 그녀의 입가에 웃음이 돌았다.
㉠ 어떤 기운이나 빛이 겉으로 나타나다.
㉡ 물체가 일정한 축을 중심으로 원을 그리면서 움직이다.

04 ~ 08 밑줄 친 단어의 뜻을 <보기>에서 찾아 기호를 쓰시오.

보기
㉠ 안에서 밖으로 오다.
㉡ 다른 사람의 말을 받아들여 그렇게 하다.
㉢ 감정 표현이나 생리 작용 따위가 나타나다.
㉣ 물체가 일정한 축을 중심으로 원을 그리면서 움직이다.
㉤ 사람이나 동물이 소리를 감각 기관을 통해 알아차리다.

04 유리는 한번 웃음이 나오면 멈추지를 못한다. (　　)

05 승기는 선생님 말씀을 아주 잘 듣는 학생이다. (　　)

06 지구는 스스로 하루에 한 바퀴를 도는데 이를 자전이라고 한다. (　　)

07 종이 울리자 수업이 끝난 학생들이 교실 밖으로 우르르 나오기 시작했다. (　　)

08 개는 시력은 약하지만 청력이 사람보다 크게 발달해서 멀리서 나는 소리도 잘 듣는다. (　　)

09 ~ 11 다음 설명이 알맞으면 ○에, 틀리면 ×에 표시하시오.

09 인물이란 작가의 상상력으로 창조되어 소설 속에 등장하는 사람이다. (○ , ×)

10 소설의 인물은 작품 속 역할에 따라서 중심인물과 반동 인물로 나뉜다. (○ , ×)

11 평면적 인물은 작품 속 상황이나 환경이 변화함에 따라 성격이 변하는 인물이다. (○ , ×)

12 다음 줄거리를 읽고 <춘향전>의 인물 유형에 대해 이해한 내용으로 적절하지 않은 것은?

전라도 남원 고을 사또의 아들인 이몽룡은 광한루에 올랐다가 그네 뛰는 춘향을 보고 한눈에 반한다. 둘은 백년가약을 맺지만 이몽룡은 한양으로 떠나게 되고, 이몽룡은 춘향에게 과거에 급제한 후 데리러 오겠다고 맹세한다.
남원 고을에 새로 부임한 변 사또는 춘향에게 수청을 들도록 명령하는데, 이를 거절한 춘향은 곤장을 맞고 옥에 갇히게 된다. 한편 어사가 되어 남원에 내려온 이몽룡은 춘향이 옥에 갇힌 사연을 듣게 되고, 변 사또의 생일잔치가 벌어진 날 어사출또 하여 변 사또를 봉고파직한 뒤 춘향을 구해 낸다. 이몽룡은 어사 임무를 마친 뒤 춘향과 함께 한양으로 와서 행복하게 산다.
– 작자 미상, 〈춘향전〉 줄거리

① 이몽룡은 변 사또와 대립하는 반동 인물이다.
② 춘향은 끝까지 절개를 지키는 평면적 인물이다.
③ 변 사또는 반동 인물인 동시에 평면적 인물이다.
④ 변 사또는 탐관오리를 대표하는 전형적 인물이다.
⑤ 춘향과 이몽룡은 사건을 이끌어 가는 중심인물이다.

나의 어휘력 점수는? ＿＿＿＿＿＿ 점 / 총 **12**점
• 틀린 어휘의 뜻과 예문을 다시 꼼꼼히 살펴보자.

공부한 날 ( )월 ( )일

필수 어휘

명성
이름 名 | 소리 聲

세상에 널리 퍼져 평판 높은 이름.
예 그는 외국에서 ______이 높은 한국인 최초의 지휘자이다.

어휘 쏙 평판(評判) 세상 사람들의 비평.

모름지기

사리를 따져 보건대 마땅히. 또는 반드시.
예 작가는 ______ 풍부한 어휘력을 갖추고 있어야 한다.

어휘 쏙 사리(事理) 일의 이치.

무궁무진
없을 無 | 다할 窮 | 없을 無 | 다할 盡

끝이 없고 다함이 없음.
예 아이들의 호기심은 어른들이 상상할 수 없을 정도로 ______하다.

유의어 무한(無限) 수, 양, 공간, 시간 따위에 제한이나 한계가 없음.
반의어 유한(有限) 수, 양, 공간, 시간 따위에 일정한 한도나 한계가 있음.

무료
없을 無 | 귀 울릴 聊

흥미 있는 일이 없어 심심하고 지루함.
예 방학을 맞은 형은 집에서 며칠을 보내더니 ______를 이기지 못하고 친구를 만난다며 나갔다.

무고하다
없을 無 | 허물 辜

아무런 잘못이나 허물이 없다.
예 그는 재판에서 자신의 ______함을 강하게 주장하였다.

어휘 쏙 허물 잘못 저지른 실수.
유의어 결백(潔白)하다 행동이나 마음씨가 깨끗하고 조촐하여 아무런 허물이 없다.

무모
없을 無 | 꾀할 謀

앞뒤를 잘 헤아려 깊이 생각하는 신중성이나 꾀가 없음.
예 이런 폭설에 산 정상까지 오르는 것은 ______한 일이다.

어휘 쏙 신중성(愼重性) 매우 조심스러운 성질.

미묘하다
작을 微 | 묘할 妙

뚜렷하지 않고 야릇하고 묘하다.
예 친구인 듯도 하고 원수인 듯도 하고, 두 사람의 관계는 ______하다.

민망하다
근심할 憫 | 멍할 惘

낯을 들고 대하기가 부끄럽다.
예 나는 숙제를 보여 달라고 부탁하기가 ______해서 좀처럼 말을 꺼내지 못했다.

밀접
빽빽할 密 | 접할 接

아주 가깝게 맞닿아 있음. 또는 그런 관계에 있음.
예 인터넷은 우리 생활과 ______하게 연관되어 있다.

확인 문제

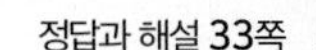

01 ~ 04 다음 단어와 그 뜻풀이를 바르게 연결하시오.

01 무모 • • ㉠ 끝이 없고 다함이 없음.

02 모름지기 • • ㉡ 뚜렷하지 않고 야릇하고 묘하다.

03 무궁무진 • • ㉢ 사리를 따져 보건대 마땅히. 또는 반드시.

04 미묘하다 • • ㉣ 앞뒤를 잘 헤아려 깊이 생각하는 신중성이나 꾀가 없음.

05 ~ 06 다음 단어의 뜻풀이에서 알맞은 단어를 고르시오.

05 무고하다 : 아무런 잘못이나 (허물 | 허점)이 없다.

06 민망하다 : 낯을 들고 대하기가 (부끄럽다 | 조심스럽다).

07 ~ 09 <보기>의 글자들을 조합하여 다음 뜻풀이에 알맞은 단어를 쓰시오.

보기
무 성 명 료 접 밀

07 세상에 널리 퍼져 평판 높은 이름. (   )

08 흥미 있는 일이 없어 심심하고 지루함. (   )

09 아주 가깝게 맞닿아 있음. 또는 그런 관계에 있음. (   )

10 ~ 13 빈칸에 들어갈 알맞은 단어를 <보기>에서 찾아 쓰시오.

보기
무료 명성 무한 밀접 무모

10 그녀는 세계적으로 (   )을/를 떨친 골프 선수이다.

11 그는 이번 사건과 상당히 (   )한 관련이 있는 인물이다.

12 우리는 (   )함을 달래기 위해 옛 앨범을 꺼내 펼쳐 보았다.

13 이 밤에 혼자서 정글에 들어가는 행동은 용감한 것이 아니라 (   )한 것이다.

14 밑줄 친 단어의 쓰임이 적절하지 않은 것은?

① 국가 대표라면 모름지기 사명감과 자부심을 갖고 있어야 한다.
② 라면을 먹고 잤더니 얼굴이 잔뜩 부어서 밖에 나가기가 민망하다.
③ 몇 달 동안 아프리카에 다녀온 그는 무궁무진한 경험담을 들려주었다.
④ 나는 한때 그에 대해서 사랑과 미움이 뒤섞인 미묘한 감정을 가지고 있었다.
⑤ 집에 틀어박혀 일주일을 보냈더니 너무 무고해서 친구를 만나러 밖으로 나갔다.

나의 어휘력 점수는? ________ 점 / 총 14점

• 틀린 어휘의 뜻과 예문을 다시 꼼꼼히 살펴보자.

공부한 날 ( )월 ( )일

관용 표현 - 주제별 한자 성어

★ 삶에 대한 만족

안분지족
편안할 安 | 나눌 分 | 알 知 | 발 足

편안한 마음으로 제 분수를 지키며 만족할 줄을 앎.

예 그는 남과 비교하며 욕심을 부리지 않고 ______ 하며 살고 있다.

어휘 쏙 분수(分數) 자기의 신분이나 처지에 알맞은 한도.

안빈낙도
편안할 安 | 가난할 貧 | 즐길 樂 | 길 道

가난한 생활을 하면서도 편안한 마음으로 도를 즐겨 지킴.

예 그는 시골의 작은 집에서 소박하게 생활하며 ______ 의 삶을 누리고 있다.

★ 옳고 그름, 순리

개과천선
고칠 改 | 지날 過 | 옮길 遷 | 착할 善

지난날의 잘못이나 허물을 고쳐 올바르고 착하게 됨.

예 그는 자신이 저지른 잘못을 반성하고 ______ 의 길을 걷고 있다.

권선징악
권할 勸 | 착할 善 | 혼날 懲 | 악할 惡

착한 일을 권장하고 악한 일을 징계함.

예 옛날이야기는 착한 사람은 복을 받고 나쁜 사람은 벌을 받는다는 ______ 의 교훈을 담고 있는 것이 많다.

어휘 쏙 징계(懲戒) 허물이나 잘못을 뉘우치도록 나무라며 경계함.

사필귀정
일 事 | 반드시 必 | 돌아올 歸 | 바를 正

모든 일은 반드시 바른길로 돌아감.

예 ______ 이라더니, 타락한 정치인은 결국 시민의 투표로 물러나게 되는군.

시시비비
옳을 是 | 옳을 是 | 아닐 非 | 아닐 非

여러 가지의 잘함과 잘못함.

예 나는 동생들이 다투게 된 이야기를 듣고 ______ 를 가려 주었다.

★ 꿈

동상이몽
같을 同 | 평상 牀 | 다를 異 | 꿈 夢

같은 자리에 자면서 다른 꿈을 꾼다는 뜻으로, 겉으로는 같이 행동하면서도 속으로는 각각 딴생각을 하고 있음을 이르는 말.

예 그들은 야구팀 동료로 함께 훈련하고 있지만, 각자 계획과 목표가 달라 서로 ______ 을 하고 있다.

비몽사몽
아닐 非 | 꿈 夢 | 같을 似 | 꿈 夢

완전히 잠이 들지도 잠에서 깨어나지도 않은 어렴풋한 상태.

예 아까는 ______ 중에 전화를 받아서 내가 무슨 말을 했는지도 모르겠다.

01 ~ 04 다음 뜻풀이에 해당하는 한자 성어를 <보기>에서 찾아 쓰시오.

보기

개과천선 동상이몽 사필귀정 안분지족

01 모든 일은 반드시 바른길로 돌아감. (   )

02 편안한 마음으로 제 분수를 지키며 만족할 줄을 앎. (   )

03 지난날의 잘못이나 허물을 고쳐 올바르고 착하게 됨. (   )

04 같은 자리에 자면서 다른 꿈을 꾼다는 뜻으로, 겉으로는 같이 행동하면서도 속으로는 각각 딴생각을 하고 있음을 이르는 말. (   )

05 ~ 08 제시된 초성을 참고하여 다음 뜻풀이에 알맞은 한자 성어를 쓰시오.

05 여러 가지의 잘함과 잘못함.

ㅅ □ ㅂ □

06 착한 일을 권장하고 악한 일을 징계함.

□ ㅅ □ ㅇ

07 가난한 생활을 하면서도 편안한 마음으로 도를 즐겨 지킴.

□ □ ㄴ ㄷ

08 완전히 잠이 들지도 잠에서 깨어나지도 않은 어렴풋한 상태.

ㅂ ㅁ □ □

09 ~ 11 다음 밑줄 친 부분과 의미가 통하는 한자 성어를 <보기>에서 찾아 쓰시오.

보기

권선징악 동상이몽 안빈낙도

09 조선 시대의 문학 작품 중에는 자연에서 편안하게 사는 삶에 만족하며 선비의 도를 지키겠다는 마음을 노래한 작품이 많다. (   )

10 우리가 잘 아는 〈흥부전〉은 마음 착한 흥부가 복을 받고 욕심 많은 놀부가 벌을 받는 내용을 통해 교훈을 전달하는 고전 소설이다. (   )

11 재환과 세혁은 매일 아침 같이 산을 오르는데, 시합을 대비해 체력을 기르려고 하는 재환과 달리 세혁은 아침 산책을 하는 민주를 만나고 싶어서 산에 오른다. (   )

12 밑줄 친 한자 성어의 쓰임이 적절하지 않은 것은?

① 두 사람이 시시비비로 상대의 주장에 귀를 기울여야 문제가 해결될 수 있다.
② 그 사람은 못된 짓을 그렇게 많이 하더니 사필귀정으로 결국 법적 처벌을 받았다는군.
③ 시험 전날 늦게까지 공부하느라 정작 시험 시간에는 비몽사몽한 상태에서 문제를 풀었다.
④ 그는 큰돈을 벌지는 못하지만 자신의 작은 가게에서 일할 수 있는 삶에 안분지족하고 있다.
⑤ 제멋대로 굴며 남에게 피해를 주고 살던 그는 개과천선하더니 요즘 봉사 활동을 열심히 하고 있다.

나의 어휘력 점수는? ________점 / 총 12점

• 틀린 어휘의 뜻과 예문을 다시 꼼꼼히 살펴보자.

공부한 날 ( )월 ( )일

헷갈리기 쉬운 말

두껍다	두께가 보통의 정도보다 크다. 예 오늘 날씨가 추워서 옷을 (　　　)게 입었다.
두텁다	신의, 믿음, 관계, 인정 따위가 굳고 깊다. 예 우리 동네 사람들은 이웃 간에 정이 매우 (　　　)다.
드러내다	가려 있거나 보이지 않던 것을 보이게 하다. 예 현우는 하얀 이를 (　　　)고 활짝 웃었다.
들어내다	물건을 들어서 밖으로 옮기다. 예 준영이는 무거운 책상을 동생과 마주 잡고 밖으로 (　　　)었다.
무치다	나물 따위에 갖은양념을 넣고 골고루 한데 뒤섞다. 예 콩나물을 (　　　)고 미역국을 끓여 저녁상을 차렸다.
묻히다[1]	가루, 풀, 물 따위를 그보다 큰 다른 물체에 들러붙게 하거나 흔적을 남기다. 예 붓에 먹물을 듬뿍 (　　　)고 글씨를 썼다.
묻히다[2]	물건이 흙이나 다른 물건 속에 넣어져 보이지 않게 덮이다. 예 증조할아버지는 돌아가신 후 선산에 (　　　)셨다.

필수 개념 - 소설

갈등 칡 葛 | 등나무 藤	칡과 등나무가 서로 얽히는 것처럼 개인이나 집단 사이의 의견이나 이해관계가 복잡하게 얽히고 충돌하는 것. 소설에서 갈등은 인물의 내면이나, 인물과 다른 대상 사이에서 일어난다.
내적 갈등 안 內 | 과녁 的 | 칡 葛 | 등나무 藤	인물의 마음속에서 두 가지 이상의 생각이 부딪쳐 일어나는 심리적 갈등.
외적 갈등 바깥 外 | 과녁 的 | 칡 葛 | 등나무 藤	인물과 그 인물을 둘러싼 외부 요인 사이에서 발생하는 갈등. ◪ 외적 갈등의 종류 • 인물과 인물의 갈등: 인물들의 성격이나 가치관의 대립에서 오는 갈등 • 인물과 사회의 갈등: 인물이 자신이 살고 있는 사회의 제도 · 관습 · 윤리 등과 부딪쳐 겪는 갈등 • 인물과 운명의 갈등: 인물이 타고난 운명 때문에 겪게 되는 갈등 • 인물과 자연의 갈등: 인물이 자연 환경과 부딪쳐 싸우면서 겪는 갈등

확인 문제

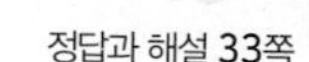

01 ~ 04 다음 단어와 그 뜻풀이를 바르게 연결하시오.

01 두껍다 •

02 무치다 •

03 묻히다 •

04 들어내다 •

• ㉠ 물건을 들어서 밖으로 옮기다.

• ㉡ 두께가 보통의 정도보다 크다.

• ㉢ 나물 따위에 갖은양념을 넣고 골고루 한데 뒤섞다.

• ㉣ 물건이 흙이나 다른 물건 속에 넣어져 보이지 않게 덮이다.

05 ~ 07 다음 문장에서 적절한 단어를 고르시오.

05 그녀는 이곳에 있는 신자들 중 그 누구보다 신앙심이 (두껍다 | 두텁다).

06 그 조각가는 가림막을 걷어 자신이 최근에 완성한 작품을 (드러내 | 들어내) 보였다.

07 인절미는 찹쌀을 쪄서 떡메로 친 후에 이를 적당한 크기로 썰어 콩고물을 (무쳐 | 묻혀) 만든다.

08 밑줄 친 단어의 쓰임이 적절하지 <u>않은</u> 것은?

① 다람쥐가 모은 도토리들이 땅속에 <u>묻혔다</u>.
② 누나는 그 <u>두터운</u> 책을 벌써 반이나 읽었다.
③ 윤석이는 다른 형제들에 비해 입술이 <u>두꺼운</u> 편이다.
④ 도배를 새로 하기 위해 방에서 물건들을 모두 <u>들어냈다</u>.
⑤ 소풍에 가져갈 김밥을 싸기 위해 먼저 시금치를 <u>무쳤다</u>.

09 ~ 11 다음 설명이 알맞으면 ○에, 틀리면 ×에 표시하시오.

09 소설에서 갈등은 인물의 내면이나, 인물과 다른 대상 사이에서 일어난다. (○ , ×)

10 갈등은 개인이나 집단 사이의 의견이나 이해관계가 복잡하게 얽히고 충돌하는 것이다. (○ , ×)

11 소설에서 외적 갈등은 인물의 마음속에서 두 가지 이상의 생각이 부딪쳐 일어나는 심리적 갈등이다. (○ , ×)

12 다음 글에서 주되게 드러나는 갈등의 유형으로 적절한 것은?

> 나흘 전 감자 쪼간만 하더라도 나는 저에게 조금도 잘못한 것은 없다. 〈중략〉 제가 준 것을 남이 알면 큰일 날 테니 여기서 얼른 먹어 버리란다. 그리고 또 하는 소리가
> "너, 봄 감자가 맛있단다."
> "난 감자 안 먹는다. 니나 먹어라."
> 나는 고개도 돌리려지 않고 일하던 손으로 그 감자를 도로 어깨 너머로 쑥 밀어 버렸다. 〈중략〉
> 점순이가 저희 집 봉당에 홀로 걸터앉았는데, 아 이게 치마 앞에다 우리 씨암탉을 꼭 붙들어 놓고는
> "이놈의 닭! 죽어라, 죽어라."
> 요렇게 암팡스레 패 주는 것이 아닌가? 그것도 대가리나 치면 모른다마는 아주 알도 못 낳으라고 그 볼기짝께를 주먹으로 콕콕 쥐어박는 것이다.
> – 김유정, 〈동백꽃〉

① 인물의 내적 갈등
② 인물과 사회의 갈등
③ 인물과 운명의 갈등
④ 인물과 자연의 갈등
⑤ 인물과 인물의 갈등

__________ 점 / 총 **12**점

• 틀린 어휘의 뜻과 예문을 다시 꼼꼼히 살펴보자.

공부한 날 ( )월 ( )일

필수 어휘

박탈
벗길 剝 | 빼앗을 奪

남의 재물이나 권리, 자격 따위를 빼앗음.
예 부정행위를 저지른 선수는 출전 자격이 ______ 된다.

반열
나눌 班 | 벌일 列

품계나 신분, 등급의 차례.
예 그 개그맨은 십 년 만에 톱스타 ______ 에 올랐다.

반전
돌이킬 反 | 구를 轉

일의 형세가 뒤바뀜.
예 후반전에 터진 역전 골로 경기 분위기가 ______ 되었다.

어휘 쏙 형세(形勢) 일이 되어 가는 형편.

발산
필 發 | 흩을 散

① 감정 따위를 밖으로 드러내어 해소함. 또는 분위기 따위를 한껏 드러냄.
예 가은이는 춤을 추면서 그동안 쌓인 스트레스를 ______ 하였다.
② 냄새, 빛, 열 따위가 사방으로 퍼져 나감.
예 나무에서 은은한 향기가 ______ 되고 있었다.

방자하다
놓을 放 | 방자할 恣

어려워하거나 조심스러워하는 태도가 없이 무례하고 건방지다.
예 어른 앞에서는 ______ 하게 굴지 말고 예의를 지켜라.

어휘 쏙 무례(無禮) 태도나 말에 예의가 없음.
유의어 버릇없다 어른이나 남 앞에서 마땅히 지켜야 할 예의가 없다.

방치
놓을 放 | 둘 置

내버려 둠.
예 고장 난 문을 그 상태로 ______ 했더니 열 때마다 삐거덕거린다.

배타적
물리칠 排 | 다를 他 | 과녁 的

남을 배척하는. 또는 그런 것.
예 통일을 위해서는 남북한이 서로에 대한 ______ 태도를 버려야 한다.

어휘 쏙 배척(排斥) 따돌리거나 거부하여 밀어 내침.

범람
뜰 汎 | 넘칠 濫

① 큰물이 흘러넘침.
예 비가 많이 와서 강물이 도로까지 ______ 했다.
② 바람직하지 못한 것들이 마구 쏟아져 돌아다님.
예 길거리에 온갖 외국어 간판이 ______ 하고 있다.

보채다

어떠한 것을 요구하며 성가시게 조르다.
예 빨리 나오라고 ______ 는 소리에 은우는 준비를 서둘렀다.

어휘 쏙 성가시다 자꾸 들볶거나 번거롭게 굴어 괴롭고 귀찮다.

01 ~ 05 다음 뜻풀이에 해당하는 단어를 말상자에서 찾아 표시하시오.

등	화	반	전	기	보
배	장	역	세	권	채
타	인	방	자	하	다
적	군	집	도	다	리
기	범	람	전	과	미

01 큰물이 흘러넘침.

02 일의 형세가 뒤바뀜.

03 남을 배척하는. 또는 그런 것.

04 어떠한 것을 요구하며 성가시게 조르다.

05 어려워하거나 조심스러워하는 태도가 없이 무례하고 건방지다.

06 ~ 09 <보기>의 글자들을 조합하여 다음 뜻풀이에 알맞은 단어를 쓰시오.

보기

방 탈 반 발 치 열 산 박

06 내버려 둠. (   )

07 품계나 신분, 등급의 차례. (   )

08 냄새, 빛, 열 따위가 사방으로 퍼져 나감. (   )

09 남의 재물이나 권리, 자격 따위를 빼앗음. (   )

10 ~ 13 빈칸에 들어갈 알맞은 단어를 <보기>에서 찾아 쓰시오.

보기

반열 배척 발산 범람 반전

10 전염병이 퍼지자 나라 전체에 근거 없는 소문들이 (   )하였다.

11 그들은 열정적으로 연주하고 춤추며 무대 위에서 한껏 흥을 (   )했다.

12 그 드라마는 실종되었던 주인공이 살아 돌아오면서 상황이 극적으로 (   )되었다.

13 어릴 적 장난감 피아노를 치던 그는 이제 세계적인 교향악단과 협연을 하는 거장의 (   )에 올랐다.

14 밑줄 친 단어의 쓰임이 적절하지 않은 것은?

① 상처가 난 부분을 그대로 방치하면 염증이 생기거나 곪을 수 있다.
② 모내기 철과 같이 농사일이 매우 바쁜 시기에는 학생들도 일손을 보챈다.
③ 선거 관리 위원회는 불법 행위를 저지른 후보자의 후보 자격을 박탈하였다.
④ 대장은 자신의 명령을 무시하고 불러도 오지 않는 부하의 방자한 태도에 몹시 분노했다.
⑤ 자신의 이론만이 옳다고 생각하는 배타적인 자세는 학문을 하는 사람이 경계해야 하는 태도이다.

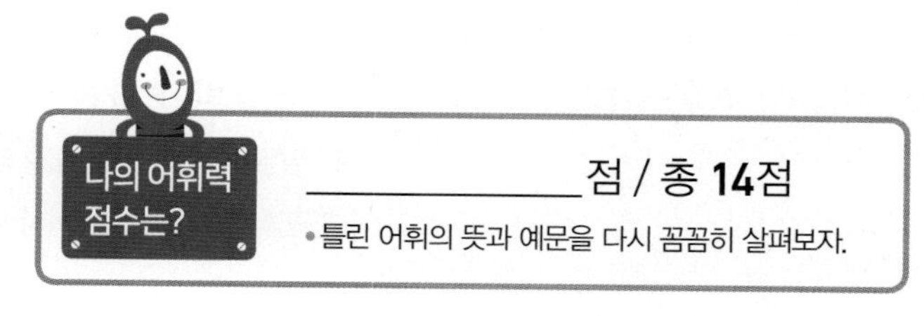

공부한 날 ( )월 ( )일

관용 표현 - 주제별 관용어

★ 얼굴

얼굴만 쳐다보다	① 남의 도움을 기대하고 눈치를 보거나 비위를 맞추다. 예 동생은 거실을 실컷 어질러 놓더니 부모님이 오실 시간이 되자 내 ______았다. ② 아무 대책 없이 서로에게 기대기만 하다. 예 타고 가던 차가 고장 나서 멈추자, 부부는 한동안 서로 ______았다. 어휘 쏙 비위(脾胃) 어떤 것을 좋아하거나 싫어하는 성미. 또는 그러한 기분.
얼굴에 씌어 있다	감정, 기분 따위가 얼굴에 나타나다. 예 지원이가 지루함을 느끼고 있음은 그가 영화를 보는 내내 ______었다.
얼굴을 내밀다	모임 따위에 모습을 나타내다. 예 그는 3년 만에 동창회에 ______었다.
얼굴을 들다	남을 떳떳이 대하다. 예 발표회 장소에 한 시간 늦게 도착한 그는 친구들 앞에서 차마 ______ 수가 없었다.
얼굴이 두껍다	부끄러움을 모르고 염치가 없다. 예 툭하면 찾아와 어려운 부탁을 하는 걸 보면 그는 참 ______다. 어휘 쏙 염치(廉恥) 체면을 차릴 줄 알며 부끄러움을 아는 마음.

★ 가슴

가슴에 새기다	잊지 않게 단단히 마음에 기억하다. 예 그는 항상 꿈을 꾸며 살라는 선생님의 말씀을 ______고 살아간다.
가슴을 펴다	굽힐 것 없이 당당하다. 예 너는 잘못한 것이 하나도 없으니 그렇게 움츠리지 말고 ______라.
가슴이 뜨겁다	깊고 큰 사랑과 배려를 받아 고마움으로 마음의 감동이 크다. 예 정성스레 축가를 불러 주는 친구들이 고마워서 ______게 달아올랐다.
가슴이 뜨끔하다	자극을 받아 마음이 깜짝 놀라거나 양심의 가책을 받다. 예 말없이 동아리 모임을 빠진 선우는 걸려 오는 회장의 전화에 ______였다. 어휘 쏙 가책(呵責) 자기나 남의 잘못에 대하여 꾸짖어 책망함.

확인 문제

01 ~ 05 다음 뜻풀이에 해당하는 관용어를 <보기>에서 찾아 기호를 쓰시오.

보기
㉠ 가슴을 펴다
㉡ 얼굴을 들다
㉢ 얼굴을 내밀다
㉣ 가슴이 뜨끔하다
㉤ 얼굴에 씌어 있다

01 남을 떳떳이 대하다. (　　)

02 굽힐 것 없이 당당하다. (　　)

03 모임 따위에 모습을 나타내다. (　　)

04 감정, 기분 따위가 얼굴에 나타나다. (　　)

05 자극을 받아 마음이 깜짝 놀라거나 양심의 가책을 받다. (　　)

06 ~ 09 제시된 초성을 활용하여 관용어의 뜻풀이를 완성하시오.

06 얼굴이 두껍다
→ 부끄러움을 모르고 [ㅇ][ㅊ]가 없다.

07 가슴에 새기다
→ 잊지 않게 단단히 [ㅁ][ㅇ]에 기억하다.

08 가슴이 뜨겁다
→ 깊고 큰 사랑과 배려를 받아 [ㄱ][ㅁ][ㅇ]으로 마음의 감동이 크다.

09 얼굴만 쳐다보다
→ 아무 [ㄷ][ㅊ] 없이 서로에게 기대기만 하다.
→ 남의 도움을 기대하고 [ㄴ][ㅊ]를 보거나 비위를 맞추다.

10 ~ 13 다음 빈칸에 들어갈 관용어를 <보기>에서 찾아 문맥에 맞게 쓰시오.

보기
㉠ 얼굴을 들다
㉡ 가슴에 새기다
㉢ 가슴이 뜨끔하다
㉣ 얼굴만 쳐다보다

10 그가 의심의 눈초리로 쳐다볼 때마다 나는 거짓말이 들킨 건가 싶어 ____________.

11 그녀는 정직하고 성실해야 한다는 할아버지의 말씀을 항상 ____________ 살아갔다.

12 후반 1분을 남기고 자책골을 넣은 선수는 경기가 끝난 후에도 ____________ 수가 없었다.

13 수업 시간에 선생님께서 질문을 하자 반 아이들은 서로 ____________ 뿐 아무도 대답하지 않았다.

14 밑줄 친 관용어의 쓰임이 적절하지 않은 것은?

① 그는 얼굴이 두껍고 성실하여 동네 사람들에게 믿음을 얻고 있다.
② 그가 식당 메뉴에 불만이 있음은 식단표를 보는 그의 얼굴에 씌어 있었다.
③ 선거철이 가까워지자 구청장 후보는 아주 잠깐이라도 모든 모임에 얼굴을 내밀었다.
④ 네가 전하고자 하는 주장이 스스로에게 부끄럽지 않다면 가슴을 펴고 당당하게 말하도록 해라.
⑤ 어떤 아파트에서 택배 기사님을 위해 음료수와 간식을 마련해 두었다는 내용의 기사를 읽고 가슴이 뜨거워졌다.

나의 어휘력 점수는?
____________점 / 총 14점
•틀린 어휘의 뜻과 예문을 다시 꼼꼼히 살펴보자.

공부한 날 ( )월 ( )일

다의어 · 동음이의어

다리[1]

① 사람이나 동물의 몸통 아래 붙어 있는 신체의 부분. 서고 걷고 뛰는 일 따위를 맡아 한다.

예 잠에서 깬 아기의 팔과 ＿＿＿를 살살 주물러 주었다.

② 물체의 아래쪽에 붙어서 그 물체를 받치거나 직접 땅에 닿지 아니하게 하거나 높이 있도록 버티어 놓은 부분.

예 이 의자는 ＿＿＿가 하나 부러졌다.

다리[2]

① 물을 건너거나 또는 한편의 높은 곳에서 다른 편의 높은 곳으로 건너다닐 수 있도록 만든 시설물.

예 그 섬은 육지와 연결된 ＿＿＿가 없어서 배를 타고 들어가야 한다.

② 둘 사이의 관계를 이어 주는 사람이나 사물을 비유적으로 이르는 말.

예 서경이는 서로 잘 모르는 지혜와 민서가 친해지도록 ＿＿＿ 역할을 했다.

달리다[1]

물건이 일정한 곳에 걸리거나 매여 있게 되다.

예 벽에는 액자가 ＿＿＿고 문 옆에는 화분이 놓였다.

달리다[2]

재물이나 기술, 힘 따위가 모자라다.

예 내가 너보다 실력이 ＿＿＿니, 네가 나를 좀 도와주면 좋겠어.

달리다[3]

달음질쳐 빨리 가거나 오다.

예 명주는 강아지와 함께 ＿＿＿다가 지쳐서 벤치에 앉았다.

필수 개념 - 소설

구성
얽을 構 | 이룰 成

작가가 소설의 인물, 사건, 배경 등을 자신의 의도에 따라 짜임새 있게 배열한 것. 인물, 사건, 배경은 소설 구성의 3요소이다.

구성의 5단계

소설의 가장 기본적인 구성인 '발단 – 전개 – 위기 – 절정 – 결말'로 이루어지는 사건 전개.

발단	인물과 배경이 소개되고 사건이 시작됨.
전개	갈등이 드러나면서, 사건이 본격적으로 진행됨.
위기	갈등이 깊어지고, 긴장감이 고조됨.
절정	갈등이 최고조에 이르고, 사건 해결의 실마리가 제시됨.
결말	갈등이 해소되고 사건이 마무리되며, 주인공의 운명이 결정됨.

확인 문제

01 ~ 03 밑줄 친 단어의 뜻풀이로 알맞은 것을 고르시오.

01 나이가 드니 기운이 달려 힘쓰는 일을 못 하겠다.
㉠ 재물이나 기술, 힘 따위가 모자라다.
㉡ 물건이 일정한 곳에 걸리거나 매여 있게 되다.

02 한강에는 남북을 잇는 다리가 서른 개도 넘는다.
㉠ 둘 사이의 관계를 이어 주는 사람이나 사물을 비유적으로 이르는 말.
㉡ 물을 건너거나, 한편의 높은 곳에서 다른 편의 높은 곳으로 건너다닐 수 있도록 만든 시설물.

03 뱀은 다리가 없지만 빠르게 움직인다.
㉠ 사람이나 동물의 몸통 아래 붙어 있는 신체의 부분.
㉡ 물체의 아래쪽에 붙어서 그 물체를 받치거나 직접 땅에 닿지 아니하게 하거나 높이 있도록 버티어 놓은 부분.

04 ~ 08 밑줄 친 단어의 뜻을 <보기>에서 찾아 기호를 쓰시오.

보기
㉠ 달음질쳐 빨리 가거나 오다.
㉡ 재물이나 기술, 힘 따위가 모자라다.
㉢ 물건이 일정한 곳에 걸리거나 매여 있게 되다.
㉣ 둘 사이의 관계를 이어 주는 사람이나 사물을 비유적으로 이르는 말.
㉤ 물체의 아래쪽에 붙어서 그 물체를 받치거나 직접 땅에 닿지 아니하게 하거나 높이 있도록 버티어 놓은 부분.

04 그는 결승점을 향해 힘껏 달렸다. (　　　)

05 새로 산 책상은 다리 모양이 특이하다. (　　　)

06 나는 그 사람을 모르니 네가 다리가 되어 줘. (　　　)

07 손님들이 드나들 때마다 문에 달린 종이 흔들리며 경쾌한 소리를 낸다. (　　　)

08 기술력이 달리면 세계 시장에서 성공하기 어렵다. (　　　)

09 ~ 11 다음 설명이 알맞으면 ○에, 틀리면 ×에 표시하시오.

09 소설 구성의 3요소는 인물, 사건, 갈등이다. (○ , ×)

10 소설 구성의 5단계는 '발단 – 전개 – 위기 – 절정 – 결말'이다. (○ , ×)

11 인물과 배경이 소개되고 사건이 시작되는 단계는 '발단'이다. (○ , ×)

12 다음은 소설 <운수 좋은 날>의 줄거리이다. Ⓐ, Ⓑ에 해당하는 구성 단계의 특징을 <보기>에서 고르시오.

오랜만에 돈을 벌게 된 인력거꾼 김 첨지는 아픈 아내에게 설렁탕을 사 줄 수 있게 되어 기뻐한다.
Ⓐ김 첨지는 거듭되는 행운으로 큰 벌이를 하게 되지만, 아픈 아내에 대한 생각으로 불안감을 느낀다.
김 첨지는 친구 치삼을 만나 술을 마시며 돈에 대한 울분을 드러내고, 농담을 하며 아내에 대한 불안감을 떨치려 한다.
아내가 먹고 싶다던 설렁탕을 사 들고 온 김 첨지는 집 안의 무서운 정적을 마주하고 고함을 친다. 그리고 Ⓑ아내의 죽음을 확인하고 비통해한다. – 현진건, <운수 좋은 날> 줄거리

보기
㉠ 갈등과 긴장감이 최고조에 이름.
㉡ 갈등이 심화되고 긴장감이 조성됨.
㉢ 인물과 배경이 제시되고 사건이 시작됨.
㉣ 인물의 운명이 결정되고 사건이 마무리됨.
㉤ 갈등이 드러나면서 사건이 본격적으로 진행됨.

Ⓐ: ____________　　Ⓑ: ____________

나의 어휘력 점수는? ____________ 점 / 총 12점
• 틀린 어휘의 뜻과 예문을 다시 꼼꼼히 살펴보자.

11회 1

공부한 날 ( )월 ( )일

필수 어휘

본질 근본 本 | 바탕 質	본디부터 가지고 있는 사물 자체의 성질이나 모습. 예 문제의 ______을 파악해야 해결책을 마련할 수 있다.	유의어 근본(根本) 사물의 본질이나 본바탕.
봉착 만날 逢 | 붙을 着	어떤 처지나 상태에 부닥침. 예 기후 변화가 계속된다면 인류는 앞으로 큰 위기에 ______하게 될 것이다.	유의어 당면(當面) 바로 눈앞에 당함.
부산물 버금 副 | 낳을 産 | 만물 物	어떤 일을 할 때에 부수적으로 생기는 일이나 현상. 예 환경 오염은 공업화의 ______이다.	어휘 쏙 부수적(附隨的) 주된 것이나 기본적인 것에 붙어서 따르는 것.
부합 부신 符 | 합할 合	사물이나 현상이 서로 꼭 들어맞음. 예 그의 추리는 사실과 잘 ______된 것이었다.	
분간 나눌 分 | 가릴 揀	사물이나 사람의 옳고 그름, 좋고 나쁨 따위와 그 정체를 구별하거나 가려서 앎. 예 나는 그가 한 말이 장난인지 진심인지 ______이 안 갔다.	
불가사의 아닐 不 | 옳을 可 | 생각 思 | 의논할 議	사람의 생각으로는 미루어 헤아릴 수 없이 이상하고 야릇함. 예 그 오랜 옛날에 그토록 거대한 피라미드가 세워진 것은 ______한 일이다.	유의어 신비(神秘) 사람의 힘이나 지혜 또는 보통의 이론이나 상식으로는 도저히 이해할 수 없을 만큼 신기하고 묘함.
불가피하다 아닐 不 | 옳을 可 | 피할 避	피할 수 없다. 예 이 환자를 치료하기 위해서는 수술이 ______합니다.	
불호령 불 | 부르짖을 號 | 명령할 令	몹시 심하게 하는 꾸지람. 예 아버지께서는 거짓말을 한 형에게 ______을 내리셨다.	어휘 쏙 꾸지람 윗사람이 아랫사람의 잘못에 대하여 엄하게 나무라는 말.
비범하다 아닐 非 | 무릇 凡	보통 수준보다 훨씬 뛰어나다. 예 그는 그림에 ______한 재능을 가지고 있어 장래가 기대된다.	반의어 평범(平凡)하다 뛰어나거나 색다른 점이 없이 보통이다.

정답과 해설 34쪽

01 ~ 04 다음 뜻풀이에 해당하는 단어를 <보기>에서 찾아 쓰시오.

보기
분간 불호령 불가사의 비범하다

01 몹시 심하게 하는 꾸지람. ( )

02 보통 수준보다 훨씬 뛰어나다. ( )

03 사람의 생각으로는 미루어 헤아릴 수 없이 이상하고 야릇함. ( )

04 사물이나 사람의 옳고 그름, 좋고 나쁨 따위와 그 정체를 구별하거나 가려서 앎. ( )

05 ~ 06 다음 단어의 뜻풀이에서 알맞은 단어를 고르시오.

05 불가피하다 : 피할 수 (없다 | 있다).

06 부산물 : 어떤 일을 할 때에 (기본적 | 부수적)으로 생기는 일이나 현상.

07 ~ 09 <보기>의 글자들을 조합하여 다음 뜻풀이에 알맞은 단어를 쓰시오.

보기
봉 합 본 부 착 질

07 어떤 처지나 상태에 부닥침. ( )

08 사물이나 현상이 서로 꼭 들어맞음. ( )

09 본디부터 가지고 있는 사물 자체의 성질이나 모습. ( )

10 ~ 13 빈칸에 들어갈 알맞은 단어를 <보기>에서 찾아 쓰시오.

보기
당면 본질 부합 분간 불호령

10 그가 내게 한 말이 무슨 의미인지 잘 ( ) 되지 않았다.

11 그가 꿈꾸어 오던 이상과 현실이 ( )하지 않자 그는 방황하기 시작했다.

12 그 철학자는 평생 인간의 ( )이 무엇인가에 대한 해답을 찾으려고 노력했다.

13 반대하실 행동임을 알고도 이 일을 저지른 것이 부모님 귀에 들어가면 ( )이 떨어질 것이다.

14 밑줄 친 단어의 쓰임이 적절하지 않은 것은?

① 홍길동은 어릴 때부터 무예 실력이 비범했다.
② 그 회사는 자금이 부족하여 현재 경영 위기에 봉착해 있다.
③ 오늘은 바람과 파도가 심해서 여객선을 운항하는 것이 불가사의합니다.
④ 물건을 팔고자 하는 사람보다 사고자 하는 사람이 많으면 가격이 오르는 것이 불가피하다.
⑤ 석탄 화력 발전의 부산물인 석탄재는 석회석과 더불어 시멘트를 생산하는 데 필요한 원료이다.

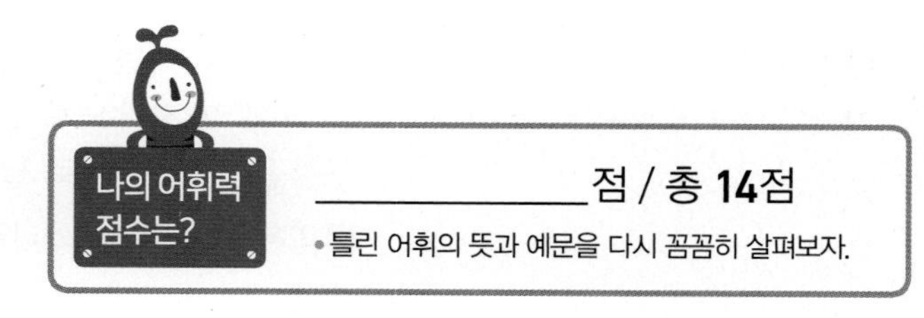

공부한 날 ( )월 ( )일

관용 표현 - 주제별 한자 성어

★ 입장이 서로 뒤바뀜

적반하장
도둑 賊 | 돌이킬 反 | 연 荷 | 지팡이 杖

도둑이 도리어 매를 든다는 뜻으로, 잘못한 사람이 아무 잘못도 없는 사람을 나무람을 이르는 말.

예 네가 실수를 해 놓고 나에게 화를 내다니, 정말 ______이 따로 없다.

주객전도
주인 主 | 손님 客 | 머리 顚 | 거꾸로 倒

주인과 손의 위치가 서로 뒤바뀐다는 뜻으로, 사물의 중요한 정도나 순서 따위가 서로 뒤바뀜을 이르는 말.

예 밤늦게까지 공부하느라 학교 수업 시간에 졸다니, ______라는 말이 딱이다.

★ 같은 처지의 사람과 어울림

동병상련
같을 同 | 병들 病 | 서로 相 | 불쌍히 여길 憐

같은 병을 앓는 사람끼리 서로 가엾게 여긴다는 뜻으로, 어려운 처지에 있는 사람끼리 서로 가엾게 여김을 이르는 말.

예 ______이라고, 어려운 처지를 당해 보아야 남을 생각할 줄도 알게 되는 법이다.

유유상종
무리 類 | 무리 類 | 서로 相 | 좇을 從

같은 무리끼리 서로 사귐.

예 그는 집에서 막내인데, ______으로 그의 친구들도 막내가 많다.

초록동색
풀 草 | 푸를 綠 | 같을 同 | 빛 色

풀빛과 녹색은 같은 빛깔이란 뜻으로, 같은 처지의 사람과 어울리거나 기우는 것.

예 ______이라더니, 취미가 비슷한 사람끼리 모여 모임을 만들었구나.

★ 일의 시작과 끝

용두사미
용 龍 | 머리 頭 | 뱀 蛇 | 꼬리 尾

용의 머리와 뱀의 꼬리라는 뜻으로, 처음은 왕성하나 끝이 부진한 현상을 이르는 말.

예 그 독서 모임은 초반에는 착실하게 잘 진행되었으나, 점점 참석자가 줄어들고 모임 횟수도 줄더니 결국 ______로 끝났다.

초지일관
처음 初 | 뜻 志 | 하나 一 | 꿸 貫

처음에 세운 뜻을 끝까지 밀고 나감.

예 효주는 ______ 그 가수만 좋아했다.

화룡점정
그림 畵 | 용 龍 | 점찍을 點 | 눈동자 睛

무슨 일을 하는 데에 가장 중요한 부분을 완성함을 이르는 말. 용을 그리고 난 후에 마지막으로 눈동자를 그려 넣었더니 그 용이 실제 용이 되어 홀연히 구름을 타고 하늘로 날아 올라갔다는 고사에서 유래한다.

예 마지막에 뿌리는 소스야말로 이 샌드위치의 ______이라고 할 수 있다.

정답과 해설 34쪽

01 ~ 04 다음 뜻풀이에 해당하는 한자 성어를 <보기>에서 찾아 쓰시오.

보기: 동병상련 유유상종 용두사미 초지일관

01 같은 무리끼리 서로 사귐. (　　　　)

02 처음에 세운 뜻을 끝까지 밀고 나감. (　　　　)

03 용의 머리와 뱀의 꼬리라는 뜻으로, 처음은 왕성하나 끝이 부진한 현상을 이르는 말. (　　　　)

04 같은 병을 앓는 사람끼리 서로 가엾게 여긴다는 뜻으로, 어려운 처지에 있는 사람끼리 서로 가엾게 여김을 이르는 말. (　　　　)

05 ~ 08 제시된 초성을 참고하여 다음 뜻풀이에 알맞은 한자 성어를 쓰시오.

05 무슨 일을 하는 데에 가장 중요한 부분을 완성함을 이르는 말.

ㅎ □ ㅈ □

06 풀빛과 녹색은 같은 빛깔이란 뜻으로, 같은 처지의 사람과 어울리거나 기우는 것.

ㅊ ㄹ □ □

07 도둑이 도리어 매를 든다는 뜻으로, 잘못한 사람이 아무 잘못도 없는 사람을 나무람을 이르는 말.

ㅈ □ ㅎ □

08 주인과 손의 위치가 서로 뒤바뀐다는 뜻으로, 사물의 중요한 정도나 순서 따위가 서로 뒤바뀜을 이르는 말.

□ □ ㅈ ㄷ

09 ~ 11 다음 상황과 의미가 통하는 한자 성어를 <보기>에서 찾아 쓰시오.

보기: 적반하장 동병상련 화룡점정

09 그 배우는 대사를 제대로 못 외워서 공연을 망쳐 놓고는 오히려 조명과 음향 담당자 때문에 공연이 잘못됐다고 화를 냈다. (　　　　)

10 이 집은 인테리어가 훌륭한데, 무엇보다 실내 분위기와 어울리면서도 독특한 조명이 설치되어 집이 아름답게 완성될 수 있었다. (　　　　)

11 동규는 대학 입시에 실패했던 경험이 있어서, 원하는 대학에 가지 못한 동생의 심정을 이해하고 진심에서 우러나오는 위로를 할 수 있었다. (　　　　)

12 밑줄 친 한자 성어의 쓰임이 적절하지 않은 것은?

① 드라마가 처음에는 흥미진진하더니 끝으로 갈수록 용두사미가 되어 버렸다.
② 내 동생은 초지일관 요리만 연구하여 나중에는 유명한 요리 연구가가 되었다.
③ 아버지께서는 비겁한 사람과 어울리면 물들게 되니 유유상종하지 말라고 말씀하셨다.
④ 그는 여행을 자주 다니는데, 초록동색이라고 그의 친구들도 모두 여행을 자주 다닌다.
⑤ 건강을 위해 살을 빼기 시작했는데 이제 건강을 해치면서까지 다이어트를 하는 주객전도가 일어났다.

나의 어휘력 점수는? ________점 / 총 12점

• 틀린 어휘의 뜻과 예문을 다시 꼼꼼히 살펴보자.

공부한 날 ( )월 ( )일

헷갈리기 쉬운 말

바라다
생각이나 바람대로 어떤 일이나 상태가 이루어지거나 그렇게 되었으면 하고 생각하다.
예 가뭄으로 지친 마을 주민들은 하루빨리 비가 오기를 ______고 있었다.

바래다
볕이나 습기를 받아 색이 변하다.
예 이 옷은 색이 너무 ______서 더 이상 입을 수가 없겠어.

반드시
틀림없이 꼭.
예 바다에서 수영할 때에는 ______ 안전선 내에서 해야 한다.

반듯이
작은 물체, 또는 생각이나 행동 따위가 비뚤어지거나 기울거나 굽지 아니하고 바르게.
예 버스는 ______ 나 있는 길을 빠른 속도로 달렸다.

불거지다
① 물체의 거죽으로 둥글게 툭 비어져 나오다.
예 살이 빠진 그는 광대뼈가 눈에 띄게 ______고 뺨이 홀쭉해졌다.
② 어떤 사물이나 현상이 두드러지게 커지거나 갑자기 생겨나다.
예 소문이 ______자 그가 직접 인터뷰를 통해 사실을 밝혔다.

붉어지다
빛깔이 점점 붉게 되어 가다.
예 돌아가신 할머니 생각이 나시는지 어머니는 눈시울이 ______셨다.

필수 개념 - 극

희곡
놀 戱 | 악곡 曲

무대에서 상연하기 위해 쓴 연극의 대본.

◪ 희곡의 특징
- 허구적인 이야기이며, 등장인물의 대사와 행동으로 사건이 전개된다.
- 사건이 눈앞에서 일어나고 있는 것처럼 현재형으로 나타낸다.
- 무대라는 한정된 공간에서 상연하므로 시간과 공간, 등장인물 수의 제약을 받는다.

대사
무대 臺 | 말씀 詞

희곡에서 등장인물들이 하는 말.

◪ 대사의 종류
- 대화: 등장인물들끼리 주고받는 말.
- 독백: 한 명의 등장인물이 상대방 없이 혼자 하는 말.
- 방백: 무대 위의 다른 인물에게는 들리지 않고 관객만 들을 수 있는 것으로 약속된 말.

지시문
가리킬 指 | 보일 示 | 글월 文

희곡에서, 등장인물의 행동과 표정을 설명하거나, 무대의 장치 · 분위기 · 조명 · 배경 · 효과음 등을 설명하는 부분. 전자는 동작 지시문이고 후자는 무대 지시문이다.

정답과 해설 34쪽

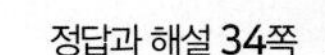

01 ~ 04 다음 단어와 그 뜻풀이를 바르게 연결하시오.

01 바라다 • • ㉠ 틀림없이 꼭.

02 바래다 • • ㉡ 볕이나 습기를 받아 색이 변하다.

03 반드시 • • ㉢ 물체의 거죽으로 둥글게 툭 비어져 나오다.

04 불거지다 • • ㉣ 생각이나 바람대로 어떤 일이나 상태가 이루어졌으면 하고 생각하다.

05 ~ 07 다음 문장에서 적절한 단어를 고르시오.

05 숙희는 몸을 돌려 (반드시 | 반듯이) 누웠다.

06 노을이 지기 시작한 서쪽 하늘은 어느새 온통 (불거져 | 붉어져) 있었다.

07 그는 친구의 새로운 사업이 성공하기를 진심으로 (바라고 | 바래고) 있다.

08 밑줄 친 단어의 쓰임이 적절하지 않은 것은?

① 나는 동생의 눈병이 빨리 낫기를 바랐다.
② 낡은 양말 구멍 밖으로 발가락이 붉어져 나왔다.
③ 보고서를 제출할 때에는 반드시 앞 장에 이름을 적어야 합니다.
④ 창가에 책을 두고 오랫동안 방치했더니 표지가 누렇게 바랬다.
⑤ 문제가 불거지자 경찰에서 그 사건에 대해 조사하기 시작했다.

09 ~ 11 다음 설명이 알맞으면 ○에, 틀리면 ×에 표시하시오.

09 희곡은 무대에서 상연하기 위해 쓴 연극의 대본이다. (○ , ×)

10 희곡은 시간과 공간, 등장인물 수의 제약을 받지 않는다. (○ , ×)

11 희곡에서, 등장인물의 행동과 표정을 설명하는 부분을 동작 지시문이라고 한다. (○ , ×)

12 다음 글의 특징으로 적절하지 않은 것은?

> 측량 기사와 조수들, 웃으며 퇴장한다. 벽의 오른쪽에서 형이 전망대 위로 올라간다. 탐조등이 켜지면서 강렬한 불빛이 벽 너머를 비춘다.
>
> 형: 아우야! 아우야!
> 아우: (강렬한 불빛 때문에 눈이 보이지 않아서 당황한다.) 누구예요?
> 형: 나다, 나!
> 아우: 형님?
> 형: 그래! 내가 안 보여?
> 아우: 왜 그런 불빛으로 나를 비추죠?
> 형: 네가 뭘 하는지 잘 보려고…….
> 아우: 나는 그 불빛 때문에 형님이 안 보여요!
>
> – 이강백, 〈들판에서〉

① 무대에서 공연하기 위해 쓴 글이다.
② 모든 사건은 현재형으로 표현된다.
③ 독백과 방백, 지시문이 사용되었다.
④ 작가가 꾸며 낸 허구적인 이야기이다.
⑤ 주로 인물의 대사와 행동을 통해 사건이 전개된다.

나의 어휘력 점수는? ________ 점 / 총 12점

• 틀린 어휘의 뜻과 예문을 다시 꼼꼼히 살펴보자.

12회 1

공부한 날 ( )월 ( )일

필수 어휘

사려
생각 思 | 생각할 慮

여러 가지 일에 대하여 깊게 생각함. 또는 그런 생각.

예 한쪽 말만 듣고 판단하는 것은 ______ 깊지 못한 태도이다.

사소하다
적을 些 | 적을 少

보잘것없이 작거나 적다.

예 발명가인 그는 ______ 한 물건도 그냥 보아 넘기지 않는다.

유의어 하찮다 대수롭지 아니하다.
반의어 중요(重要)하다 귀중하고 꼭 필요하다.

생동감
날 生 | 움직일 動 | 느낄 感

생기 있게 살아 움직이는 듯한 느낌.

예 달려 나가려는 듯한 자세의 그 조각상은 무척 ______ 이 있었다.

어휘 쏙 생기(生氣) 싱싱하고 힘찬 기운.

생소하다
날 生 | 트일 疏

어떤 대상이 친숙하지 못하고 낯이 설다.

예 길이 ______ 하여 어디가 어딘지 알 수가 없었다.

반의어 익숙하다 어떤 대상을 자주 보거나 겪어서 처음 대하지 않는 느낌이 드는 상태에 있다.

서슬

강하고 날카로운 기세.

예 거침없이 공격하는 상대 팀의 ______ 에 결국 점수를 내 주고 말았다.

선별
가릴 選 | 다를 別

가려서 따로 나눔.

예 잡아 올린 멸치를 국물용과 볶음용으로 ______ 했다.

선연히
고울 鮮 | 그럴 然 | 히

실제로 보는 것같이 생생하게.

예 졸업장을 보자 눈이 내리던 졸업식 날의 풍경이 ______ 떠올랐다.

성찰
살필 省 | 살필 察

자기의 마음을 반성하고 살핌.

예 지나치게 유행을 좇는 문화에 대한 ______ 이 필요하다.

어휘 쏙 반성(反省) 자신의 말과 행동에 대해 잘못이나 부족함이 없는지 돌이켜 봄.

소담스럽다

① 생김새가 탐스러운 데가 있다.

예 지붕마다 ______ 게 쌓인 눈이 반짝거렸다.

② 음식이 풍족하여 먹음직한 데가 있다.

예 쟁반에 과일이 ______ 게 담겨 있다.

어휘 쏙 탐(貪)스럽다 가지거나 차지하고 싶은 마음이 들 정도로 보기가 좋고 끌리는 데가 있다.

정답과 해설 35쪽

01 ~ 05 다음 빈칸을 채워 십자말풀이를 완성하시오.

01		02	03		
					04
05					

01 생기 있게 살아 움직이는 듯한 느낌.

02 보잘것없이 작거나 적다.

03 생김새가 탐스러운 데가 있다.

04 실제로 보는 것같이 생생하게.

05 어떤 대상이 친숙하지 못하고 낯이 설다.

06 ~ 09 <보기>의 글자들을 조합하여 다음 뜻풀이에 알맞은 단어를 쓰시오.

보기

사 슬 선 려 서 찰 성 별

06 가려서 따로 나눔. (　　　　)

07 강하고 날카로운 기세. (　　　　)

08 자기의 마음을 반성하고 살핌. (　　　　)

09 여러 가지 일에 대하여 깊게 생각함. 또는 그런 생각. (　　　　)

10 ~ 13 빈칸에 들어갈 알맞은 단어를 <보기>에서 찾아 쓰시오.

보기

반성 서슬 선별 생동감 선연히

10 어머니는 크고 예쁜 사과만을 (　　　　)하여 따로 포장하셨다.

11 고향 친구를 만나자 그와 함께 뛰어놀던 고향 마을의 모습이 (　　　　) 떠올랐다.

12 시장에서 사람들이 활기차게 움직이는 모습을 보니 (　　　　)이 느껴진다.

13 실수를 저지른 직원을 호되게 질책하는 팀장님의 (　　　　)에 다른 직원들까지 덩달아 눈치를 보았다.

14 밑줄 친 단어의 쓰임이 적절하지 <u>않은</u> 것은?

① 해군 장교가 된 그는 군인으로서 맡은 바 <u>사려</u>를 다하였다.
② 지훈이는 하루의 일을 <u>성찰</u>하기 위해 매일매일 일기를 쓴다.
③ 공원의 울타리를 따라서 개나리꽃이 <u>소담스럽게</u> 피어 있었다.
④ 낮에 친구와 <u>사소한</u> 일로 말다툼을 했더니 기분이 좋지 않다.
⑤ 평소와 달리 얌전히 앉아 있는 동생의 모습은 너무도 <u>생소하였다</u>.

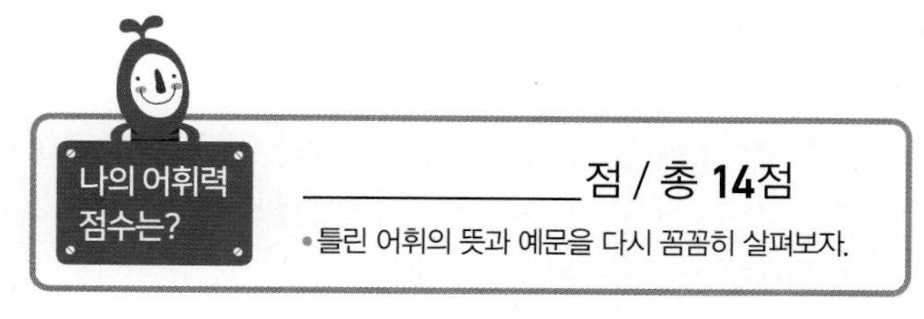

공부한 날 ( )월 ( )일

관용 표현 - 주제별 속담

★ 무지, 실속 없음

낫 놓고 기역 자도 모른다	기역 자 모양으로 생긴 낫을 보면서도 기역 자를 모른다는 뜻으로, 아주 무식함을 이르는 말. 예 힌트를 그렇게 많이 줬는데 한 문제도 못 맞히다니, 정말 ______도 모르는구나.
빛 좋은 개살구	겉보기에는 먹음직스러운 빛깔을 띠고 있지만 맛은 없는 개살구라는 뜻으로, 겉만 그럴듯하고 실속이 없는 경우를 이르는 말. 예 아무리 좋은 제도도 시행이 안 되면 ______일 뿐이다. 어휘 쏙 실(實)속 군더더기가 없는, 실지의 알맹이가 되는 내용.
속 빈 강정	겉만 그럴듯하고 실속이 없음을 이르는 말. 예 그 건물은 화려한 겉모습과 달리 내부에 문제가 많은 ______이다.

★ 원인과 결과

아니 땐 굴뚝에 연기 날까	원인이 없으면 결과가 있을 수 없음을 이르는 말. 예 네가 무슨 잘못을 했으니까 지수가 화가 났겠지, ______에 연기 날까?
윗물이 맑아야 아랫물이 맑다	윗사람이 잘하면 아랫사람도 따라서 잘하게 된다는 말. 예 윗물이 맑아야 ______고, 선배가 모범을 보여 규칙을 잘 지키면 후배들도 자연히 규칙을 잘 지킨다.
콩 심은 데 콩 나고 팥 심은 데 팥 난다	모든 일은 근본에 따라 거기에 걸맞은 결과가 나타나는 것임을 이르는 말. 예 콩 심은 데 콩 나고 ______는데, 매일 텔레비전 보느라 늦게 자면서 어떻게 일찍 일어나기를 바라니?

★ 믿음

콩으로 메주를 쑨다 해도 곧이듣지 않는다	아무리 사실대로 말하여도 믿지 아니함을 이르는 말. 예 재미로 동생을 몇 번 속였더니 이제는 내가 ______ 해도 곧이듣지 않는다.
콩을 팥이라 해도 곧이듣는다	남의 말을 곧이곧대로 잘 믿음을 이르는 말. 예 그 부부는 ______ 해도 곧이들을 정도로 서로를 매우 믿는다.

확인 문제

정답과 해설 35쪽

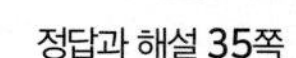

01 ~ 04 다음 뜻풀이에 해당하는 속담을 <보기>에서 찾아 기호를 쓰시오.

보기
- ㉠ 속 빈 강정
- ㉡ 낫 놓고 기역 자도 모른다
- ㉢ 윗물이 맑아야 아랫물이 맑다
- ㉣ 콩으로 메주를 쑨다 해도 곧이듣지 않는다

01 겉만 그럴듯하고 실속이 없음을 이르는 말. (　　　)

02 아무리 사실대로 말하여도 믿지 아니함을 이르는 말. (　　　)

03 윗사람이 잘하면 아랫사람도 따라서 잘하게 된다는 말. (　　　)

04 기역 자 모양으로 생긴 낫을 보면서도 기역 자를 모른다는 뜻으로, 아주 무식함을 이르는 말. (　　　)

05 ~ 08 제시된 초성을 참고하여 뜻풀이에 해당하는 속담을 완성하시오.

05 [ㅂ] 좋은 [ㄱ][ㅅ][ㄱ]
→ 겉만 그럴듯하고 실속이 없는 경우를 이르는 말.

06 [ㅋ]을 [ㅍ]이라 해도 곧이듣는다
→ 남의 말을 곧이곧대로 잘 믿음을 이르는 말.

07 아니 땐 [ㄱ][ㄸ]에 [ㅇ][ㄱ] 날까
→ 원인이 없으면 결과가 있을 수 없음을 이르는 말.

08 [ㅋ] 심은 데 [ㅋ] 나고 [ㅍ] 심은 데 [ㅍ] 난다
→ 모든 일은 근본에 따라 거기에 걸맞은 결과가 나타나는 것임을 이르는 말.

09 ~ 11 밑줄 친 속담의 쓰임이 적절하면 ○에, 그렇지 않으면 ×에 표시하시오.

09 영하: 윤기는 명품 옷만 입고 차도 고급이던데?
유리: 그러면 뭐해. 모아 놓은 돈도 없는데, <u>낫 놓고 기역 자도 모르는 거지</u>. (○, ×)

10 석현: 지후는 공부를 열심히 해서 성적이 많이 올랐는데 나희는 놀기만 하더니 성적이 떨어졌더라.
태수: 당연하지. <u>콩 심은 데 콩 나고 팥 심은 데 팥 나는 거니까</u>. (○, ×)

11 정후: 옆 부서는 사원이 매일 지각을 하던데, 알고 봤더니 부장님도 지각을 자주 하시더라고.
하성: 그러니까 <u>윗물이 맑아야 아랫물이 맑다</u>는 말이 있는 거야. (○, ×)

12 ~ 14 빈칸에 들어갈 적절한 속담을 <보기>에서 찾아 기호를 쓰시오.

보기
- ㉠ 빛 좋은 개살구
- ㉡ 아니 땐 굴뚝에 연기 날까
- ㉢ 콩으로 메주를 쑨다 해도 곧이듣지 않는다

12 우리 오빠는 내가 하는 말이 다 장난 같은가 봐. 내 말은 (　　　)(라)니까.

13 새 메뉴는 겉으로 봐서는 먹음직스러웠는데, 막상 먹으니 (　　　)(라)고 맛이 형편없었다.

14 그 사람이 곧 회사를 그만둔다는 소문을 들었는데, (　　　), 이유가 있으니 그런 소문이 났겠지?

나의 어휘력 점수는? ________점 / 총 **14**점
•틀린 어휘의 뜻과 예문을 다시 꼼꼼히 살펴보자.

공부한 날 ( )월 ( )일

다의어 · 동음이의어

때[1]	① 시간의 어떤 순간이나 부분. 예 내가 가게에 갔을 ____, 안에는 불이 환히 켜져 있었다. ② 좋은 기회나 알맞은 시기. 예 공부하는 것도 다 ____가 있는 법이다. ③ 일정한 일이나 현상이 일어나는 시간. 예 썰물 ____는 드넓은 갯벌이 드러난다.
때[2]	옷이나 몸 따위에 묻은 더러운 먼지 따위의 물질. 예 빨래를 했는데도 옷에 묻은 ____가 완전히 안 빠졌다.
뜨다[1]	① 물속이나 땅에서 가라앉거나 내려앉지 않고 물 위나 공중에 있거나 위쪽으로 솟아오르다. 예 나무는 물에 잘 ____는 성질을 가지고 있다. ② 차분하지 못하고 어수선하게 들떠 가라앉지 않게 되다. 예 소풍 생각으로 마음이 붕 ____는 바람에 공부가 되지 않는다.
뜨다[2]	어떤 곳에 담겨 있는 물건을 퍼내거나 덜어 내다. 예 아버지는 큰 대접에 국을 ____고 거기에 밥을 말아 주셨다.
뜨다[3]	감았던 눈을 벌리다. 예 나는 아침에 눈을 ____기가 무섭게 약수터로 달려갔다.

필수 개념 - 읽기

요약 중요할 要 | 맺을 約	말이나 글에서 가장 중요하고 중심이 되는 내용을 잡아서 간추림. ■ 요약하기의 방법 • 선택: 중심 내용이 분명하게 드러난 문장을 선택한다. • 삭제: 덜 중요하거나 반복되는 내용을 지운다. • 일반화: 구체적인 개념들이나 세부 정보들이 있으면, 그것들을 포괄하는 말로 묶는다. • 재구성: 중심 문장이 분명하게 나타나지 않으면, 중심 내용이 담긴 문장을 새로 만든다.
예측 미리 豫 | 잴 測	미리 헤아려 짐작함. ■ 예측하며 읽기의 방법 • 글의 제목, 소제목, 사진이나 그림, 독자의 배경지식과 경험 등을 활용한다. • 이어질 내용, 글쓴이의 의도, 글의 결말, 글이 독자나 사회에 미칠 영향 등을 예측한다.

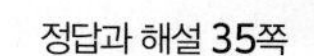

01 ~ 03 밑줄 친 단어의 뜻풀이로 알맞은 것을 고르시오.

01 내가 웃고 있을 때에 그녀가 나를 봤다.

㉠ 시간의 어떤 순간이나 부분.
㉡ 옷이나 몸 따위에 묻은 더러운 먼지 따위의 물질.

02 할머니께서 장독대에서 간장을 뜨고 계셨다.

㉠ 어떤 곳에 담겨 있는 물건을 퍼내거나 덜어 내다.
㉡ 차분하지 못하고 어수선하게 들떠 가라앉지 않게 되다.

03 비행기가 하늘로 뜨자 아이들이 환호성을 질렀다.

㉠ 감았던 눈을 벌리다.
㉡ 물속이나 땅에서 가라앉거나 내려앉지 않고 물위나 공중에 있거나 위쪽으로 솟아오르다.

04 ~ 08 밑줄 친 단어의 뜻을 <보기>에서 찾아 기호를 쓰시오.

보기

㉠ 감았던 눈을 벌리다.
㉡ 좋은 기회나 알맞은 시기.
㉢ 일정한 일이나 현상이 일어나는 시간.
㉣ 옷이나 몸 따위에 묻은 더러운 먼지 따위의 물질.
㉤ 차분하지 못하고 어수선하게 들떠 가라앉지 않게 되다.

04 나는 실눈을 뜬 채 상황을 살폈다. (　　　)

05 이 다리는 장마 때 물에 잠기기 때문에 조심해야 한다. (　　　)

06 밖에서 놀다 온 아이의 손톱 밑에 새까맣게 때가 끼어 있었다. (　　　)

07 수비의 빈틈을 노리던 그는 때를 놓치지 않고 공격을 밀어붙였다. (　　　)

08 기말고사가 끝나고 나면 교실 분위기는 다소 붕 떠 있는 것처럼 보인다. (　　　)

09 ~ 11 다음 설명이 알맞으면 ○에, 틀리면 ×에 표시하시오.

09 요약하기의 방법 중 '재구성'은 덜 중요하거나 반복되는 내용을 지우는 것이다. (○ , ×)

10 요약하기의 방법 중 '선택'은 중심 내용이 분명하게 드러난 문장을 골라 뽑는 것이다. (○ , ×)

11 예측하며 글을 읽을 때에는 글의 제목이나 그림, 독자의 배경지식 등을 활용한다. (○ , ×)

12 <보기>에서 활용한 요약하기의 방법을 쓰시오.

보기

내 동생은 달리기를 잘한다. 어려서부터 수영을 배워서 수영도 잘하고, 축구나 농구도 잘한다.
➡ 요약: 내 동생은 운동을 잘한다.

13 다음 글을 읽고 이후에 어떤 내용이 이어질지 예측하여 쓰시오.

어떤 사람들은 지구의 온도가 높아져도 그다지 문제가 되지 않을 것이라고 생각한다. 그러나 지구 온난화는 분명히 사람들에게 이로움보다는 해로움을 더 많이 가져올 것이다. 그러므로 우리는 모두 지구 온난화를 막기 위해 노력해야만 한다. 그렇다면 지구 온난화로 인한 문제에는 어떤 것들이 있으며, 그 심각성은 어느 정도일까?

나의 어휘력 점수는?

________점 / 총 **13**점

• 틀린 어휘의 뜻과 예문을 다시 꼼꼼히 살펴보자.

공부한 날 ( )월 ( )일

필수 어휘

소외
트일 疏 | 바깥 外

어떤 무리에서 기피하여 따돌리거나 멀리함.

예 나는 가끔 세상으로부터 ________ 된 느낌을 받는다.

어휘 쏙 기피(忌避) 꺼리거나 싫어하여 피함.

수려하다
빼어날 秀 | 고울 麗

빼어나게 아름답다.

예 고전 소설의 주인공들은 대부분 얼굴이 ________ 하고 재주가 뛰어난 인물이다.

수월하다

까다롭거나 힘들지 않아 하기가 쉽다.

예 이 도서실은 정리가 잘되어 있어서 자료 찾기가 ________ 하다.

유의어 손쉽다 어떤 것을 다루거나 어떤 일을 하기가 퍽 쉽다.

숙고
익을 熟 | 생각할 考

곰곰 잘 생각함. 또는 그런 생각.

예 여러 날의 ________ 끝에 결혼식 장소를 결정했다.

순탄하다
순할 順 | 평평할 坦

① 길이 험하지 않고 평탄하다.

예 차는 산길을 빠져나와 ________ 한 도로로 접어들었다.

② 삶 따위가 아무 탈 없이 순조롭다.

예 그의 선수 생활은 그리 ________ 하지만은 않았다.

어휘 쏙 순조(順調)롭다 일 따위가 아무 탈이나 말썽 없이 예정대로 잘되어 가는 상태에 있다.

숱하다

아주 많다.

예 하늘에 별이 ________ 하게 있다.

반의어 드물다 흔하지 아니하다.

슬하
무릎 膝 | 아래 下

무릎의 아래라는 뜻으로, 어버이나 조부모의 보살핌 아래. 주로 부모의 보호를 받는 테두리 안을 이른다.

예 그는 서른이 훌쩍 넘도록 부모의 ________ 를 떠나지 않고 있다.

승화
오를 昇 | 빛날 華

어떤 현상이 더 높은 상태로 발전하는 일.

예 우리 조상들은 농사의 어려움을 즐거움으로 ________ 하기 위해 일을 하면서 노래를 불렀다.

승강이
오를 昇 | 내릴 降 | 이

서로 자기주장을 고집하며 옥신각신하는 일.

예 접촉 사고로 운전자들 사이에 ________ 가 벌어졌다.

어휘 쏙 옥신각신 서로 옳으니 그르니 하며 다툼.

유의어 실랑이 서로 자기주장을 고집하며 옥신각신하는 일.

01 ~ 04 다음 단어와 그 뜻풀이를 바르게 연결하시오.

01 승화 • • ㉠ 아주 많다.

02 승강이 • • ㉡ 까다롭거나 힘들지 않아 하기가 쉽다.

03 숱하다 • • ㉢ 어떤 현상이 더 높은 상태로 발전하는 일.

04 수월하다 • • ㉣ 서로 자기주장을 고집하며 옥신각신하는 일.

05 ~ 06 다음 단어의 뜻풀이에서 알맞은 단어를 고르시오.

05 수려하다 : 빼어나게 (똑똑하다 | 아름답다).

06 순탄하다 : 길이 (고르지 | 험하지) 않고 평탄하다.

07 ~ 09 <보기>의 글자들을 조합하여 다음 뜻풀이에 알맞은 단어를 쓰시오.

보기

고 소 슬 외 숙 하

07 곰곰 잘 생각함. 또는 그런 생각. (　　　　)

08 어떤 무리에서 기피하여 따돌리거나 멀리함. (　　　　)

09 무릎의 아래라는 뜻으로, 어버이나 조부모의 보살핌 아래. 주로 부모의 보호를 받는 테두리 안을 이른다. (　　　　)

10 ~ 13 빈칸에 들어갈 알맞은 단어를 <보기>에서 찾아 쓰시오.

보기

소외 슬하 숙고 승화 실랑이

10 선생님께서는 (　　　　)에 딸 둘과 아들 하나를 두셨다.

11 거리의 낙서가 예술로 (　　　　)된 것이 바로 그래피티 아트이다.

12 이 문제를 해결할 방안을 찾기 위해 나는 오랫동안 (　　　　)했다.

13 그는 외국으로 이민을 간 후 한동안은 말이 통하지 않아 그곳 사람들로부터 (　　　　)를 당했다.

14 밑줄 친 단어의 쓰임이 적절하지 않은 것은?

① 우리나라 남해안 일대와 제주도는 경치가 아주 수려하다.
② 성적이 나쁘다고 해서 스스로를 수월하다고 생각하면 안 된다.
③ 어린 나이에 연기를 시작한 그의 배우 생활은 순탄하지만은 않았다.
④ 시장에서는 상인과 손님 사이에 가격을 두고 승강이가 벌어지기도 한다.
⑤ 예전에는 묵은 곡식이 다 떨어진 봄철이 되면 끼니 걱정을 하는 집이 숱했었다.

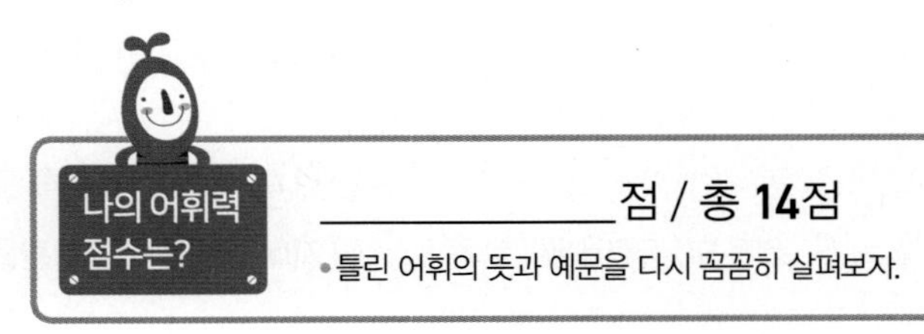

공부한 날 ( )월 ( )일

관용 표현 - 주제별 한자 성어

★ 이제까지 없었던 일

전대미문
앞 前 | 대신할 代 | 아닐 未 | 들을 聞

이제까지 들어 본 적이 없음.
예 우리 회사에서 준비 중인 이번 사업은 ________의 새로운 도전이라 할 만하다.

전무후무
앞 前 | 없을 無 | 뒤 後 | 없을 無

이전에도 없었고 앞으로도 없음.
예 그녀는 올림픽 5연패라는 ________의 대기록을 세웠다.

전인미답
앞 前 | 사람 人 | 아닐 未 | 밟을 踏

이제까지 그 누구도 손을 대거나 발을 디딘 일이 없음.
예 그곳은 ________의 정글 지대이다.

★ 견문이 좁아 세상 형편을 모름

정저지와
우물 井 | 밑 底 | 갈 之 | 개구리 蛙

우물 안의 개구리라는 뜻으로, 견문이 좁고 세상 형편에 어두운 사람을 이르는 말.
예 그렇게 생각의 폭이 좁다니, ________가 따로 없구나.
어휘 쏙 견문(見聞) 보거나 듣거나 하여 깨달아 얻은 지식.

좌정관천
앉을 坐 | 우물 井 | 볼 觀 | 하늘 天

우물 속에 앉아서 하늘을 본다는 뜻으로, 사람의 견문이 매우 좁음을 이르는 말.
예 세상에는 멋진 풍경들이 아주 많으니, ________에 머물지 말고 다양한 곳을 둘러보렴.

★ 삶의 자세

공명정대
공평할 公 | 밝을 明 | 바를 正 | 큰 大

하는 일이나 태도가 사사로움이나 그릇됨이 없이 아주 정당하고 떳떳함.
예 선거가 ________하게 치러질 수 있게 최선의 노력을 다하기로 했다.

독야청청
홀로 獨 | 어조사 也 | 푸를 靑 | 푸를 靑

홀로 푸르다는 뜻으로, 남들이 모두 절개를 꺾는 상황 속에서도 홀로 절개를 굳세게 지키고 있음을 이르는 말.
예 그는 임금에 대한 충성을 끝까지 지키며 ________했던 사람이다.
어휘 쏙 절개(節槪) 신념, 신의 따위를 굽히지 아니하고 굳게 지키는 꿋꿋한 태도.

솔선수범
거느릴 率 | 먼저 先 | 드리울 垂 | 법 範

남보다 앞장서서 행동해서 몸소 다른 사람의 본보기가 됨.
예 자녀에게 올바른 습관을 길러 주려면 부모의 ________이 필요하다.

01 ~ 04 다음 뜻풀이에 해당하는 한자 성어를 <보기>에서 찾아 쓰시오.

보기

독야청청　솔선수범　전무후무　좌정관천

01 이전에도 없었고 앞으로도 없음. (　　　　)

02 남보다 앞장서서 행동해서 몸소 다른 사람의 본보기가 됨. (　　　　)

03 우물 속에 앉아서 하늘을 본다는 뜻으로, 사람의 견문이 매우 좁음을 이르는 말. (　　　　)

04 홀로 푸르다는 뜻으로, 남들이 모두 절개를 꺾는 상황 속에서도 홀로 절개를 굳세게 지키고 있음을 이르는 말. (　　　　)

05 ~ 08 제시된 초성을 참고하여 다음 뜻풀이에 알맞은 한자 성어를 쓰시오.

05 이제까지 들어 본 적이 없음.

ㅈ		ㅁ	

06 이제까지 그 누구도 손을 대거나 발을 디딘 일이 없음.

		ㅁ	ㄷ

07 하는 일이나 태도가 사사로움이나 그릇됨이 없이 아주 정당하고 떳떳함.

ㄱ	ㅁ		

08 우물 안의 개구리라는 뜻으로, 견문이 좁고 세상 형편에 어두운 사람을 이르는 말.

ㅈ			ㅇ

09 ~ 11 다음 대화 내용과 의미가 통하는 한자 성어를 <보기>에서 찾아 쓰시오.

보기

전인미답　솔선수범　정저지와

09 언니: 이제 네 방은 네가 치우겠다고 했다며?
동생: 언니가 먼저 방 청소를 하기에 나도 해야 할 것 같아서. (　　　　)

10 선생님: 흥선 대원군은 다른 나라와의 통상과 교역을 금지하는 쇄국 정책을 펼쳤습니다.
학생: 그렇게 문을 닫고 있었기 때문에 변화하는 세계정세를 보지 못하고 뒤처진 것이겠죠?
(　　　　)

11 아인: 김연아 선수는 우리나라 최초로 피겨 스케이팅에서 올림픽 금메달을 땄잖아? 정말 대단해.
민식: 올림픽뿐만 아니라 피겨 스케이팅 국제 대회에서 우승을 한 것도 김연아 선수가 최초야.
(　　　　)

12 밑줄 친 한자 성어의 쓰임이 적절하지 않은 것은?

① 언론은 사건을 보도할 때 공명정대한 자세로 다루어야 한다.
② 그는 한 해 동안 열린 모든 대회에서 우승하는 전무후무한 기록을 세웠다.
③ 성공을 하더니 어렵게 살던 과거를 잊은 듯이 행동하는 그의 모습은 좌정관천이 따로 없다.
④ 그는 모두가 숨죽여 살던 암울한 시대에도 자신의 의지를 굳게 지키며 독야청청했던 사람이다.
⑤ 2008년 베이징 올림픽 야구 경기에서 대한민국은 9전 전승으로 우승하는 전대미문의 기록을 남겼다.

나의 어휘력 점수는?　＿＿＿＿＿점 / 총 12점

• 틀린 어휘의 뜻과 예문을 다시 꼼꼼히 살펴보자.

공부한 날 ( )월 ( )일

헷갈리기 쉬운 말

배다	스며들거나 스며 나오다. 예 그의 표정에는 장난기가 가득 ______어 있었다.
베다[1]	누울 때, 베개 따위를 머리 아래에 받치다. 예 아기는 엄마의 팔베개를 ______고 잠들었다.
베다[2]	날이 있는 연장 따위로 무엇을 끊거나 자르거나 가르다. 예 아침 일찍 나가서 소가 먹을 풀을 ______어 왔다.
부치다[1]	모자라거나 미치지 못하다. 예 혼자서 그 일을 다 하려니 힘에 ______는 듯하였다.
부치다[2]	편지나 물건 따위를 일정한 수단이나 방법을 써서 상대에게로 보내다. 예 편지를 ______러 우체국에 갔다.
붙이다	맞닿아 떨어지지 않게 하다. 예 진아는 다이어리에 스티커를 ______고 있었다.
붇다	분량이나 수효가 많아지다. 예 재산이 ______는 재미에 일이 힘든 줄을 모른다.
붓다	살가죽이나 어떤 기관이 부풀어 오르다. 예 울어서 눈이 ______고 코가 빨개졌다.

필수 개념 - 읽기

설명문
말씀 說 | 밝을 明 | 글월 文

어떤 대상에 대한 정보나 지식 등을 독자들이 이해하기 쉽게 풀이하여 쓴 글. 글쓴이 개인의 의견을 피하고 대상을 정확한 사실에 근거하여 설명한다.

■ 설명문의 구성
- 처음(머리말): 독자의 관심을 유도하고, 글을 쓰게 된 동기나 목적, 설명 대상을 제시함.
- 중간(본문): 대상에 대해 구체적으로 설명함.
- 끝(맺음말): 중간 부분의 내용을 요약 · 정리하고 마무리함.

논설문
논의할 論 | 말씀 說 | 글월 文

독자를 설득하기 위하여 글쓴이가 자신의 주장이나 의견을 타당한 근거를 들어 논리적으로 밝힌 글.

■ 논설문의 구성
- 서론: 문제를 제기하고 글을 쓰게 된 동기나 목적을 제시함.
- 본론: 주장을 뒷받침하는 타당한 근거를 제시하면서 주장을 구체적으로 전개함.
- 결론: 본론의 내용을 요약 · 정리하고, 앞으로의 전망이나 과제, 당부 등을 제시함.

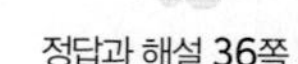

01 ~ 04 다음 단어와 그 뜻풀이를 바르게 연결하시오.

01 베다 • • ㉠ 모자라거나 미치지 못하다.

02 붓다 • • ㉡ 맞닿아 떨어지지 않게 하다.

03 부치다 • • ㉢ 살가죽이나 어떤 기관이 부풀어 오르다.

04 붙이다 • • ㉣ 누울 때, 베개 따위를 머리 아래에 받치다.

05 ~ 07 다음 문장에서 적절한 단어를 고르시오.

05 빠르게 걷자 얼마 지나지 않아 옷에 땀이 (배어 | 베어) 나왔다.

06 비가 많이 내려서 개울물이 (붇는 | 붓는) 바람에 다리가 잠겼다.

07 새 학기가 시작되기 전에 부모님께서 학비와 용돈을 (부쳐 | 붙여) 주셨다.

08 밑줄 친 단어의 쓰임이 적절하지 않은 것은?

① 자다가 불편해서 베개를 고쳐 베었다.
② 기계화가 되기 전에는 벼를 낫으로 베었다.
③ 밤에 그렇게 먹다가는 아침에 얼굴이 띵띵 부을 텐데.
④ 그녀는 외국으로 떠나기 전에 그쪽으로 짐을 미리 붙였다.
⑤ 그는 운동을 다 잘하지만, 농구만큼은 동생에게 실력이 부친다.

09 ~ 11 다음 설명이 알맞으면 ○에, 틀리면 ×에 표시하시오.

09 논설문은 어떤 대상에 대한 정보나 지식을 독자들이 이해하기 쉽게 풀이한 글이다. (○ , ×)

10 설명문의 머리말에서는 독자의 관심을 유도하고, 글을 쓰게 된 동기나 목적, 설명 대상을 제시한다. (○ , ×)

11 논설문의 결론에서는 본론의 내용을 요약 · 정리하고, 앞으로의 전망이나 당부를 제시한다. (○ , ×)

12 다음 글의 구성상 (가)의 역할로 알맞은 것은?

> 가 〈투모로우〉란 영화를 본 적 있는가? 이 영화에서는 어느 날 갑자기 바닷물의 거대한 흐름의 하나인 멕시코 난류가 정지되고, 이 때문에 엄청난 추위가 몰려와 모든 생물이 죽음을 맞는다. 멕시코 난류가 갑자기 멈춘 이유는 지구 온난화로 인해 북극 지역의 빙하가 녹아내렸기 때문이다. 아마 이 영화를 본 사람들은 기후 변화가 얼마나 무서운지 알게 되었을 것이다.
>
> 나 지구 온난화로 인해 생기는 가장 큰 문제는 지구 온난화가 생태계와 사람에게 심각한 악영향을 끼칠 수 있다는 점이다. 지구 온난화는 야생 생물의 생태계를 파괴할 것이고, 이는 결국 사람들이 키우는 작물과 가축에도 영향을 미칠 것이다.
>
> 다 지구 온난화로 인한 피해가 얼마나 무서운 것인지 살펴보았다. 이제 우리는 그 피해를 막을 방법을 찾아야만 한다. 우리가 노력한다면 지구 온난화의 피해를 줄일 수 있을 것이다.

① 독자의 흥미를 유발한다.
② 예상되는 앞으로의 전망을 밝힌다.
③ 글 전체의 내용을 요약하고 정리한다.
④ 대상을 정확한 사실에 근거하여 설명한다.
⑤ 주장을 뒷받침하는 구체적인 근거를 제시한다.

나의 어휘력 점수는? ________점 / 총 **12**점
• 틀린 어휘의 뜻과 예문을 다시 꼼꼼히 살펴보자.

공부한 날 ( )월 ( )일

필수 어휘

시사
때 時 | 일 事

그 당시에 일어난 여러 가지 사회적 사건.
예 그는 사회 문제에 관심이 많아 ______ 프로그램을 즐겨 본다.

신신당부
거듭 申 | 거듭 申 | 마땅할 當 | 줄 付

거듭하여 간곡히 하는 당부.
예 약속 시간에 늦지 말라는 친구의 ______가 있었다.

어휘 쏙 거듭하다 어떤 일을 자꾸 되풀이하다.
간곡(懇曲)히 간절하고 정성스러운 태도나 자세로.

신출귀몰
귀신 神 | 날 出 | 귀신 鬼 | 잠길 沒

귀신같이 나타났다가 사라진다는 뜻으로, 그 움직임을 쉽게 알 수 없을 만큼 자유자재로 나타나고 사라짐을 비유적으로 이르는 말.
예 그는 ______의 행적으로 사람들을 놀라게 한다.

어휘 쏙 자유자재(自由自在) 거침없이 자기 마음대로 할 수 있음.

실태
열매 實 | 모양 態

있는 그대로의 상태. 또는 실제의 모양.
예 우리 지역의 환경 오염 ______를 조사하여 보고서를 썼다.

실효성
열매 實 | 본받을 效 | 성품 性

실제로 효과를 나타내는 성질.
예 교통안전을 위한 ______ 있는 대책을 마련해야 한다.

안달

속을 태우며 몹시 급하게 구는 일.
예 동생은 빨리 놀이터에 가고 싶어서 ______이 났다.

알선
관리할 斡 | 돌 旋

남의 일이 잘되도록 주선하는 일.
예 친구의 ______으로 아르바이트를 구하게 되었다.

어휘 쏙 주선(周旋) 일이 잘되도록 여러 가지 방법으로 힘씀.

암담하다
어두울 暗 | 물 맑을 澹

희망이 없고 절망적이다.
예 그는 일제 강점기의 ______한 현실 속에서도 희망을 노래하는 시를 썼다.

암시
어두울 暗 | 보일 示

넌지시 알림. 또는 그 내용.
예 그는 대화 중에 자꾸 시계를 보면서 바쁘다는 ______를 주었다.

어휘 쏙 넌지시 드러나지 않게 가만히.
유의어 귀띔 상대편이 눈치로 알아차릴 수 있도록 미리 슬그머니 일깨워 줌.

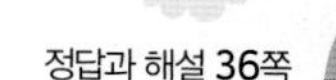

01 ~ 05 다음 빈칸을 채워 십자말풀이를 완성하시오.

	01				02
03					
04					
			05		

01 실제로 효과를 나타내는 성질.

02 희망이 없고 절망적이다.

03 거듭하여 간곡히 하는 당부.

04 귀신같이 나타났다가 사라진다는 뜻으로, 그 움직임을 쉽게 알 수 없을 만큼 자유자재로 나타나고 사라짐을 비유적으로 이르는 말.

05 넌지시 알림. 또는 그 내용.

06 ~ 09 <보기>의 글자들을 조합하여 다음 뜻풀이에 알맞은 단어를 쓰시오.

보기

실 시 선 안 사 태 알 달

06 남의 일이 잘되도록 주선하는 일. (　　　　)

07 속을 태우며 몹시 급하게 구는 일. (　　　　)

08 있는 그대로의 상태. 또는 실제의 모양. (　　　　)

09 그 당시에 일어난 여러 가지 사회적 사건. (　　　　)

10 ~ 13 빈칸에 들어갈 알맞은 단어를 <보기>에서 찾아 쓰시오.

보기

안달　주선　암시　실효성　신신당부

10 그는 나에게 아무런 (　　　　)도 주지 않고 어느 날 갑자기 떠나 버렸다.

11 이번 회의는 그가 제안한 계획의 (　　　　) 여부를 판단하기 위한 것이다.

12 밖에서 놀다가 배가 고파져 집에 온 아이들은 빨리 간식을 먹고 싶어 (　　　　)하였다.

13 할머니께서는 여행을 떠나는 삼촌에게 전화를 걸어 몸조심하라고 (　　　　)을/를 하셨다.

14 밑줄 친 단어의 쓰임이 적절하지 않은 것은?

① 구청에서는 놀이터의 안전성에 대해 실태 조사를 벌이기로 했다.
② 진이는 얼마 전 부동산 중개업자의 알선으로 집을 구할 수 있었다.
③ 홍길동이 워낙 신출귀몰해서 나라에서는 그를 쉽게 붙잡을 수 없었다.
④ 그는 한식당에서 일한 적이 있어서 한식 요리에 대한 시사가 매우 풍부하다.
⑤ 목적지에 도착하려면 이 불볕더위에 한참을 더 걸어야 한다니, 이보다 암담한 일은 없었다.

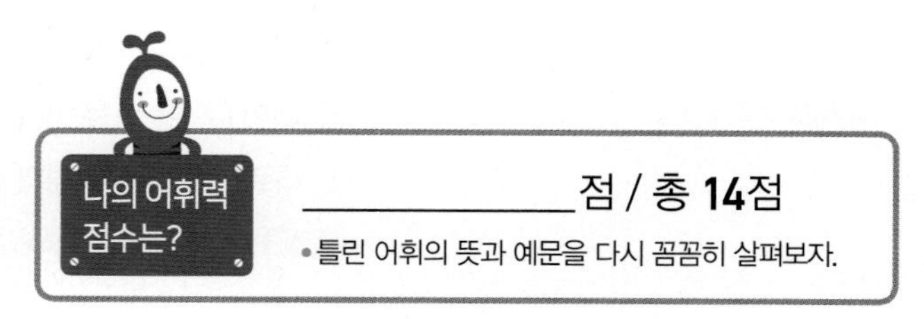

공부한 날 ( )월 ( )일

관용 표현 - 주제별 관용어

★ 입

입을 맞추다	서로의 말이 일치하도록 하다. 예 우리 둘이 ______어 두면 그 일이 들킬 일은 없다.
입이 딱 벌어지다	매우 놀라거나 좋아하다. 예 초대한 손님들이 모두 도착하자 집주인은 ______게 음식상을 차려 왔다.
입이 짧다	음식을 심하게 가리거나 적게 먹다. 예 석희는 ______서 식사 때마다 밥을 남긴다.

★ 코

코가 높다	잘난 체하고 뽐내는 기세가 있다. 예 그는 인기를 얻게 되자 겸손했던 예전과 달리 ______아 졌다.
코가 납작해지다	몹시 무안을 당하거나 기가 죽어 위신이 뚝 떨어지다. 예 축구라면 자신 있었던 희수는 상대 팀에게 네 골을 먹고 ______졌다. 어휘 쏙 무안(無顔) 수줍거나 창피하여 볼 낯이 없음.
코가 꿰이다	약점이 잡히다. 예 재영이는 짝꿍에게 무슨 ______었는지 자꾸 눈치를 본다. 어휘 쏙 약점(弱點) 모자라서 남에게 뒤떨어지거나 떳떳하지 못한 점.

★ 배

배가 아프다	남이 잘되어 심술이 나다. 예 동생은 같이 본 오디션에서 친구만 합격하자, ______며 밥도 안 먹었다.
배가 등에 붙다	먹은 것이 없어서 배가 홀쭉하고 몹시 허기지다. 예 하루 종일 굶었더니 ______을 지경이다.
배를 불리다	재물이나 이득을 많이 차지하여 사리사욕을 채우다. 예 새로 온 사또는 백성의 삶에는 관심 없고 자기 ______느라 정신이 없었다. 어휘 쏙 사리사욕(私利私慾) 개인적인 이익과 욕심.

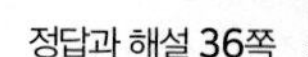

01 ~ 05 다음 뜻풀이에 해당하는 관용어를 <보기>에서 찾아 기호를 쓰시오.

보기
- ㉠ 코가 높다
- ㉡ 입을 맞추다
- ㉢ 배가 등에 붙다
- ㉣ 코가 납작해지다
- ㉤ 입이 딱 벌어지다

01 매우 놀라거나 좋아하다. (　　　)

02 서로의 말이 일치하도록 하다. (　　　)

03 잘난 체하고 뽐내는 기세가 있다. (　　　)

04 먹은 것이 없어서 배가 홀쭉하고 몹시 허기지다. (　　　)

05 몹시 무안을 당하거나 기가 죽어 위신이 뚝 떨어지다. (　　　)

06 ~ 09 제시된 초성을 활용하여 관용어의 뜻풀이를 완성하시오.

06 코가 꿰이다
→ [ㅇ][ㅈ]이 잡히다.

07 배가 아프다
→ 남이 잘되어 [ㅅ][ㅅ]이 나다.

08 입이 짧다
→ [ㅇ][ㅅ]을 심하게 가리거나 적게 먹다.

09 배를 불리다
→ 재물이나 이득을 많이 차지하여 [ㅅ][ㄹ][ㅅ][ㅇ]을 채우다.

10 ~ 13 다음 빈칸에 들어갈 관용어를 <보기>에서 찾아 문맥에 맞게 쓰시오.

보기
- ㉠ 입이 짧다
- ㉡ 입을 맞추다
- ㉢ 배가 아프다
- ㉣ 코가 꿰이다

10 우리 형은 ________ 아무리 맛있는 음식이 있어도 조금 먹다가 그만둔다.

11 아버지께 불려 가기 전에, 언니와 나는 어제 화분이 깨진 일에 대해 ________ 두었다.

12 자기 동생의 부탁이라면 무조건 들어주는 명수를 보니, 아무래도 명수가 동생에게 ________ 듯하다.

13 준영이는 경품 추첨에서 꽝이 나온 자신과 달리 평소 갖고 싶어 하던 게임기에 당첨된 친구를 보고 ________.

14 밑줄 친 관용어의 쓰임이 적절하지 <u>않은</u> 것은?

① 그는 <u>코가 높아서</u> 잘되어 가는 일을 망치기 일쑤다.
② 그가 준비한 정성스러운 선물을 보고 나는 <u>입이 딱 벌어졌다</u>.
③ 발표 내용의 허점을 지적받자 자신만만했던 그의 <u>코가 납작해졌다</u>.
④ 연구소장은 자기 <u>배를 불리기</u>에 바빠 정작 해야 할 업무에 소홀했다.
⑤ 병원에서 검사를 받느라 전날 오후부터 아무것도 안 먹었더니 <u>배가 등에 붙었다</u>.

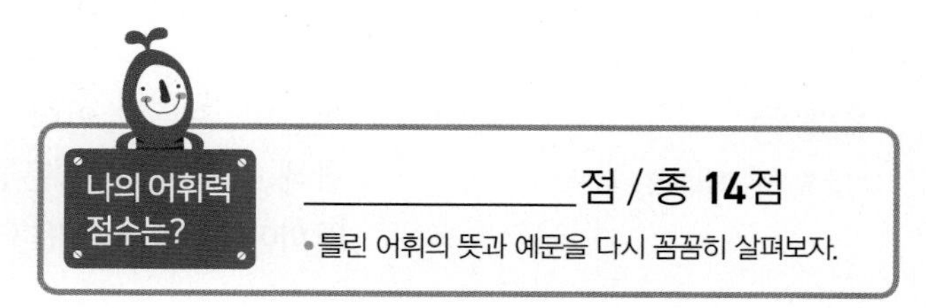

공부한 날 ( )월 ( )일

다의어 · 동음이의어

띄우다[1]	물 위나 공중에 있게 하거나 위쪽으로 솟아오르게 하다. 예 수정과에 잣을 ______ 면 고소한 맛이 난다.
띄우다[2]	① 공간적으로 거리를 꽤 멀게 하다. 예 나무를 여러 개 심을 때는 간격을 적당히 ______ 는 것이 좋다. ② 시간적으로 동안을 길게 하다. 예 마라톤에 참가한 사람들은 10분씩 사이를 ______ 고 출발한다.
맡다[1]	① 어떤 일에 대한 책임을 지고 담당하다. 예 아무리 작은 일이라도 ______ 은 일에 최선을 다해야 한다. ② 자리나 물건 따위를 차지하다. 예 도서관에 들어가서 먼저 자리를 ______ 았다. ③ 면허나 증명, 허가, 승인 따위를 얻다. 예 부모님께 여행을 다녀와도 좋다는 허락을 ______ 았다.
맡다[2]	코로 냄새를 느끼다. 예 꽃병에 코를 가까이 대고 꽃향기를 ______ 아 보았다.

필수 개념 - 문법

자의성 방자할 恣 | 뜻 意 | 성품 性	어떤 의미(내용)를 나타내는 말소리(형식)는 우연히 결정된 것이며, 둘 사이에는 필연적인 연관성이 없다는 특성. 예 동물 '개'를 나타내는 말 ➡ 한국어 [개], 영어 [도그], 프랑스어 [시앵]
사회성 모일 社 | 모일 會 | 성품 性	특정한 의미를 특정한 말소리로 나타내자고 일단 사회적으로 약속한 후에는 개인이 그 약속을 마음대로 바꿀 수 없다는 특성. 예 한국어 사용자들이 '하늘'로 부르자고 약속한 대상을 개인이 마음대로 '바다'로 바꿀 수 없음.
역사성 지낼 歷 | 역사 史 | 성품 性	시간이 흐르면서 말소리나 의미가 변하기도 하고, 쓰이던 말이 사라지거나 없던 말이 생기기도 하는 특성. 예 '즈믄(숫자 '천'의 옛말)'은 사라진 말이고, '인터넷'은 새로 생긴 말이다.
창조성 비롯할 創 | 지을 造 | 성품 性	인간이 습득한 언어 지식을 활용하여 새로운 단어를 만들거나, 단어들을 결합해 무수히 많은 문장을 만들어 사용할 수 있는 특성. 예 아이들은 자신이 배운 단어를 활용해 배운 적 없는 문장들을 만들어 낸다.

확인 문제

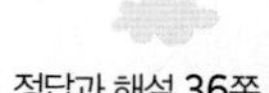

01 ~ 03 밑줄 친 단어의 뜻풀이로 알맞은 것을 고르시오.

01 강물 위에 배를 띄우고 낚시를 즐겼다.

㉠ 공간적으로 거리를 꽤 멀게 하다.
㉡ 물 위나 공중에 있게 하거나 위쪽으로 솟아오르게 하다.

02 그는 밭에서 흙냄새를 맡으며 행복감을 느꼈다.

㉠ 코로 냄새를 느끼다.
㉡ 어떤 일에 대한 책임을 지고 담당하다.

03 공항버스 정류장에서는 사람이 줄을 서는 대신 캐리어가 자리를 맡고 있다.

㉠ 자리나 물건 따위를 차지하다.
㉡ 면허나 증명, 허가, 승인 따위를 얻다.

04 ~ 08 밑줄 친 단어의 뜻을 <보기>에서 찾아 기호를 쓰시오.

보기

㉠ 코로 냄새를 느끼다.
㉡ 시간적으로 동안을 길게 하다.
㉢ 공간적으로 거리를 꽤 멀게 하다.
㉣ 면허나 증명, 허가, 승인 따위를 얻다.
㉤ 어떤 일에 대한 책임을 지고 담당하다.

04 밥을 주자 강아지들이 코를 벌름거리며 냄새를 맡았다. (　　)

05 숙제 검사를 다 맡은 사람만 운동장에서 놀 수 있었다. (　　)

06 그는 올해 처음으로 학급 담임을 맡게 되어 다소 긴장했다. (　　)

07 학생들 모두 자리를 여유 있게 띄워서 앉으시기 바랍니다. (　　)

08 우리 열차는 안전을 위해 앞 열차와 약 5분 정도 간격을 띄워 운행하고 있습니다. (　　)

09 ~ 12 다음 설명이 알맞으면 ○에, 틀리면 ×에 표시하시오.

09 언어의 사회성이란 어떤 의미를 특정한 말소리로 나타내자고 사회적으로 약속한 후에는 개인이 그 약속을 마음대로 바꿀 수 없다는 특성이다. (○, ×)

10 '개'를 한국어로는 [개], 영어로는 [도그], 프랑스어로는 [시앵]이라고 하는 것은 언어의 역사성을 보여 준다. (○, ×)

11 인간이 습득한 언어 지식을 활용하여 새로운 단어를 만들거나, 단어들을 결합해 무수히 많은 문장을 만들어 사용할 수 있는 것은 언어의 창조성과 관련이 있다. (○, ×)

12 시간이 흐르면서 쓰이던 말이 사라지거나 없던 말이 생기는 경우는 있으나, 언어의 말소리나 의미가 변하지는 않는다. (○, ×)

13 <보기>의 '그'가 고려하지 못한 언어의 특성은?

보기

신문을 그는 '침대'라고 말했다. 거울을 그는 '의자'라고 말했다. 괘종시계를 그는 '사진첩'이라고 말했다. 그리고 옷장을 그는 '신문'이라고 말했다. 결국 그는 사람들의 말을 알아들을 수 없었고, 사람들도 그의 말을 이해하지 못했다.

① 언어의 다양성
② 언어의 자의성
③ 언어의 사회성
④ 언어의 역사성
⑤ 언어의 창조성

나의 어휘력 점수는? ________ 점 / 총 13점

• 틀린 어휘의 뜻과 예문을 다시 꼼꼼히 살펴보자.

15회 1

공부한 날 ( )월 ( )일

필수 어휘

압축
누를 壓 | 오그라들 縮

① 문장 따위를 줄여 짧게 함.
예 표어는 말하고자 하는 내용을 ________하여 만든 짧은 글이다.
② 일정한 범위나 테두리를 줄임.
예 감독은 영화의 주연 후보를 세 명으로 ________하였다.

애달프다

마음이 안타깝거나 쓰라리다.
예 그는 멀리 떨어져 있는 가족이 보고 싶다며 ________게 울었다.

앳되다

애티가 있어 어려 보이다.
예 앞머리를 내리니 나이에 비해 ________어 보인다.

어휘 쏙 **애티** 어린 태도나 모양.

양상
모양 樣 | 서로 相

사물이나 현상의 모양이나 상태.
예 과학의 발전으로 삶의 ________이 많이 달라졌다.

어림잡다

대강 짐작으로 헤아려 보다.
예 오늘 행사에 방문한 사람은 ________아 1만여 명 정도 된다.

유의어 **대중하다** 대강 어림잡아 헤아리다.

억압
누를 抑 | 누를 壓

자기의 뜻대로 자유로이 행동하지 못하도록 억지로 억누름.
예 표현의 자유를 ________하는 독재자에 대한 분노가 거세지고 있다.

억척스럽다

어떤 어려움에도 굴하지 아니하고 몹시 모질고 끈덕지게 일을 해 나가는 태도가 있다.
예 그는 가난에서 벗어나기 위해 ________게 일했다.

어휘 쏙 **끈덕지다** 끈기가 있고 꾸준하다.
유의어 **악착(齷齪)같다** 매우 모질고 끈덕지다.

엄수
엄할 嚴 | 지킬 守

명령이나 약속 따위를 어김없이 지킴.
예 운전자와 보행자 모두 교통 신호를 ________해야 한다.

야속
들 野 | 풍속 俗

무정한 행동이나 그런 행동을 한 사람이 섭섭하게 여겨져 언짢음.
예 다툰 뒤로 내 연락을 받지 않는 그가 ________했다.

어휘 쏙 **무정(無情)하다** 따뜻한 정이 없이 쌀쌀맞고 인정이 없다.

01 ~ 04 다음 뜻풀이에 해당하는 단어를 <보기>에서 찾아 쓰시오.

보기

양상 억압 앳되다 애달프다

01 애티가 있어 어려 보이다. (　　　)

02 마음이 안타깝거나 쓰라리다. (　　　)

03 사물이나 현상의 모양이나 상태. (　　　)

04 자기의 뜻대로 자유로이 행동하지 못하도록 억지로 억누름. (　　　)

05 ~ 06 다음 단어의 뜻풀이에서 알맞은 단어를 고르시오.

05 어림잡다 : (대강 | 일일이) 짐작으로 헤아려 보다.

06 억척스럽다 : 어떤 어려움에도 굴하지 아니하고 몹시 모질고 (꼼꼼하게 | 끈덕지게) 일을 해 나가는 태도가 있다.

07 ~ 09 <보기>의 글자들을 조합하여 다음 뜻풀이에 알맞은 단어를 쓰시오.

보기

압 수 축 야 엄 속

07 문장 따위를 줄여 짧게 함. (　　　)

08 명령이나 약속 따위를 어김없이 지킴. (　　　)

09 무정한 행동이나 그런 행동을 한 사람이 섭섭하게 여겨져 언짢음. (　　　)

10 ~ 13 빈칸에 들어갈 알맞은 단어를 <보기>에서 찾아 쓰시오.

보기

악착 압축 야속 엄수 억압

10 친구는 내 부탁을 (　　　)하게도 거절했다.

11 시험지 제출은 시간을 반드시 (　　　)하셔야 합니다.

12 나는 약자를 (　　　)하고 강자에게는 굽실거리는 사람을 싫어한다.

13 정부는 다양한 정책 중 실현 가능한 방안을 두 가지로 (　　　)해 내일 발표하기로 했다.

14 밑줄 친 단어의 쓰임이 적절하지 않은 것은?

① 삼촌은 한동안 방황했지만 이제는 어림잡고 열심히 살고 있다.
② 라디오에서 흘러나온 청취자의 애달픈 사연에 가슴이 뭉클해졌다.
③ 이번 설 연휴 기간의 교통 상황은 의외로 원활한 양상을 보였습니다.
④ 그가 소처럼 억척스럽게 일한 덕분에 살림은 조금씩 나아지고 있었다.
⑤ 그는 얼굴도 목소리도 무척 앳되어서 나와 같은 나이라는 것이 믿기지 않았다.

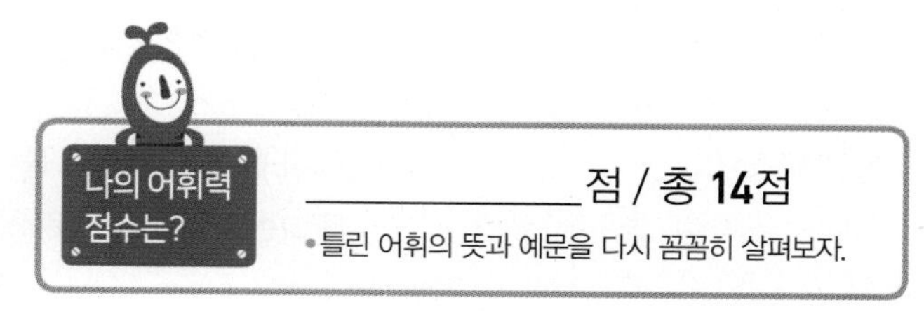

공부한 날 ( )월 ( )일

관용 표현 - 주제별 한자 성어

★ 말

동문서답
동녘 東 | 물을 問 | 서녘 西 | 대답할 答

물음과는 전혀 상관없는 엉뚱한 대답.

예 자꾸 ______하지 말고 질문에 제대로 답변해 주세요.

언중유골
말씀 言 | 가운데 中 | 있을 有 | 뼈 骨

말 속에 뼈가 있다는 뜻으로, 예사로운 말 속에 단단한 속뜻이 들어 있음을 이르는 말.

예 ______이라고, 그가 하는 말을 허투루 흘려들어서는 안 된다.

유구무언
있을 有 | 입 口 | 없을 無 | 말씀 言

입은 있어도 말은 없다는 뜻으로, 변명할 말이 없거나 변명을 못함을 이르는 말.

예 무슨 변명이라도 해 보라고 다그쳤지만 그는 ______일 따름이었다.

★ 아주 적은 양

구우일모
아홉 九 | 소 牛 | 하나 一 | 털 毛

아홉 마리의 소 가운데 박힌 하나의 털이란 뜻으로, 매우 많은 것 가운데 극히 적은 수를 이르는 말.

예 가난한 이웃의 치료비를 대신 내 준 것은, 그가 평생 동안 해 온 선행 가운데 ______에 지나지 않는다.

조족지혈
새 鳥 | 발 足 | 갈 之 | 피 血

새 발의 피라는 뜻으로, 매우 적은 분량을 이르는 말.

예 내가 접은 종이학은 커다란 유리병을 채우기에는 ______이었다.

★ 아주 무식함

목불식정
눈 目 | 아닐 不 | 알 識 | 고무래 丁

아주 간단한 글자인 '丁' 자를 보고도 그것이 '고무래'인 줄을 알지 못한다는 뜻으로, 글을 전혀 읽을 줄 모르는 무식함 또는 그런 사람을 이르는 말.

예 옛날에는 글자를 배우지 않아 ______의 처지인 사람이 많았다.

어휘 쏙 고무래 곡식을 그러모으고 펴거나 밭의 흙을 고르는 데에 쓰는 '丁' 자 모양의 기구.

무지몽매
없을 無 | 알 知 | 어릴 蒙 | 어두울 昧

아는 것이 없고 사리에 어두움.

예 그의 눈에는 참과 거짓을 구분하지 못하는 마을 사람들이 ______해 보였다.

일자무식
하나 一 | 글자 字 | 없을 無 | 알 識

글자를 한 자도 모를 정도로 무식함. 또는 그런 사람.

예 그는 자기 이름도 못 쓰는 ______이다.

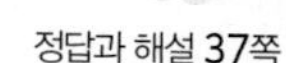

01 ~ 04 다음 뜻풀이에 해당하는 한자 성어를 <보기>에서 찾아 쓰시오.

보기

유구무언 동문서답 일자무식 조족지혈

01 물음과는 전혀 상관없는 엉뚱한 대답. ( )

02 글자를 한 자도 모를 정도로 무식함. 또는 그런 사람. ( )

03 새 발의 피라는 뜻으로, 매우 적은 분량을 이르는 말. ( )

04 입은 있어도 말은 없다는 뜻으로, 변명할 말이 없거나 변명을 못함을 이르는 말. ( )

05 ~ 08 제시된 초성을 참고하여 다음 뜻풀이에 알맞은 한자 성어를 쓰시오.

05 아는 것이 없고 사리에 어두움.

ㅁ		ㅁ	

06 말 속에 뼈가 있다는 뜻으로, 예사로운 말 속에 단단한 속뜻이 들어 있음을 이르는 말.

ㅇ	ㅈ		

07 아홉 마리의 소 가운데 박힌 하나의 털이란 뜻으로, 매우 많은 것 가운데 극히 적은 수를 이르는 말.

ㄱ			ㅁ

08 아주 간단한 글자인 '丁' 자를 보고도 그것이 '고무래'인 줄을 알지 못한다는 뜻으로, 글을 전혀 읽을 줄 모르는 무식함 또는 그런 사람을 이르는 말.

	ㅂ		ㅈ

09 ~ 11 다음 대화 내용과 의미가 통하는 한자 성어를 <보기>에서 찾아 쓰시오.

보기

구우일모 동문서답 언중유골

09 선생님: 우주야, 세종 대왕의 업적을 말해 볼까?
우주: 저는 우리나라가 반도체 분야에서 세계 최고라고 생각합니다. ( )

10 라희: 포토 카드를 나한테 10개나 줘도 돼?
은영: 괜찮아. 난 집에 포토 카드가 수백 개 있어서 10개 정도 빼도 티도 안 나. ( )

11 국회 의원: 저는 평소에 SNS를 통해서 국민들과 소통을 활발히 하고 있습니다.
기자: 그런데 얼마 전 의원님과 면담을 신청한 주민들의 요구는 거부하셨다고 들었는데, SNS를 통한 소통이 아니어서 거부하신 겁니까?
( )

12 밑줄 친 한자 성어의 쓰임이 적절하지 않은 것은?

① 그는 무지몽매한 사람들을 깨우치기 위해 여러 방면으로 노력하였다.
② 비록 목불식정인 백성들이라고 할지라도 사람이 지켜야 할 예절은 안다.
③ 내가 아끼는 피규어를 깨뜨린 동생은 오히려 큰소리를 치며 유구무언이었다.
④ 한글 강습을 받은 할머니들은 이제야 글자를 익혀 일자무식을 면하게 되었다고 좋아하셨다.
⑤ 범인을 조사해 보니, 지금까지 알려진 것은 실제 그가 저지른 범죄에 비하면 조족지혈이었다.

나의 어휘력 점수는? ________ 점 / 총 **12점**

• 틀린 어휘의 뜻과 예문을 다시 꼼꼼히 살펴보자.

공부한 날 ( )월 ( )일

헷갈리기 쉬운 말

봉오리
망울만 맺히고 아직 피지 아니한 꽃.
예 장미가 빨간 ______를 맺었다.

봉우리
산에서 뾰족하게 높이 솟은 부분.
예 저 산의 ______는 늘 안개 속에 파묻혀 신비로운 느낌을 자아낸다.

빗다
머리털을 빗 따위로 가지런히 고르다.
예 서희는 거울을 보며 머리를 ______었다.

빚다
① 가루를 반죽하여 만두, 송편, 경단 따위를 만들다.
예 가족들이 모두 둘러앉아 만두를 ______었다.
② 어떤 결과나 현상을 만들다.
예 눈이 많이 내려 시내 교통이 혼잡을 ______었다.

싸이다
물건이 보이지 않게 씌워져 가려지거나 둘려 말리다.
예 나는 친구 선물로 고른 양말이 포장지에 ______는 모습을 구경했다.

쌓이다
① 여러 개의 물건이 겹겹이 포개어 얹어 놓이다.
예 청소를 안 해서 책상에 먼지가 ______고 있었다.
② 하여야 할 일이나 걱정, 피로 따위가 한꺼번에 많이 겹치다.
예 가슴속에 걱정이 ______면 병이 된다.

필수 개념 - 문법

품사
물건 品 | 말씀 詞

공통된 성질을 가진 단어끼리 묶어 놓은 단어의 갈래.

■ 품사의 분류

단어가 문장에서 쓰일 때 '형태'가 변하는지에 따른 분류	단어가 문장에서 어떤 '기능'을 하는지에 따른 분류	단어들이 지닌 공통된 '의미'가 무엇인지에 따른 분류
형태가 변하지 않는 말 (불변어)	체언	명사, 대명사, 수사
	수식언	관형사, 부사
	관계언	조사
	독립언	감탄사
형태가 변하는 말 (가변어)	용언	동사, 형용사

확인 문제

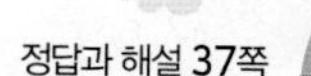

01 ~ 04 다음 단어와 그 뜻풀이를 바르게 연결하시오.

01 빗다 •

02 빚다 •

03 봉우리 •

04 쌓이다 •

• ㉠ 산에서 뾰족하게 높이 솟은 부분.

• ㉡ 머리털을 빗 따위로 가지런히 고르다.

• ㉢ 여러 개의 물건이 겹겹이 포개어 얹어 놓이다.

• ㉣ 가루를 반죽하여 만두, 송편, 경단 따위를 만들다.

05 ~ 07 다음 문장에서 적절한 단어를 고르시오.

05 봄을 알리는 개나리가 (봉오리 | 봉우리)를 맺고 있었다.

06 피로가 (싸이면 | 쌓이면) 큰 병이 되므로 조심해야 한다.

07 사회자가 출연자 순서를 착각하여 행사 진행에 혼란을 (빗었다 | 빚었다).

08 밑줄 친 단어의 쓰임이 적절하지 않은 것은?

① 의자 위에 옷이 한 무더기 쌓여 있었다.
② 추석에는 온 가족이 모여 송편을 빚는다.
③ 보자기에 싸인 것은 네 몫이니까 가져가거라.
④ 한라산 봉우리에 몽실몽실한 흰 구름이 걸려 있었다.
⑤ 이번 일로 인해 두 나라가 외교적 마찰을 빗게 되었다.

09 ~ 11 다음 설명이 알맞으면 ○에, 틀리면 ×에 표시하시오.

09 품사는 단어의 기능에 따라 체언, 용언, 수식언, 관계언, 독립언으로 나눈다. (○ , ×)

10 용언은 문장에서 쓰일 때 형태가 변하지 않는 단어이다. (○ , ×)

11 조사와 감탄사는 불변어이면서 관계언이다. (○ , ×)

12 ~ 13 다음 품사 분류표를 보고 물음에 답하시오.

㉠	㉡	㉢
불변어	체언	명사, 대명사, (ⓐ)
	수식언	(ⓑ), 부사
	관계언	조사
	(ⓒ)	감탄사
가변어	용언	동사, (ⓓ)

12 표의 ㉠~㉢에 들어갈 품사 분류 기준에 해당하지 않는 것은? (정답 2개)

① 단어의 의미에 따른 분류
② 단어의 중요도에 따른 분류
③ 단어의 형성 방법에 따른 분류
④ 단어의 형태 변화 여부에 따른 분류
⑤ 단어가 문장 속에서 하는 역할에 따른 분류

13 표의 ⓐ~ⓓ에 해당하는 품사를 쓰시오.

ⓐ: ________ ⓑ: ________ ⓒ: ________ ⓓ: ________

나의 어휘력 점수는?

__________점 / 총 13점

• 틀린 어휘의 뜻과 예문을 다시 꼼꼼히 살펴보자.

공부한 날 ( )월 ( )일

필수 어휘

여념
남을 餘 | 생각할 念

어떤 일에 대하여 생각하고 있는 것 이외의 다른 생각.

예 아이들은 퍼즐을 맞추느라 ______이 없었다.

여울

강이나 바다 따위의 바닥이 얕거나 폭이 좁아 물살이 세게 흐르는 곳.

예 ______에 발을 담그자 빠른 물살이 종아리에 부딪쳤다.

여지없이
남을 餘 | 땅 地

더 어찌할 나위가 없을 만큼 가차 없이. 또는 달리 어찌할 방법이나 가능성이 없이.

예 선수들이 화려한 개인기를 선보일 때마다 ______ 박수가 터져 나왔다.

어휘 쏙 가차(假借) 사정을 보아줌.

역량
힘 力 | 헤아릴 量

어떤 일을 해낼 수 있는 힘.

예 그는 우리 팀을 이끌 주장으로서 ______이 충분하다.

유의어 능력(能力) 일을 감당해 낼 수 있는 힘.

역력하다
지낼 歷 | 지낼 歷

자취나 기미, 기억 따위가 환히 알 수 있게 또렷하다.

예 야근을 하고 온 형의 얼굴에는 피로의 빛이 ______했다.

어휘 쏙 또렷하다 엉클어지거나 흐리지 않고 분명하다.

오류
그릇할 誤 | 그릇될 謬

① 그릇되어 이치에 맞지 않는 일.

예 그는 기사 내용에 사실과 다른 ______가 있음을 발견했다.

② 컴퓨터 프로그램이나 시스템의 착오.

예 프린터에 ______가 생겼는지 인쇄가 되지 않는다.

어휘 쏙 착오(錯誤) 착각을 하여 잘못함. 또는 그런 잘못.

요행
요행 僥 | 요행 倖

뜻밖에 얻는 행운.

예 그는 ______을 바라고 복권을 샀다.

위력
위엄 威 | 힘 力

상대를 압도할 만큼 강력함. 또는 그런 힘.

예 그의 노래 실력은 모든 심사 위원이 만점을 줄 정도로 ______이 대단했다.

어휘 쏙 압도(壓倒) 보다 뛰어난 힘이나 재주로 남을 눌러 꼼짝 못 하게 함.

유기적
있을 有 | 틀 機 | 과녁 的

생물체처럼 전체를 구성하고 있는 각 부분이 서로 밀접하게 관련을 가지고 있어서 떼어 낼 수 없는. 또는 그런 것.

예 글 전체를 이루는 요소나 성분은 ______으로 얽혀 있다.

정답과 해설 37쪽

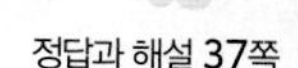

01 ~ 05 다음 뜻풀이에 해당하는 단어를 말상자에서 찾아 표시하시오.

가	위	해	바	기	여
역	력	하	다	성	지
사	신	다	행	복	없
유	기	적	이	여	이
명	술	군	다	울	상

01 상대를 압도할 만큼 강력함. 또는 그런 힘.

02 자취나 기미, 기억 따위가 환히 알 수 있게 또렷하다.

03 강이나 바다 따위의 바닥이 얕거나 폭이 좁아 물살이 세게 흐르는 곳.

04 더 어찌할 나위가 없을 만큼 가차 없이. 또는 달리 어찌할 방법이나 가능성이 없이.

05 생물체처럼 전체를 구성하고 있는 각 부분이 서로 밀접하게 관련을 가지고 있어서 떼어 낼 수 없는. 또는 그런 것.

06 ~ 09 <보기>의 글자들을 조합하여 다음 뜻풀이에 알맞은 단어를 쓰시오.

보기

여 행 량 념 오 역 류 요

06 뜻밖에 얻는 행운. ( )

07 어떤 일을 해낼 수 있는 힘. ( )

08 그릇되어 이치에 맞지 않는 일. ( )

09 어떤 일에 대하여 생각하고 있는 것 이외의 다른 생각. ( )

10 ~ 13 빈칸에 들어갈 알맞은 단어를 <보기>에서 찾아 쓰시오.

보기

여울 여념 오류 요행 위력

10 프로그램에 ( )이/가 생겨 컴퓨터가 작동하지 않는다.

11 가을이 되면 농촌에서는 익은 곡식을 거두어들이느라 ( )이/가 없다.

12 노력하지 않고 ( )(으)로 성공하기만을 바라는 것은 바람직하지 않은 태도이다.

13 우리 학교 축구팀에는 뛰어난 공격수가 많아서 공격은 ( )이/가 있지만 수비가 약하다.

14 밑줄 친 단어의 쓰임이 적절하지 않은 것은?

① 여울의 얕은 곳을 따라 디딤돌이 띄엄띄엄 놓여 있었다.
② 동생은 이번 연극에서 자신이 맡은 역량에 최선을 다했다.
③ 우리가 날카로운 질문을 계속하자 그는 당황한 기색이 역력했다.
④ 사람은 다른 사람과 유기적 관계를 맺고 살아가는 사회적 동물이다.
⑤ 태은이는 오늘도 점심을 먹자마자 여지없이 운동장으로 달려 나가 공을 찼다.

나의 어휘력 점수는? ______ 점 / 총 14점

• 틀린 어휘의 뜻과 예문을 다시 꼼꼼히 살펴보자.

공부한 날 ( )월 ( )일

관용 표현 - 주제별 속담

★ 신중함

돌다리도 두들겨 보고 건너라	잘 아는 일이라도 세심하게 주의를 하라는 말. 예 매일 하던 일인데 실수를 하다니, 그러게 내가 돌다리도 ＿＿＿＿＿＿고 했잖아.
아는 길도 물어 가랬다	잘 아는 일이라도 세심하게 주의를 하라는 말. 예 ＿＿＿＿＿＿ 가랬다고, 매일 반복하는 훈련이라도 항상 다치지 않게 조심해야 해.

★ 버릇

바늘 도둑이 소도둑 된다	바늘을 훔치던 사람이 계속 반복하다 보면 결국은 소까지도 훔친다는 뜻으로, 작은 나쁜 짓도 자꾸 하게 되면 큰 죄를 저지르게 됨을 이르는 말. 예 바늘 도둑이 ＿＿＿＿＿＿고, 거짓말하는 버릇을 처음에 못 고치면 나중에는 더 못된 짓을 할 게 분명하다.
세 살 적 버릇이 여든까지 간다	어릴 때 몸에 밴 버릇은 늙어 죽을 때까지 고치기 힘들다는 뜻으로, 어릴 때부터 나쁜 버릇이 들지 않도록 잘 가르쳐야 함을 이르는 말. 예 세 살 적 버릇이 ＿＿＿＿＿＿더니, 너는 나이가 들어서도 어릴 때처럼 눈썹을 만지며 웃는구나.

★ 숫자, 단위

내 코가 석 자	내 사정이 급하고 어려워서 남을 돌볼 여유가 없음을 이르는 말. 예 지금 ＿＿＿＿＿＿라서 다른 모둠원이 맡은 부분까지 검토할 시간이 없어.
되로 주고 말로 받는다	조금 주고 그 대가로 몇 곱절이나 많이 받는 경우를 이르는 말. 예 이사 떡을 돌리며 인사를 드렸더니 다음 날 과일 상자를 가지고 찾아온 이웃을 보며, 어머니는 되로 주고 ＿＿＿＿＿＿고 기뻐하셨다.
열 길 물속은 알아도 한 길 사람의 속은 모른다	사람의 속마음을 알기란 매우 힘듦을 이르는 말. 예 열 길 물속은 알아도 ＿＿＿＿＿＿더니, 주원이가 은비를 좋아하고 있을 줄 누가 알았겠어?
한술 밥에 배부르랴	어떤 일이든지 단번에 만족할 수는 없다는 말. 예 소희는 오디션에 떨어져 실망한 친구에게, ＿＿＿＿＿＿에 배부르겠느냐며 다시 도전해 보라고 했다.

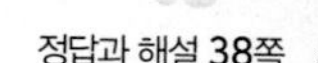

01 ~ 04 다음 뜻풀이에 해당하는 속담을 <보기>에서 찾아 기호를 쓰시오.

보기
- ㉠ 아는 길도 물어 가랬다
- ㉡ 바늘 도둑이 소도둑 된다
- ㉢ 세 살 적 버릇이 여든까지 간다
- ㉣ 열 길 물속은 알아도 한 길 사람의 속은 모른다

01 잘 아는 일이라도 세심하게 주의를 하라는 말. (　　　)

02 사람의 속마음을 알기란 매우 힘듦을 이르는 말. (　　　)

03 작은 나쁜 짓도 자꾸 하게 되면 큰 죄를 저지르게 됨을 이르는 말. (　　　)

04 어릴 때부터 나쁜 버릇이 들지 않도록 잘 가르쳐야 함을 이르는 말. (　　　)

05 ~ 08 제시된 초성을 참고하여 뜻풀이에 해당하는 속담을 완성하시오.

05 [ㅎ][ㅅ] [ㅂ]에 배부르랴
→ 어떤 일이든지 단번에 만족할 수는 없다는 말.

06 [ㄷ][ㄷ][ㄹ]도 두들겨 보고 건너라
→ 잘 아는 일이라도 세심하게 주의를 하라는 말.

07 [ㄷ]로 주고 [ㅁ]로 받는다
→ 조금 주고 그 대가로 몇 곱절이나 많이 받는 경우를 이르는 말.

08 내 [ㅋ]가 [ㅅ] [ㅈ]
→ 내 사정이 급하고 어려워서 남을 돌볼 여유가 없음을 이르는 말.

09 ~ 11 밑줄 친 속담의 쓰임이 적절하면 ○에, 그렇지 않으면 ×에 표시하시오.

09 아내: 큰애가 자꾸 손톱을 물어뜯어서 걱정돼요.
남편: 어릴 때부터 그러더니 역시 <u>열 길 물속은 알아도 한 길 사람의 속은 모르는 건가 봐요.</u> (○, ×)

10 교수: 실험 준비는 잘되어 있겠지?
학생: 물론이죠. 실험 한두 번 하나요.
교수: <u>돌다리도 두들겨 보고 건너라고</u> 했네. 늘 하는 일이라도 항상 주의를 기울여야 해. (○, ×)

11 민호: 금요일까지 보고서를 제출해야 하는데 할 일이 너무 많아. 좀 도와줄래?
수지: 그러면 좋겠지만 <u>한술 밥에 배부르겠니</u>. 나도 금요일에 시험이라 시간이 없어. (○, ×)

12 ~ 14 빈칸에 들어갈 적절한 속담을 <보기>에서 찾아 기호를 쓰시오.

보기
- ㉠ 되로 주고 말로 받는다
- ㉡ 아는 길도 물어 가랬다
- ㉢ 바늘 도둑이 소도둑 된다

12 아무리 작은 잘못이라고 해도, (　　　)고 했으니 잘못을 깨우쳐 주고 고치게 해야 한다.

13 이 방향으로 가는 게 맞는 것 같은데, (　　　)고 그래도 혹시 모르니 저분에게 길을 물어보자.

14 장난으로 친구의 수첩에 조그맣게 낙서를 했는데, (　　　)고 다음 날 보니 친구가 내 책에다 엄청 큰 낙서를 해 놨더라고.

나의 어휘력 점수는? ________ 점 / 총 14점
• 틀린 어휘의 뜻과 예문을 다시 꼼꼼히 살펴보자.

공부한 날 ( )월 ( )일

다의어 · 동음이의어

마르다	① 물기가 다 날아가서 없어지다. 예 비에 젖은 옷이 조금씩 ______고 있다. ② 살이 빠져 야위다. 예 그는 볼 때마다 몸이 점점 ______는 것 같다.
말다[1]	넓적한 물건을 돌돌 감아 원통형으로 겹치게 하다. 예 담요를 ______아 구석에 밀어 놓았다.
말다[2]	밥이나 국수 따위를 물이나 국물에 넣어서 풀다. 예 된장국에 밥을 ______아 먹었다.
말다[3]	어떤 일이나 행동을 하지 않거나 그만두다. 예 혜리는 잠을 자다 ______고 갑자기 벌떡 일어나 부엌으로 갔다.
먹다	① 음식 따위를 입을 통하여 배 속에 들여보내다. 예 정현이는 아침을 거르지 않고 꼭 ______는다. ② 일정한 나이에 이르거나 나이를 더하다. 예 더 나이를 ______기 전에 세계 여행을 하고 싶다.

필수 개념 - 문법

체언 몸 體 | 말씀 言	문장에서 주로 동작이나 상태의 주체(누가/무엇이), 동작의 대상(누구를/무엇을)을 나타내는 단어. 명사, 대명사, 수사를 통틀어 이르는 말이다.
명사 이름 名 | 말씀 詞	사람이나 사물, 추상적인 대상의 이름을 나타내는 단어. 예 • 고양이, 공책, 꽃, 바다 ➡ 구체적인 대상의 이름을 나타냄. • 마음, 약속, 자유, 행복 ➡ 추상적인 대상의 이름을 나타냄.
대명사 대신할 代 | 이름 名 | 말씀 詞	사람이나 사물, 장소의 이름을 대신하여 나타내는 단어. 예 • 나, 너, 우리, 그녀, 그분, 누구 ➡ 사람의 이름을 대신하여 가리킴. • 이것, 저것, 여기, 거기, 어디 ➡ 사물이나 장소의 이름을 대신하여 가리킴.
수사 셀 數 | 말씀 詞	수량이나 순서를 나타내는 단어. 예 • 하나, 둘, 셋, 일, 이, 삼 ➡ 수량을 셀 때 씀. • 첫째, 둘째, 셋째, 제일, 제이 ➡ 순서를 나타낼 때 씀.

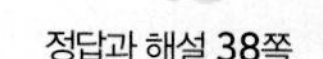

01 ~ 03 밑줄 친 단어의 뜻풀이로 알맞은 것을 고르시오.

01 햇빛이 좋아 빨래가 보송보송 잘 마른다.
㉠ 살이 빠져 야위다.
㉡ 물기가 다 날아가서 없어지다.

02 감기 기운이 있어서 약을 먹고 바로 잤다.
㉠ 일정한 나이에 이르거나 나이를 더하다.
㉡ 음식 따위를 입을 통하여 배 속에 들여보내다.

03 멸치 국물에 국수를 말아 후루룩 먹었다.
㉠ 밥이나 국수 따위를 물이나 국물에 넣어서 풀다.
㉡ 넓적한 물건을 돌돌 감아 원통형으로 겹치게 하다.

04 ~ 08 밑줄 친 단어의 뜻을 <보기>에서 찾아 기호를 쓰시오.

보기
㉠ 살이 빠져 야위다.
㉡ 일정한 나이에 이르거나 나이를 더하다.
㉢ 어떤 일이나 행동을 하지 않거나 그만두다.
㉣ 밥이나 국수 따위를 물이나 국물에 넣어서 풀다.
㉤ 넓적한 물건을 돌돌 감아 원통형으로 겹치게 하다.

04 솔이는 밥을 잘 안 먹어서 자꾸 마른다. (　　　)

05 내 걱정은 말고 네 건강에 더욱 신경 쓰렴. (　　　)

06 깨작깨작 먹지 말고 국에 밥 말아서 푹푹 먹어라. (　　　)

07 겨우내 거실에 깔았던 카펫을 둘둘 말아 창고에 두었다. (　　　)

08 이 나이 먹으면 어릴 적 친구들이 자꾸 생각나고 그리운 법이지. (　　　)

09 ~ 11 다음 설명이 알맞으면 ○에, 틀리면 ×에 표시하시오.

09 체언은 문장에서 주로 동작이나 상태의 주체, 동작의 대상을 나타내는 단어이다. (○ , ×)

10 명사는 사람이나 사물, 장소의 이름을 대신하여 나타내는 단어이다. (○ , ×)

11 수량이나 순서를 나타내는 단어는 수사이다. (○ , ×)

12 ~ 14 다음 중 품사의 종류가 나머지와 다른 하나를 고르시오.

12 ① 꿈 ② 친구 ③ 어디 ④ 사랑 ⑤ 지리산

13 ① 우리 ② 너희 ③ 그것 ④ 저기 ⑤ 아이

14 ① 귤 ② 노래 ③ 숫자 ④ 다섯 ⑤ 유관순

15 다음 문장에서 명사, 대명사, 수사를 찾아 쓰시오.

나의 소원은 첫째도 통일이요, 둘째도 통일이요, 셋째도 통일이다.

명사	대명사	수사

나의 어휘력 점수는? ______________점 / 총 15점
• 틀린 어휘의 뜻과 예문을 다시 꼼꼼히 살펴보자.

17회 1

공부한 날 ( )월 ( )일

필수 어휘

유대
맺 紐 | 띠 帶

끈과 띠라는 뜻으로, 둘 이상을 서로 연결하거나 결합하게 하는 것. 또는 그런 관계.

예 그 두 사람은 친형제 이상으로 ______가 깊다.

윽박지르다

심하게 짓눌러 기를 꺾다.

예 아직 일이 서툴러 실수를 한 것이니, 그 사람을 너무 ______는 마세요.

을씨년스럽다

보기에 날씨나 분위기 따위가 몹시 스산하고 쓸쓸한 데가 있다.

예 낙엽이 떨어져 앙상한 가지만 남은 나무들이 ______기만 하다.

유의어 음산(陰散)하다 ① 날씨가 흐리고 으스스하다. ② 분위기 따위가 을씨년스럽고 썰렁하다.

음미
읊을 吟 | 맛 味

어떤 사물 또는 개념의 속 내용을 새겨서 느끼거나 생각함.

예 나는 음식을 가만히 씹으며 그 맛을 ______했다.

의기양양하다
뜻 意 | 기운 氣 | 오를 揚 | 오를 揚

뜻한 바를 이루어 만족한 마음이 얼굴에 나타난 상태이다.

예 정글에 다녀온 병만이는 ______한 목소리로 모험담을 우리에게 들려주었다.

반의어 의기소침(意氣銷沈)하다 기운이 없어지고 풀이 죽은 상태이다.

의미심장하다
뜻 意 | 맛 味 | 깊을 深 | 길 長

뜻이 매우 깊다.

예 그는 뭔가 할 말이 있는 것처럼 나를 ______하게 바라보았다.

의향
뜻 意 | 향할 向

마음이 향하는 바. 또는 무엇을 하려는 생각.

예 민아는 이번 학생회장 선거에 나갈 ______이 있음을 드러냈다.

유의어 의사(意思) 무엇을 하고자 하는 생각.

이변
다를 異 | 변할 變

예상하지 못한 사태나 괴이한 변고.

예 기상 ______으로 사막에 큰비가 내렸다고 한다.

어휘 쏙 변고(變故) 갑작스러운 재앙이나 사고.

이타적
이로울 利 | 다를 他 | 과녁 的

자기의 이익보다는 다른 이의 이익을 더 꾀하는. 또는 그런 것.

예 어려움에 처한 사람에게 손을 내밀 줄 아는 ______인 삶의 태도가 필요하다.

반의어 이기적(利己的) 자기 자신의 이익만을 꾀하는. 또는 그런 것.

정답과 해설 38쪽

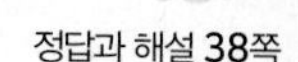

01 ~ 04 다음 단어와 그 뜻풀이를 바르게 연결하시오.

01 음미 • • ㉠ 뜻이 매우 깊다.

02 이타적 • • ㉡ 자기의 이익보다는 다른 이의 이익을 더 꾀하는 것.

03 의기양양하다 • • ㉢ 뜻한 바를 이루어 만족한 마음이 얼굴에 나타난 상태이다.

04 의미심장하다 • • ㉣ 어떤 사물 또는 개념의 속 내용을 새겨서 느끼거나 생각함.

05 ~ 06 다음 단어의 뜻풀이에서 알맞은 단어를 고르시오.

05 을박지르다 : 심하게 (북돋워 | 짓눌러) 기를 꺾다.

06 을씨년스럽다 : 보기에 날씨나 분위기 따위가 몹시 스산하고 (따분한 | 쓸쓸한) 데가 있다.

07 ~ 09 <보기>의 글자들을 조합하여 다음 뜻풀이에 알맞은 단어를 쓰시오.

보기

의 대 향 유 변 이

07 예상하지 못한 사태나 괴이한 변고. ( )

08 마음이 향하는 바. 또는 무엇을 하려는 생각. ( )

09 끈과 띠라는 뜻으로, 둘 이상을 서로 연결하거나 결합하게 하는 것. 또는 그런 관계. ( )

10 ~ 13 빈칸에 들어갈 알맞은 단어를 <보기>에서 찾아 쓰시오.

보기

유대 음미 의사 이변 의기양양

10 청중들은 모두 눈을 감고 피아니스트의 연주를 ( )하였다.

11 이번 대회에서는 처음 출전한 선수가 우승을 차지하는 ( )이/가 일어났다.

12 100미터 달리기에서 큰 차이로 1등을 한 서준이는 ( )한 얼굴로 시상대에 올라섰다.

13 형제는 그들에게 닥친 어려운 일을 힘을 모아 함께 해결하면서 ( )이/가 더욱 돈독해졌다.

14 밑줄 친 단어의 쓰임이 적절하지 않은 것은?

① 그들은 말 한마디 없이 의미심장한 눈짓만 나누고 방을 나갔다.
② 아이의 잘못을 을박지르기만 하면 제대로 된 교육이 될 수 없다.
③ 비바람이 몰아치고 어둠이 깔린 골목에 사람마저 다니지 않아 분위기가 을씨년스럽다.
④ 두 사람은 모두 고향 집을 떠나 기숙사 생활을 하는 처지라 친자매처럼 서로 의향이 깊어졌다.
⑤ 일개미들은 스스로 번식을 포기하고 평생 여왕개미의 번식을 돕는 이타적인 행동을 하는 곤충으로 알려져 있다.

나의 어휘력 점수는?

________점 / 총 14점

• 틀린 어휘의 뜻과 예문을 다시 꼼꼼히 살펴보자.

공부한 날 ( )월 ( )일

관용 표현 - 주제별 한자 성어

★ 정도가 점점 심해짐

금상첨화
비단 錦 | 위 上 | 더할 添 | 꽃 花

비단 위에 꽃을 더한다는 뜻으로, 좋은 일 위에 또 좋은 일이 더하여짐을 이르는 말.

예 이 스웨터는 값도 싸고 따뜻하기까지 해서 ______야.

설상가상
눈 雪 | 위 上 | 더할 加 | 서리 霜

눈 위에 서리가 덮인다는 뜻으로, 난처한 일이나 불행한 일이 잇따라 일어남을 이르는 말.

예 시간도 없는데 ______으로 길까지 막혔다.

점입가경
차차 漸 | 들 入 | 아름다울 佳 | 지경 境

들어갈수록 점점 재미가 있음. 또는 시간이 지날수록 하는 짓이나 몰골이 더욱 꼴불견임을 이르는 말.

예 설악산은 안으로 깊이 들어갈수록 그 멋이 ______이다.

어휘 쏙 꼴불견 하는 짓이나 겉모습이 차마 볼 수 없을 정도로 우습고 거슬림.

★ 큰 차이가 나지 않음

대동소이
큰 大 | 같을 同 | 작을 小 | 다를 異

큰 차이 없이 거의 같음.

예 오늘 발표한 내용은 지난번에 발표한 것과 ______하다.

오십보백보
다섯 五 | 열 十 | 걸음 步 | 일백 百 | 걸음 步

조금 낫고 못한 정도의 차이는 있으나 본질적으로는 차이가 없음을 이르는 말.

예 1분 지각을 한 진영이나 3분 지각을 한 호석이나 어차피 ______이다.

★ 오만하고 무례함

안하무인
눈 眼 | 아래 下 | 없을 無 | 사람 人

눈 아래에 사람이 없다는 뜻으로, 방자하고 교만하여 다른 사람을 업신여김을 이르는 말.

예 그는 높은 지위에 오르더니 사람들을 함부로 대하며 ______으로 굴었다.

오만불손
거만할 傲 | 게으를 慢 | 아닐 不 | 겸손할 遜

태도나 행동이 거만하고 공손하지 못함.

예 그는 선배에게 거친 말을 내뱉으며 ______하게 대들었다.

후안무치
두터울 厚 | 얼굴 顔 | 없을 無 | 부끄러워할 恥

뻔뻔스러워 부끄러움이 없음.

예 나는 거짓말을 들키고도 당당하게 행동하는 그의 ______에 기가 막혔다.

정답과 해설 38쪽

01 ~ 04 다음 뜻풀이에 해당하는 한자 성어를 <보기>에서 찾아 쓰시오.

보기
설상가상 안하무인 오만불손 오십보백보

01 태도나 행동이 거만하고 공손하지 못함. (　　　　)

02 조금 낫고 못한 정도의 차이는 있으나 본질적으로는 차이가 없음을 이르는 말. (　　　　)

03 눈 위에 서리가 덮인다는 뜻으로, 난처한 일이나 불행한 일이 잇따라 일어남을 이르는 말. (　　　　)

04 눈 아래에 사람이 없다는 뜻으로, 방자하고 교만하여 다른 사람을 업신여김을 이르는 말. (　　　　)

05 ~ 08 제시된 초성을 참고하여 다음 뜻풀이에 알맞은 한자 성어를 쓰시오.

05 큰 차이 없이 거의 같음.

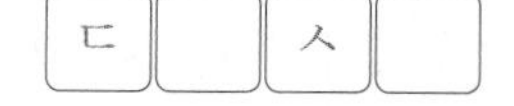

06 뻔뻔스러워 부끄러움이 없음.

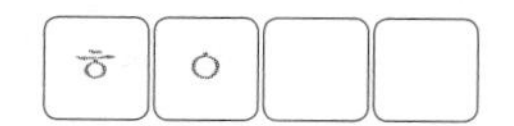

07 비단 위에 꽃을 더한다는 뜻으로, 좋은 일 위에 또 좋은 일이 더하여짐을 이르는 말.

08 들어갈수록 점점 재미가 있음. 또는 시간이 지날수록 하는 짓이나 몰골이 더욱 꼴불견임을 이르는 말.

[ ] [ ] [ㄱ] [ㄱ]

09 ~ 11 다음 대화 내용과 의미가 통하는 한자 성어를 <보기>에서 찾아 쓰시오.

보기
대동소이 설상가상 점입가경

09 김 씨: A사와 B사의 경쟁이 점점 심해지던데?
박 씨: 처음엔 가격 할인과 사은품 증정으로 경쟁하더니, 이젠 서로 비방까지 하는 모습이 보기 안 좋더군. (　　　　)

10 동생: 형, 요즘 가게에 손님이 줄어서 걱정이라며.
형: 그뿐인 줄 아니? 얼마 전에는 아이가 다쳐서 병원에 다녀왔단다. 안 좋은 일만 계속 생기니 걱정이다. (　　　　)

11 미라: 노트북을 새로 사야 해서 두 개를 골라 봤어. 이 중에 어떤 것이 좋을까?
종신: 둘 다 저장 공간이나 처리 속도가 비슷하고 가격 차이도 없네. 무게도 같고 디자인도 비슷한 것 같아. (　　　　)

12 밑줄 친 한자 성어의 쓰임이 적절하지 않은 것은?

① 전체 35명인 반에서 33등을 하나 34등을 하나 오십보백보이다.
② 세계 선수권 대회에서 우승한 그는 고향인 대전으로 후안무치하였다.
③ 돈 좀 벌었다고 그렇게 안하무인으로 행동하면 주변 사람들이 다 너를 떠나갈지도 몰라.
④ 이 식물은 꽃이 예쁘고 향이 좋을 뿐만 아니라 벌레를 쫓아 집에서 기르기에 금상첨화이다.
⑤ 그는 자신의 인기만 믿고 촬영장에서 오만불손한 태도를 보여 모두의 마음을 불편하게 했다.

나의 어휘력 점수는? ________ 점 / 총 12점

• 틀린 어휘의 뜻과 예문을 다시 꼼꼼히 살펴보자.

공부한 날 ( )월 ( )일

헷갈리기 쉬운 말

새다	① 기체, 액체 따위가 틈이나 구멍으로 조금씩 빠져 나가거나 나오다. 예 물이 ____지 않도록 수도꼭지를 꼭 잠가라. ② 비밀, 정보 따위가 보안이 유지되지 못하거나 몰래 밖으로 알려지다. 예 아무래도 밖으로 정보가 ____는 것 같다.
세다[1]	머리카락이나 수염 따위의 털이 희어지다. 예 그는 몇 년 사이 머리가 허옇게 ____어 버렸다.
세다[2]	사물의 수효를 헤아리거나 꼽다. 예 참석자의 수를 ____어 보았다.
쇠다	명절, 생일, 기념일 같은 날을 맞이하여 지내다. 예 추석을 ____러 할머니 댁에 갔다.
잃어버리다	가졌던 물건이 자신도 모르게 없어져 그것을 아주 갖지 아니하게 되다. 예 다영이는 눈싸움을 하다가 장갑 한 짝을 ____고 말았다.
잊어버리다	한번 알았던 것을 모두 기억하지 못하거나 전혀 기억하여 내지 못하다. 예 대부분의 사람은 아침에 깨면 지난밤 꿈을 ____게 된다.

필수 개념 - 문법

용언 쓸 用 | 말씀 言	문장에서 주로 '(누가/무엇이) 어찌하다', '(누가/무엇이) 어떠하다'와 같이 서술하는 기능을 하는 단어. 동사와 형용사를 통틀어 이르는 말이다. ■ 용언의 활용 • 용언은 문장에서 쓰일 때 형태가 다양하게 변하는데, 이를 활용(活用)이라고 한다. • 용언은 '어간+어미'로 이루어지는데, 어간은 활용할 때 변하지 않고 어미만 달라진다. 가령 '가다'는 '가서, 가고, 가면' 등으로 활용하는데, 이때 '가-'는 어간이고 '-서, -고, -면'은 어미이다.
동사 움직일 動 | 말씀 詞	사람이나 사물의 움직임을 나타내는 단어. 예 보다, 먹다, 가다, 잡다, 달리다
형용사 형상 形 | 얼굴 容 | 말씀 詞	사람이나 사물의 상태나 성질을 나타내는 단어. 예 예쁘다, 넓다, 깨끗하다, 즐겁다, 푸르다

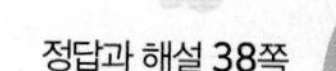

01 ~ 04 다음 단어와 그 뜻풀이를 바르게 연결하시오.

01 새다 • • ㉠ 사물의 수효를 헤아리거나 꼽다.

02 세다 • • ㉡ 기체, 액체 따위가 틈이나 구멍으로 조금씩 빠져 나가거나 나오다.

03 잃어버리다 • • ㉢ 가졌던 물건이 자신도 모르게 없어져 그것을 아주 갖지 아니하게 되다.

04 잊어버리다 • • ㉣ 한번 알았던 것을 모두 기억하지 못하거나 전혀 기억하여 내지 못하다.

05 ~ 07 다음 문장에서 적절한 단어를 고르시오.

05 심심해서 고모의 흰머리를 (세어 | 쇠어) 보았다.

06 군사 기밀이 밖으로 (새어 | 세어) 나가서는 곤란하다.

07 졸업한 지 오래되어서 중고등학교 때 배운 것들을 거의 다 (잃어버렸다 | 잊어버렸다).

08 밑줄 친 단어의 쓰임이 적절하지 않은 것은?

① 너무 긴장해서 공부한 내용을 전부 잊어버렸다.
② 마침 휴일이라 고향에 가서 생일을 잘 쇠고 왔다.
③ 나는 그에게 돈을 받자마자 꼼꼼하게 새어 보았다.
④ 그는 이제 수염까지 하얗게 센 노인이 되어 있었다.
⑤ 지갑을 어디서 잃어버린 건지 아무리 생각해도 모르겠다.

09 ~ 11 다음 설명이 알맞으면 ○에, 틀리면 ×에 표시하시오.

09 문장에서 주로 '어찌하다', '어떠하다'와 같이 서술하는 기능을 하는 단어를 용언이라고 한다. (○ , ×)

10 용언은 어간과 어미로 이루어지는데, 활용할 때 어간은 변하고 어미는 변하지 않는다. (○ , ×)

11 형용사는 사람이나 사물의 움직임을 나타내는 단어이다. (○ , ×)

12 다음 문장에서 용언이 아닌 것은?

> 날씨가 더워서 선풍기를 틀고 시원한 음료수를 마셨다.

① 더워서 ② 선풍기 ③ 틀고
④ 시원한 ⑤ 마셨다

13 <보기>의 ㉠~㉦ 중 밑줄 친 단어의 품사가 같은 것끼리 묶으시오.

보기

㉠ 바람이 차가웠다.
㉡ 물이 몹시 맑았다.
㉢ 주변이 정말 고요하다.
㉣ 경수는 운동장을 열심히 뛴다.
㉤ 화단에 국화꽃이 노랗게 피었다.
㉥ 방학 동안에 나는 키가 많이 컸다.
㉦ 날이 흐리더니 하늘에서 비가 내린다.

__________, __________

나의 어휘력 점수는? ________ 점 / 총 **13**점

• 틀린 어휘의 뜻과 예문을 다시 꼼꼼히 살펴보자.

18회 1

공부한 날 ( )월 ( )일

필수 어휘

익살

남을 웃기려고 일부러 하는 말이나 몸짓.

예 그가 ______ 을 떨자 모두 큰 웃음을 터뜨렸다.

유의어 우스개 남을 웃기려고 익살을 부리면서 하는 말이나 짓.

인기척
사람 人 | 기척

사람이 있음을 알 수 있게 하는 소리나 기색.

예 그는 으흠! 기침을 하여 ______ 을 냈다.

인식
알 認 | 알 識

사물을 분별하고 판단하여 앎.

예 요즘은 휴대 전화가 필수품으로 ______ 되고 있다.

인신공격
사람 人 | 몸 身 | 칠 攻 | 부딪칠 擊

남의 신상에 관한 일을 들어 비난함.

예 개인의 사생활을 캐내 ______ 을 하는 것은 옳지 않다.

어휘 쏙 신상(身上) 한 사람의 몸이나 처신, 또는 그의 주변에 관한 일이나 형편.

일관하다
하나 一 | 꿸 貫

하나의 방법이나 태도로써 처음부터 끝까지 한결같이 하다.

예 그는 언제나 친절한 태도로 ______ 했다.

어휘 쏙 한결같이 처음부터 끝까지 변함없이 꼭 같이.

일다

① 없던 현상이 생기다.

예 바람이 불자 호수에 잔물결이 ______ 었다.

② 겉으로 부풀거나 위로 솟아오르다.

예 이 옷은 터실터실하게 보풀이 ______ 어나 못 입겠다.

일반화
하나 一 | 옮길 般 | 될 化

개별적인 것이나 특수한 것이 일반적인 것으로 됨.

예 예전에는 몇몇 사람만 하던 해외여행이 지금은 ______ 되었다.

유의어 보편화(普遍化) 널리 일반인에게 퍼짐.

반의어 특수화(特殊化) 일반적이고 보편적인 것과 다르게 됨.

일화
잃을 逸 | 말할 話

세상에 널리 알려지지 아니한 흥미 있는 이야기.

예 그 선수는 인터뷰에서 전지훈련 중에 있었던 몇 가지 ______ 를 털어놓았다.

잉여
남을 剩 | 남을 餘

쓰고 난 후 남은 것.

예 ______ 생산물은 창고에 보관해 두었다.

정답과 해설 39쪽
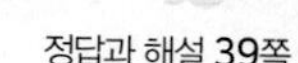

01 ~ 05 다음 뜻풀이에 해당하는 단어를 말상자에서 찾아 표시하시오.

인	사	인	신	공	격
기	탄	없	다	공	청
척	하	다	시	장	일
도	착	각	일	소	반
일	관	하	다	재	화

01 없던 현상이 생기다.

02 남의 신상에 관한 일을 들어 비난함.

03 사람이 있음을 알 수 있게 하는 소리나 기색.

04 개별적인 것이나 특수한 것이 일반적인 것으로 됨.

05 하나의 방법이나 태도로써 처음부터 끝까지 한결같이 하다.

06 ~ 09 <보기>의 글자들을 조합하여 다음 뜻풀이에 알맞은 단어를 쓰시오.

보기
잉 살 식 화 익 인 여 일

06 쓰고 난 후 남은 것. (　　　　)

07 사물을 분별하고 판단하여 앎. (　　　　)

08 남을 웃기려고 일부러 하는 말이나 몸짓. (　　　　)

09 세상에 널리 알려지지 아니한 흥미 있는 이야기. (　　　　)

10 ~ 13 빈칸에 들어갈 알맞은 단어를 <보기>에서 찾아 쓰시오.

보기
익살 인식 잉여 보편화 인기척

10 초인종을 누르자 잠시 후 안에서 (　　　　)이/가 들렸다.

11 농업의 발달로 과거에 비해 (　　　　) 농산물이 많이 발생하게 되었다.

12 그는 어두운 분위기를 바꿔 보고자 (　　　　)을/를 부리며 사람들을 웃겼다.

13 환경을 위해, 아이들에게 쓰레기 분리수거가 중요하다는 (　　　　)을/를 심어 주어야 한다.

14 밑줄 친 단어의 쓰임이 적절하지 않은 것은?

① 그는 주말 동안 호미 하나로 뒷마당에 작은 텃밭을 일었다.
② 이 사건과 관련된 사람들은 하나같이 침묵으로 일관하고 있다.
③ 그 배우는 영화 촬영 중에 있었던 숨은 일화를 방송에서 이야기하였다.
④ 우리나라는 아파트 현관문에 디지털 도어 락 장치를 설치하는 것이 일반화되었다.
⑤ 정책 개발에 신경 쓰기보다 상대 후보를 인신공격하기에 바쁜 정치인에게는 투표하고 싶지 않다.

나의 어휘력 점수는?
______ 점 / 총 **14**점
• 틀린 어휘의 뜻과 예문을 다시 꼼꼼히 살펴보자.

공부한 날 ( )월 ( )일

관용 표현 - 주제별 관용어

★ 그 밖의 신체

목덜미를 잡히다	① 어떤 약점이나 중요한 곳을 잡히다. 예 호진이는 ______었는지 짝꿍인 유나에게 꼼짝 못 한다. ② 피할 수 없이 죄가 드러나게 되다. 예 그들의 불법 행위가 경찰에게 ______고 말았다.
손발이 맞다	함께 일을 하는 데에 마음이나 의견, 행동 방식 따위가 서로 맞다. 예 감독은 ______는 선수들로 팀을 꾸렸다.
팔을 걷어붙이다	어떤 일에 뛰어들어 적극적으로 일할 태세를 갖추다. 예 그는 후배들이 부탁하면 무슨 일이든 ______고 도와준다. 어휘 쏙 태세(態勢) 어떤 일이나 상황을 앞둔 태도나 자세.

★ 숨

숨을 돌리다	잠시 여유를 얻어 휴식을 취하다. 예 주문이 밀려 바쁘게 일하다가 점심시간이 지나서야 ______게 되었다.
숨이 턱에 닿다	몹시 숨이 차다. 예 지각을 피하기 위해 있는 힘껏 뛰느라 ______았다.

★ 말

말을 맞추다	제삼자에게 같은 말을 하기 위하여 다른 사람과 말의 내용이 다르지 않게 하다. 예 그들은 이미 ______었는지 질문마다 똑같이 답했다.
말꼬리를 잡다	남의 말 가운데서 잘못 표현된 부분의 약점을 잡다. 예 그들은 처음 다투게 된 원인은 잊고 어느새 서로 ______고 늘어지기 바빴다.
말만 앞세우다	말만 앞질러 하고 실천은 하지 않다. 예 ______지 말고 행동으로 좀 보여 줘 봐.
말을 잃다	놀라거나 어이가 없어 말이 나오지 않다. 예 우승 후보로 꼽혔던 그 팀이 예선에서 탈락했다는 소식을 듣고 ______었다.

01 ~ 05 다음 뜻풀이에 해당하는 관용어를 <보기>에서 찾아 기호를 쓰시오.

보기
㉠ 말을 잃다
㉡ 말을 맞추다
㉢ 말꼬리를 잡다
㉣ 숨이 턱에 닿다
㉤ 팔을 걷어붙이다

01 몹시 숨이 차다. ( )

02 놀라거나 어이가 없어 말이 나오지 않다. ( )

03 남의 말 가운데서 잘못 표현된 부분의 약점을 잡다. ( )

04 어떤 일에 뛰어들어 적극적으로 일할 태세를 갖추다. ( )

05 제삼자에게 같은 말을 하기 위하여 다른 사람과 말의 내용이 다르지 않게 하다. ( )

06 ~ 09 제시된 초성을 활용하여 관용어의 뜻풀이를 완성하시오.

06 숨을 돌리다
→ 잠시 여유를 얻어 [ㅎ][ㅅ]을 취하다.

07 목덜미를 잡히다
→ 어떤 [ㅇ][ㅈ]이나 중요한 곳을 잡히다.

08 말만 앞세우다
→ [ㅁ]만 앞질러 하고 [ㅅ][ㅊ]은 하지 않다.

09 손발이 맞다
→ 함께 일을 하는 데에 [ㅁ][ㅇ]이나 의견, 행동 방식 따위가 서로 맞다.

10 ~ 13 다음 빈칸에 들어갈 관용어를 <보기>에서 찾아 문맥에 맞게 쓰시오.

보기
㉠ 손발이 맞다
㉡ 말만 앞세우다
㉢ 숨이 턱에 닿다
㉣ 팔을 걷어붙이다

10 이삿짐을 나르는 세 분의 ______ 이사를 빨리 할 수 있었다.

11 막차를 놓치지 않기 위해 나는 ______ 정류장을 향해 뛰었다.

12 형은 나에게 생일 선물을 사 주겠다고 했지만, 이번에도 역시 ______ 사 주지는 않았다.

13 적극적이고 오지랖 넓은 그는 자신과 관련 없는 일이라도 항상 ______ 나서서 돕는다.

14 밑줄 친 관용어의 쓰임이 적절하지 <u>않은</u> 것은?

① 자격증 시험을 준비하느라 일주일 내내 <u>숨을 돌릴</u> 정도로 바빴다.
② 부모님께 꾸중을 듣지 않으려면 우리 둘이 미리 <u>말을 맞추어야</u> 해.
③ 그는 나에게 <u>목덜미를 잡혔기</u> 때문에 내 부탁이라면 무조건 들어준다.
④ 언니가 자꾸 <u>말꼬리를 잡고</u> 늘어져서 더 이상 대화를 하고 싶지 않았다.
⑤ 내 앞에서 얼굴 표정 하나 바뀌지 않고 거짓말을 하는 그를 보고 나는 할 <u>말을 잃었다</u>.

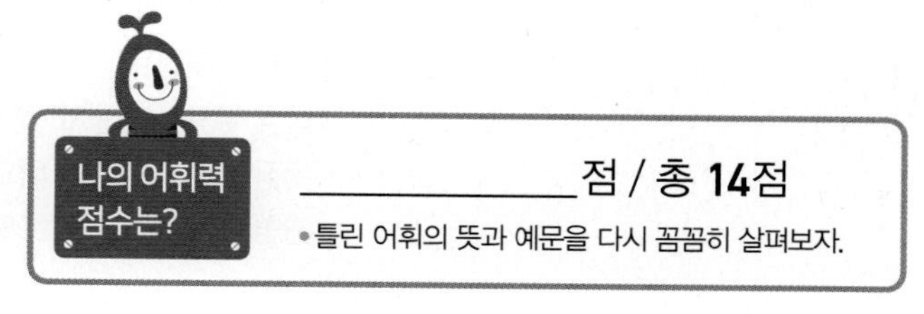

공부한 날 ( )월 ( )일

다의어 · 동음이의어

발[1]

① 사람이나 동물의 다리 맨 끝부분.
예 새로 산 운동화가 ______에 꼭 맞는다.

② '걸음'을 비유적으로 이르는 말.
예 그들은 북소리에 ______을 맞추어 행진했다.

③ 걸음을 세는 단위.
예 저는 한 ______도 뒤로 물러서지 않겠습니다.

발[2]

가늘고 긴 대를 줄로 엮거나, 줄 따위를 여러 개 나란히 늘어뜨려 만든 물건. 주로 무엇을 가리는 데 쓴다.
예 여름에는 문에 ______을 늘어뜨리고 지낸다.

벌어지다[1]

① 갈라져서 사이가 뜨다.
예 나는 ______려는 입술에 힘을 주고 웃지 않으려고 애썼다.

② 차이가 커지다.
예 1등과 2등의 실력 차이가 갈수록 ______고 있다.

③ 사람의 사이에 틈이 생기다.
예 그 두 사람은 오해 때문에 사이가 ______고 말았다.

벌어지다[2]

어떤 일이 일어나거나 진행되다.
예 어느 한 집에 잔치가 ______면 온 동네가 들썩들썩했다.

필수 개념 - 문법

수식언
닦을 修 | 꾸밀 飾 | 말씀 言

문장에서 다른 단어를 꾸며 주는 기능을 하는 단어. 관형사와 부사를 통틀어 이르는 말이다.

관형사
갓 冠 | 형상 形 | 말씀 詞

체언 앞에 놓여서, 체언을 꾸며 주는 단어.
예 저 사람은 새 옷을 입었다. ➡ 관형사 '저'와 '새'가 각각 명사 '사람'과 '옷'을 꾸며 줌.

부사
버금 副 | 말씀 詞

주로 용언 앞에 놓여서, 용언을 꾸며 주는 단어.
예 방이 아주 깨끗하다. ➡ 부사 '아주'가 형용사 '깨끗하다'를 꾸며 줌.

◪ 부사의 특징
- 다른 부사나 관형사, 체언, 문장 전체를 꾸미기도 한다.
- 문장 내에서 위치가 비교적 자유롭다.
- 관형사와 달리 '은, 는, 도, 만'과 같은 조사가 붙을 수 있다.

확인 문제

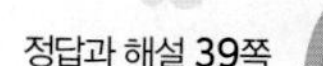

01 ~ 03 밑줄 친 단어의 뜻풀이로 알맞은 것을 고르시오.

01 봄을 맞아 지역마다 축제가 벌어지고 있다.
㉠ 차이가 커지다.
㉡ 어떤 일이 일어나거나 진행되다.

02 문에 발을 치면 햇빛을 막을 수 있어서 좋다.
㉠ 사람이나 동물의 다리 맨 끝부분.
㉡ 가늘고 긴 대를 줄로 엮거나, 줄 따위를 여러 개 나란히 늘어뜨려 만든 물건.

03 우리 학교 야구팀에는 발이 빠른 선수들이 많다.
㉠ 걸음을 세는 단위.
㉡ '걸음'을 비유적으로 이르는 말.

04 ~ 08 밑줄 친 단어의 뜻을 <보기>에서 찾아 기호를 쓰시오.

보기
㉠ 차이가 커지다.
㉡ 걸음을 세는 단위.
㉢ 갈라져서 사이가 뜨다.
㉣ 사람의 사이에 틈이 생기다.
㉤ 사람이나 동물의 다리 맨 끝부분.

04 현정이는 나와 열 발 쯤 떨어진 곳에 서 있었다. (　　)

05 경제 위기 상황에서는 소득 격차가 더욱 벌어진다. (　　)

06 축구는 발로 공을 다루어 승부를 겨루는 스포츠이다. (　　)

07 문을 제대로 닫지 않아 벌어진 틈새로 강아지가 들어왔다. (　　)

08 그녀는 나와 사이가 벌어져서 서로 말도 안 한 지 오래되었다. (　　)

09 ~ 11 다음 설명이 알맞으면 ○에, 틀리면 ×에 표시하시오.

09 문장에서 다른 단어를 꾸며 주는 기능을 하는 단어를 수식언이라고 한다. (○ , ×)

10 체언 앞에 놓여서, 체언을 꾸며 주는 단어를 부사라고 한다. (○ , ×)

11 관형사는 부사와 달리 문장 내에서 위치가 비교적 자유롭다. (○ , ×)

12 다음 밑줄 친 단어 중, 다른 말을 꾸며 주는 기능을 하는 품사가 아닌 것은?

① 산에 온갖 꽃들이 피어난다.
② 지우는 어제 새 가방을 샀다.
③ 하얀 눈이 펑펑 내리고 있다.
④ 그는 어느 날 갑자기 나타났다.
⑤ 비바람에 화분이 모두 쓰러졌다.

13 <보기>의 ㉠~㉥ 중 밑줄 친 단어의 품사가 같은 것끼리 묶으시오.

보기
㉠ 아빠, 나도 저런 옷을 입고 싶어요.
㉡ 고양이가 슬금슬금 곁으로 다가왔다.
㉢ 온 세상 어린이들을 다 만나고 오겠네.
㉣ 그는 나에게 선물을 살며시 건네주었다.
㉤ 모든 사람들이 나를 쳐다보는 것 같았다.
㉥ 은수가 나에게 케이크 두 조각을 주었다.

____________, ____________

나의 어휘력 점수는? __________ 점 / 총 13점
• 틀린 어휘의 뜻과 예문을 다시 꼼꼼히 살펴보자.

공부한 날 ( )월 ( )일

필수 어휘

자긍심
스스로 自 | 불쌍히 여길 矜 | 마음 心

스스로에게 긍지를 가지는 마음.

예 그는 자신의 직업에 대한 ______을 갖고 있다.

어휘 쏙 긍지(矜持) 자신의 능력을 믿음으로써 가지는 당당함.

자초지종
스스로 自 | 처음 初 | 이를 至 | 마칠 終

처음부터 끝까지의 과정.

예 나는 친구에게 잃어버린 지갑을 찾게 된 ______을 말해 주었다.

잔망스럽다
잔약할 孱 | 허망할 妄

얄밉도록 맹랑한 데가 있다.

예 여섯 살인 내 동생은 ______게도 어른들 앞에서 못 하는 말이 없다.

어휘 쏙 맹랑(孟浪)하다 하는 짓이 만만히 볼 수 없을 만큼 똘똘하고 깜찍하다.

장악
손바닥 掌 | 쥘 握

손안에 잡아 쥔다는 뜻으로, 무엇을 마음대로 할 수 있게 됨을 이르는 말.

예 그들은 뛰어난 가창력과 춤 솜씨로 무대를 ______했다.

재촉

어떤 일을 빨리하도록 조름.

예 그는 이러다 기차 시간에 늦겠다며 빨리 가자고 ______했다.

유의어 독촉(督促) 일이나 행동을 빨리하도록 재촉함.

적막
고요할 寂 | 쓸쓸할 寞

① 고요하고 쓸쓸함.

예 어두운 방에 혼자 있으니 너무 ______한 것 같아서 음악을 틀었다.

② 의지할 데 없이 외로움.

예 사내는 오갈 데 없는 자신의 처지에 ______을 느꼈다.

적신호
붉을 赤 | 믿을 信 | 부르짖을 號

위험한 상태에 있음을 알려 주는 각종 조짐을 비유적으로 이르는 말.

예 갑작스럽게 입맛이 없어지는 것은 건강의 ______이다.

반의어 청신호(靑信號) 어떤 일이 앞으로 잘되어 나갈 것을 보여 주는 징조를 비유적으로 이르는 말.

전제
앞 前 | 끌 提

어떠한 사물이나 현상을 이루기 위하여 먼저 내세우는 것.

예 그 두 사람은 결혼을 ______로 만나고 있다.

절박하다
끊을 切 | 닥칠 迫

어떤 일이나 때가 가까이 닥쳐서 몹시 급하다.

예 이곳의 난민들에게는 무엇보다 식량 문제가 ______하다.

유의어 위급(危急)하다 몹시 위태롭고 급하다.
긴박(緊迫)하다 매우 다급하고 절박하다.

01 ~ 04 다음 뜻풀이에 해당하는 단어를 <보기>에서 찾아 쓰시오.

보기

재촉 자긍심 적신호 자초지종

01 처음부터 끝까지의 과정. ( )

02 어떤 일을 빨리하도록 조름. ( )

03 스스로에게 긍지를 가지는 마음. ( )

04 위험한 상태에 있음을 알려 주는 각종 조짐을 비유적으로 이르는 말. ( )

05 ~ 06 다음 단어의 뜻풀이에서 알맞은 단어를 고르시오.

05 잔망스럽다 : (귀엽도록 | 얄밉도록) 맹랑한 데가 있다.

06 절박하다 : 어떤 일이나 때가 가까이 닥쳐서 몹시 (급하다 | 느긋하다).

07 ~ 09 <보기>의 글자들을 조합하여 다음 뜻풀이에 알맞은 단어를 쓰시오.

보기

적 제 장 막 전 악

07 고요하고 쓸쓸함. ( )

08 어떠한 사물이나 현상을 이루기 위하여 먼저 내세우는 것. ( )

09 손안에 잡아 쥔다는 뜻으로, 무엇을 마음대로 할 수 있게 됨을 이르는 말. ( )

10 ~ 13 빈칸에 들어갈 알맞은 단어를 <보기>에서 찾아 쓰시오.

보기

장악 재촉 적막 전제 청신호

10 독재 국가에서는 정권이 언론을 ( )하고 통제한다.

11 연극이 끝나고 관객들이 떠난 무대는 ( ) 하고 썰렁하다.

12 장기 자랑 1등 상품을 받아 오자 주위의 친구들이 어서 뜯어보라고 ( )했다.

13 그 배우는 자신이 출연한 드라마를 홍보하는 것을 ( )(으)로 예능 방송에 출연하기로 했다.

14 밑줄 친 단어의 쓰임이 적절하지 않은 것은?

① 사람들이 자꾸 칭찬을 하자 그는 잔망스러운지 얼굴을 붉혔다.
② 외로움과 가난 등으로 절박한 상황에 처해 있는 노인층이 늘고 있다.
③ 화부터 내지 말고, 일의 자초지종을 듣고 나서 누구의 잘못인지 판단해라.
④ 실업률이 높아지고 물가가 오르는 것은 경제의 적신호로 받아들일 수 있다.
⑤ 한글은 우리나라가 문화 민족이라는 자긍심을 갖게 해 주는 대표적 유산이다.

나의 어휘력 점수는? ____________점 / 총 14점

• 틀린 어휘의 뜻과 예문을 다시 꼼꼼히 살펴보자.

공부한 날 ( )월 ( )일

관용 표현 - 주제별 한자 성어

★ 외로운 처지

고립무원
외로울 孤 | 설 立 | 없을 無 | 도울 援

고립되어 구원을 받을 데가 없음.

예 동료들과 자주 다투다 보니 어느새 그는 기댈 곳 없는 ________의 처지가 되었다.

어휘 쏙 고립(孤立) 다른 사람과 어울리어 사귀지 아니하거나 도움을 받지 못하여 외톨이로 됨.

사고무친
넉 四 | 돌아볼 顧 | 없을 無 | 친할 親

의지할 만한 사람이 아무도 없음.

예 ________한 외국에서 혼자 지내려니 외롭고 쓸쓸하기 이를 데 없다.

혈혈단신
외로울 孑 | 외로울 孑 | 홑 單 | 몸 身

의지할 곳이 없는 외로운 홀몸.

예 그는 전쟁 중에 부모와 형제를 모두 잃고 ________의 몸이 되었다.

★ 이러지도 저러지도 못하는 상황

계륵
닭 鷄 | 갈빗대 肋

닭의 갈비라는 뜻으로, 그다지 큰 소용은 없으나 버리기에는 아까운 것을 이르는 말.

예 저 옷은 거의 입지 않는데 버리기에는 아까우니, 그야말로 ________이다.

진퇴양난
나아갈 進 | 물러날 退 | 두 兩 | 어려울 難

이러지도 저러지도 못하는 어려운 처지.

예 출근 시간이 다 되어 가는데 버스는 안 오고 택시도 잡히지 않으니 정말 ________이다.

진퇴유곡
나아갈 進 | 물러날 退 | 바 維 | 골 谷

이러지도 저러지도 못하고 꼼짝할 수 없는 궁지.

예 그 영화는 사랑과 성공 사이에서 ________에 빠진 주인공의 모습을 보여 주고 있다.

어휘 쏙 궁지(窮地) 매우 곤란하고 어려운 일을 당한 처지.

★ 하나로 둘을 얻음

일거양득
하나 一 | 들 擧 | 두 兩 | 얻을 得

한 가지 일을 하여 두 가지 이익을 얻음.

예 조개를 잡았는데 그 안에서 진주가 나왔으니 그야말로 ________이다.

일석이조
하나 一 | 돌 石 | 두 二 | 새 鳥

돌 한 개를 던져 새 두 마리를 잡는다는 뜻으로, 동시에 두 가지 이득을 봄을 이르는 말.

예 줄넘기는 건강에도 좋고 재미까지 있으니 ________이다.

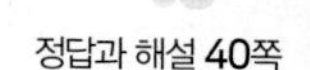

01 ~ 04 다음 뜻풀이에 해당하는 한자 성어를 <보기>에서 찾아 쓰시오.

보기

계륵　일거양득　진퇴양난　혈혈단신

01 의지할 곳이 없는 외로운 홀몸. (　　　　)

02 이러지도 저러지도 못하는 어려운 처지. (　　　　)

03 한 가지 일을 하여 두 가지 이익을 얻음. (　　　　)

04 닭의 갈비라는 뜻으로, 그다지 큰 소용은 없으나 버리기에는 아까운 것을 이르는 말. (　　　　)

05 ~ 08 제시된 초성을 참고하여 다음 뜻풀이에 알맞은 한자 성어를 쓰시오.

05 의지할 만한 사람이 아무도 없음.

[ㅅ][ㄱ][ ][ ]

06 고립되어 구원을 받을 데가 없음.

[ ][ ][ㅁ][ㅇ]

07 이러지도 저러지도 못하고 꼼짝할 수 없는 궁지.

[ㅈ][ ][ ][ㄱ]

08 돌 한 개를 던져 새 두 마리를 잡는다는 뜻으로, 동시에 두 가지 이득을 봄을 이르는 말.

[ ][ㅅ][ ][ㅈ]

09 ~ 11 다음 상황과 의미가 통하는 한자 성어를 <보기>에서 찾아 쓰시오.

보기

고립무원　일거양득　진퇴유곡

09 내가 아는 선배는 작은 목공예품을 만드는 것이 취미인데, 요즘은 직접 만든 목공예품을 온라인으로 판매하면서 취미 생활도 하고 용돈도 번다. (　　　　)

10 지수는 어제 컴퓨터 사용 문제로 동생과 싸우더니, 오늘 아침에는 옷 문제로 언니와 다퉜다. 저녁이 되어 혼자 밥을 먹으려니 외톨이가 된 것 같았다. (　　　　)

11 주연 배우가 사회적 물의를 일으켜 비난을 받자, 제작사에서는 영화 팬들의 외면을 받을까 봐 영화를 선뜻 개봉하지 못했고 그렇다고 배우를 바꿔 재촬영을 하려니 엄청난 비용 손실이 예상되고 있다. (　　　　)

12 밑줄 친 한자 성어의 쓰임이 적절하지 않은 것은?

① 그녀는 달리 갈 곳도, 가족도 없는 혈혈단신이다.
② 그는 사고무친인 자식 때문에 문제를 수습하러 다니느라 바쁘다.
③ 강아지를 데리고 나가 산책하면 운동도 되고 부모님께 용돈도 받을 수 있어서 일석이조다.
④ 이번 행사를 그대로 진행하면 손해를 볼 것이고, 취소하면 비난을 들을 것이므로 진퇴양난이다.
⑤ 회사 입장에서 이 상품은 소비자에게 인기가 많지만 팔아도 이익이 남지 않아 계륵이라 할 수 있다.

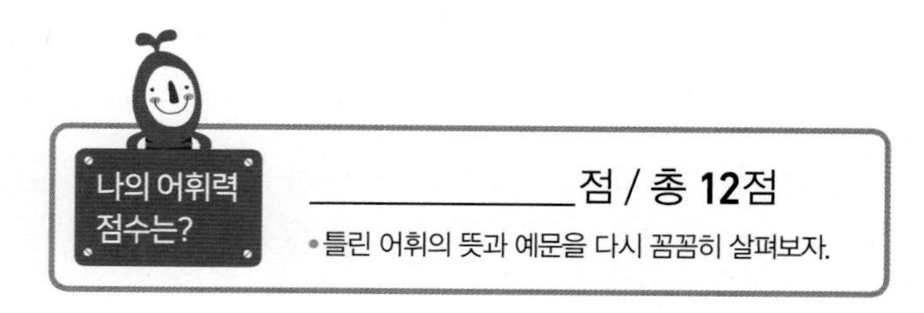

공부한 날 ( )월 ( )일

헷갈리기 쉬운 말

작다	길이, 넓이, 부피 따위가 비교 대상이나 보통보다 덜하다. 예 현아는 동생보다 키가 ( )다.
적다	수효나 분량, 정도가 일정한 기준에 미치지 못하다. 예 극장에 사람이 ( )어서 자리가 꽤 남는다.
저리다	뼈마디나 몸의 일부가 오래 눌려서 피가 잘 통하지 못하여 감각이 둔하고 아리다. 예 그렇게 계속 쭈그리고 있으면 다리가 ( )지 않니?
절이다	푸성귀나 생선 따위를 소금기나 식초, 설탕 따위에 담가 간이 배어들게 하다. 예 김치를 담글 때 가장 손이 많이 가는 것은 배추를 ( )는 일이다.
좇다	① 목표, 이상, 행복 따위를 추구하다. 예 그는 권력과 재물만을 ( )아 살아온 삶을 후회했다. ② 남의 말이나 뜻을 따르다. 예 이번 일은 스스로 판단을 내리기가 어려워서 부모님의 의견을 ( )기로 했다.
쫓다	어떤 대상을 잡거나 만나기 위하여 뒤를 급히 따르다. 예 그는 다람쥐를 ( )아 숲으로 달려갔다.

필수 개념 - 문법

관계언 빗장 關 | 걸릴 係 | 말씀 言	문장에 쓰인 단어들의 문법적 관계를 나타내는 기능을 하는 단어로, 조사를 이르는 말. 홀로 쓰이지 못하고 반드시 다른 단어에 붙어서 쓰인다.
조사 도울 助 | 말씀 詞	주로 체언 뒤에 붙어 다른 말과의 문법적 관계를 나타내거나, 특별한 뜻을 더해 주는 단어. 문장에서 쓰일 때 형태가 변하지 않지만, 예외적으로 조사 '이다'는 형태가 변한다. 예 이/가, 을/를, 의, 으로, 에서, 께서, 에게, 이다, 도, 만, 조차
독립언 홀로 獨 | 설 立 | 말씀 言	문장에서 다른 단어에 얽매이지 않고 독립적으로 쓰이는 단어로, 감탄사를 이르는 말. 조사와 결합하지 않으며, 생략되어도 문장이 성립하는 데 큰 영향을 주지 않는다.
감탄사 느낄 感 | 탄식할 歎 | 말씀 詞	놀람, 반가움 등의 느낌이나 부름, 대답을 나타내는 단어. 예 앗, 어머나, 아하, 응, 네, 그래, 어이, 여보세요, 야

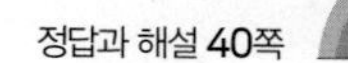

01 ~ 04 다음 단어와 그 뜻풀이를 바르게 연결하시오.

01 적다 •

02 좇다 •

03 저리다 •

04 절이다 •

• ㉠ 목표, 이상, 행복 따위를 추구하다.

• ㉡ 수효나 분량, 정도가 일정한 기준에 미치지 못하다.

• ㉢ 푸성귀나 생선 따위를 소금기나 식초, 설탕 따위에 담가 간이 배어들게 하다.

• ㉣ 뼈마디나 몸의 일부가 오래 눌려서 피가 잘 통하지 못하여 감각이 둔하고 아리다.

05 ~ 07 다음 문장에서 적절한 단어를 고르시오.

05 범인이 도망가자 경찰이 뒤를 (좇았다 | 쫓았다).

06 염장이란 음식을 소금에 (저려 | 절여) 저장하는 것이다.

07 이 메뉴는 맛은 있지만 한 끼 식사로 먹기에는 양이 너무 (작다 | 적다).

08 밑줄 친 단어의 쓰임이 적절하지 않은 것은?

① 송희가 사는 곳은 작고 조용한 산골 마을이다.
② 양반다리로 오래 앉아 있었더니 다리가 저렸다.
③ 오이피클은 오이를 식초와 설탕에 절인 음식이다.
④ 그 자매는 아버지의 유언을 쫓아 모두 훌륭한 음악가가 되었다.
⑤ 그 선수는 실력이 뛰어나지만 아직 국제 경기 경험이 적다는 것이 약점이다.

09 ~ 11 다음 설명이 알맞으면 ○에, 틀리면 ×에 표시하시오.

09 독립언은 문장에 쓰인 단어들의 문법적 관계를 나타내는 기능을 하는 단어이다. (○ , ×)

10 조사는 주로 체언 뒤에 붙어 다른 말과의 문법적 관계를 나타내거나, 특별한 뜻을 더해 주는 단어이다. (○ , ×)

11 감탄사는 놀람, 반가움 등의 느낌이나 부름, 대답을 나타내는 단어이다. (○ , ×)

12 다음 문장에 대한 설명으로 적절하지 않은 것은?

우아, 마당에 장미꽃이 활짝 피었네!

① 조사는 2개가 사용되었다.
② '우아'는 조사와 결합하여 사용될 수 있다.
③ '에'는 반드시 다른 단어에 붙어서 쓰인다.
④ '이'는 다른 말과의 문법적 관계를 나타낸다.
⑤ '우아'는 생략해도 문장이 성립하는 데 지장이 없다.

13 다음 대화에서 조사와 감탄사를 모두 찾아 쓰시오.

민재: 아, 배가 많이 고프다.
진구: 우리 떡볶이 먹고 갈래?
민재: 그래, 가자. 아차! 지갑을 사물함에 놓고 왔네.

조사	감탄사

나의 어휘력 점수는?

______ 점 / 총 13점

• 틀린 어휘의 뜻과 예문을 다시 꼼꼼히 살펴보자.

공부한 날 ( )월 ( )일

필수 어휘

점진적
차차 漸 | 나아갈 進 | 과녁 的

조금씩 앞으로 나아가는. 또는 그런 것.

예 남북통일을 위해서는 ______이고도 단계적인 정책을 실행해 나가야 한다.

정화
깨끗할 淨 | 될 化

불순하거나 더러운 것을 깨끗하게 함.

예 식물은 오염된 공기를 ______하는 작용을 한다.

어휘 쏙 불순(不純) 물질 따위가 순수하지 아니함.

종적
발자취 蹤 | 자취 跡

없어지거나 떠난 뒤에 남는 자취나 형상.

예 그는 어느 날 갑자기 마을에서 ______을 감추었다.

어휘 쏙 자취 어떤 것이 남긴 표시나 자리.

지레

어떤 일이 일어나기 전 또는 어떤 기회나 때가 무르익기 전에 미리.

예 둥둥 울리는 북소리에 적군은 ______ 겁을 먹고 흩어져서 달아났다.

지천
이를 至 | 천할 賤

매우 흔함.

예 봄이 한창이라 들에는 꽃들이 ______으로 피어 있다.

지체
더딜 遲 | 막힐 滯

때를 늦추거나 질질 끎.

예 매우 급하니 ______ 없이 이곳을 떠나거라.

유의어 지연(遲延) 무슨 일을 더디게 끌어 시간을 늦춤. 또는 시간이 늦추어짐.

진부하다
늘어놓을 陳 | 썩을 腐

사상, 표현, 행동 따위가 낡아서 새롭지 못하다.

예 그는 시대에 뒤떨어진 ______한 생각을 갖고 있다.

유의어 케케묵다 일, 지식 따위가 아주 오래되어 시대에 뒤떨어진 데가 있다.

질책
꾸짖을 叱 | 꾸짖을 責

꾸짖어 나무람.

예 그 선수는 지시한 작전에 따르지 않아서 감독에게 종종 ______을 받는다.

유의어 책망(責望) 잘못을 꾸짖거나 나무라며 못마땅하게 여김.

반의어 칭찬(稱讚) 좋은 점이나 착하고 훌륭한 일을 높이 평가함. 또는 그런 말.

착수
붙을 着 | 손 手

어떤 일에 손을 댐. 또는 어떤 일을 시작함.

예 수사에 ______한 지 한 달 만에 수사가 마무리되었다.

반의어 종결(終結) 일을 끝냄.

01 ~ 05 다음 빈칸을 채워 십자말풀이를 완성하시오.

01					
		02			
		03			
	04				
				05	

01 매우 흔함.

02 조금씩 앞으로 나아가는. 또는 그런 것.

03 사상, 표현, 행동 따위가 낡아서 새롭지 못하다.

04 없어지거나 떠난 뒤에 남는 자취나 형상.

05 어떤 일이 일어나기 전 또는 어떤 기회나 때가 무르익기 전에 미리.

06 ~ 09 <보기>의 글자들을 조합하여 다음 뜻풀이에 알맞은 단어를 쓰시오.

보기

책 화 수 지 정 착 체 질

06 꾸짖어 나무람. (　　　　)

07 때를 늦추거나 질질 끎. (　　　　)

08 불순하거나 더러운 것을 깨끗하게 함. (　　　　)

09 어떤 일에 손을 댐. 또는 어떤 일을 시작함. (　　　　)

10 ~ 13 빈칸에 들어갈 알맞은 단어를 <보기>에서 찾아 쓰시오.

보기

정화 지연 종적 지레 질책

10 감독은 시합도 하기 전에 (　　　　) 포기하려는 선수들을 격려했다.

11 그는 지각이 잦고 일하는 태도가 불성실해서 사장에게 (　　　　)을/를 들었다.

12 경찰은 실종자의 (　　　　)을/를 찾을 수 없어 주변에 사람을 찾는 현수막을 걸었다.

13 의식 개혁 운동만으로 부패로 가득 찬 사회를 완전히 (　　　　)할 수는 없지만, 꾸준히 노력하면 조금씩 변화가 생길 것이다.

14 밑줄 친 단어의 쓰임이 적절하지 않은 것은?

① 지금처럼 꾸준히 노력하면 성적이 점진적으로 좋아질 거야.
② 승우는 선생님이 던지는 질문에 지체 없이 척척 대답을 하였다.
③ 병원에 입원해서 치료를 받고 있는데도 회복이 이렇게 진부하니 큰일이다.
④ 어머니가 어릴 적에는 동네 개울에 도마뱀이 지천으로 널려 있었다고 한다.
⑤ 우리 회사는 내년부터 새로운 사업에 착수하기 위해 준비를 철저히 하고 있다.

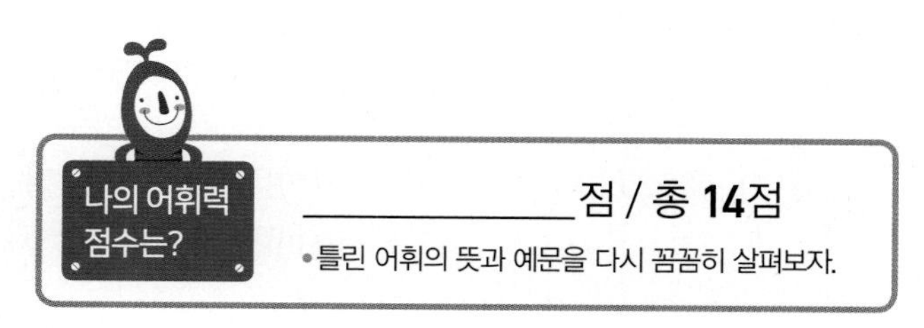

공부한 날 ( )월 ( )일

관용 표현 - 주제별 속담

★ 불행, 행운

안되는 사람은 뒤로 넘어져도 코가 깨진다	운수가 나쁜 사람은 보통 사람에게는 생기지도 않는 나쁜 일까지 생김을 이르는 말. 예 안되는 사람은 ______ 더니, 동창회에 가느라 모처럼 차려 입었는데 나오자마자 비둘기 똥을 맞았다.
호박이 넝쿨째로 굴러떨어졌다	뜻밖에 좋은 물건을 얻거나 행운을 만났다는 말. 예 경품 추첨으로 냉장고에 당첨된 그는 호박이 ______ 며 기뻐했다.

★ 삶의 이치

고기는 씹어야 맛을 안다	겉으로만 봐서는 진짜 맛을 모른다는 뜻으로, 무엇이든 바로 알려면 실제로 겪어 보아야 한다는 말. 예 고기는 ______ 고 무엇이든 직접 해 봐야 그 일의 어려움을 알지.
길고 짧은 것은 대어 보아야 안다	크고 작고, 이기고 지고, 잘하고 못하는 것은 실지로 겨루어 보거나 겪어 보아야 알 수 있다는 말. 예 네가 아무리 농구를 잘한다지만 ______ 은 대어 보아야 아는 것이니 오늘 여기서 실력을 겨뤄 보자.
먼 사촌보다 가까운 이웃이 낫다	이웃끼리 서로 친하게 지내다 보면 먼 곳에 있는 일가보다 더 친하게 되어 서로 도우며 살게 된다는 것을 이르는 말. 예 먼 사촌보다는 ______ 고, 다급한 김 씨의 사정을 듣고 이웃집 최 씨가 도움을 주었다.
백지장도 맞들면 낫다	쉬운 일이라도 협력하여 하면 훨씬 쉽다는 말. 예 백지장도 ______ 고, 이 숙제가 쉽긴 하지만 머리를 맞대고 같이 하면 더 빨리 끝낼 수 있을 거야.

★ 쉬운 일

누워서 떡 먹기	하기가 매우 쉬운 것을 이르는 말. 예 어릴 때부터 피아노를 친 소희에게 결혼식 반주쯤은 ______ 다.
땅 짚고 헤엄치기	일이 매우 쉽다는 말. 예 이 정도 일쯤은 나 혼자서도 ______ 다.

01 ~ 04 다음 뜻풀이에 해당하는 속담을 <보기>에서 찾아 기호를 쓰시오.

보기
㉠ 누워서 떡 먹기
㉡ 고기는 씹어야 맛을 안다
㉢ 길고 짧은 것은 대어 보아야 안다
㉣ 안되는 사람은 뒤로 넘어져도 코가 깨진다

01 하기가 매우 쉬운 것을 이르는 말. (　　　)

02 운수가 나쁜 사람은 보통 사람에게는 생기지도 않는 나쁜 일까지 생김을 이르는 말. (　　　)

03 크고 작고, 이기고 지고, 잘하고 못하는 것은 실지로 겨루어 보거나 겪어 보아야 알 수 있다는 말. (　　　)

04 겉으로만 봐서는 진짜 맛을 모른다는 뜻으로, 무엇이든 바로 알려면 실제로 겪어 보아야 한다는 말. (　　　)

05 ~ 08 제시된 초성을 참고하여 뜻풀이에 해당하는 속담을 완성하시오.

05 [ㄸ] 짚고 [ㅎ][ㅇ]치기
→ 일이 매우 쉽다는 말.

06 [ㅂ][ㅈ][ㅈ]도 맞들면 낫다
→ 쉬운 일이라도 협력하여 하면 훨씬 쉽다는 말.

07 [ㅎ][ㅂ]이 [ㄴ][ㅋ][ㅉ]로 굴러떨어졌다
→ 뜻밖에 좋은 물건을 얻거나 행운을 만났다는 말.

08 먼 [ㅅ][ㅊ]보다 가까운 [ㅇ][ㅇ]이 낫다
→ 이웃끼리 서로 친하게 지내다 보면 먼 곳에 있는 일가보다 더 친하게 되어 서로 도우며 살게 된다는 것을 이르는 말.

09 ~ 11 밑줄 친 속담의 쓰임이 적절하면 ○에, 그렇지 않으면 ×에 표시하시오.

09 정환: 이 공을 발로 차서 저 골대에 넣을 수 있어?
흥민: 축구만 10년을 넘게 했는데, 그거야 누워서 떡 먹기죠. (○ , ×)

10 진영: 이번 대회에서도 우승자는 변함없겠지?
하나: 글쎄. 호박이 넝쿨째로 굴러떨어진다고, 선수들 모두 실력이 뛰어나니 시합을 해 봐야 알겠지. (○ , ×)

11 정훈: 상민이는 어쩌다가 발에 깁스를 한 거야?
혜리: 말도 마. 안되는 사람은 뒤로 넘어져도 코가 깨진다고, 앞사람이 발을 밟았는데 마침 지하철이 덜컹대면서 발가락뼈가 부러졌대. (○ , ×)

12 ~ 14 빈칸에 들어갈 적절한 속담을 <보기>에서 찾아 기호를 쓰시오.

보기
㉠ 땅 짚고 헤엄치기
㉡ 고기는 씹어야 맛을 안다
㉢ 먼 사촌보다 가까운 이웃이 낫다

12 3초 만에 답이 나올 정도로 쉬운 수학 문제를 보니 (　　　)(라)는 말이 떠오른다.

13 (　　　)(라)더니, 카페에서 실제로 일해 보고 이 일이 얼마나 힘든 일인지 알게 됐다.

14 이번 태풍으로 집이 허물어졌는데 마을 이웃들이 도와줘서 빨리 복구할 수 있었다. 역시 (　　　)(라)는 말이 괜히 있는 것이 아니다.

나의 어휘력 점수는? ________ 점 / 총 14점
• 틀린 어휘의 뜻과 예문을 다시 꼼꼼히 살펴보자.

공부한 날 ( )월 ( )일

다의어 · 동음이의어

손	① 사람의 팔목 끝에 달린 부분. 손등, 손바닥, 손목으로 나뉘며 그 끝에 다섯 개의 손가락이 있어, 무엇을 만지거나 잡거나 한다. 예 명은이는 ______을 흔들며 친구에게 인사를 했다. ② 일을 하는 사람. 예 주방에 ______이 부족해서 밀려드는 주문을 제때 맞출 수가 없다. ③ 어떤 일을 하는 데 드는 사람의 힘이나 노력, 기술. 예 이 일의 성공과 실패는 네 ______에 달려 있다.
쉬다[1]	음식 따위가 상하여 맛이 시금하게 변하다. 예 여름이 되면 밥이 ______기 쉽다.
쉬다[2]	목청에 탈이 나서 목소리가 거칠고 맑지 않게 되다. 예 노래 연습을 많이 하더니 목이 ______어 버렸구나.
쉬다[3]	피로를 풀려고 몸을 편안히 두다. 예 결승전이 끝나고 다음 대회까지 훈련을 ______었다.
쉬다[4]	입이나 코로 공기를 들이마셨다 내보냈다 하다. 예 한참을 달리던 그는 잠시 서서 가쁘게 숨을 ______었다.

필수 개념 - 문법

고유어 굳을 固 | 있을 有 | 말씀 語	예부터 우리말에 있었거나 우리말에 기초하여 새로 만들어진 말. ■ 고유어의 특징과 예 • 특징: 일상적인 언어생활을 하는 데 필요한 기초 어휘가 많고, 색깔이나 맛, 모양 등 감각을 생생하게 나타내는 어휘가 많다. • 예: 하늘, 하루, 생각, 느낌, 달콤하다, 노랗다, 누렇다, 폴짝, 팔짝팔짝
한자어 한나라 漢 | 글자 字 | 말씀 語	한자에 기초하여 만들어진 말. ■ 한자어의 특징과 예 • 특징: 우리말에서 가장 많은 비율을 차지하며, 고유어에 비해 좀 더 자세한 의미를 지닌다. • 예: 인간(人間), 감정(感情), 치료(治療), 음악(音樂), 학교(學校), 자동차(自動車)
외래어 바깥 外 | 올 來 | 말씀 語	다른 나라에서 들어온 말 가운데 우리말로 인정되는 말. ■ 외래어의 특징과 예 • 특징: 고유어로 바꾸어 쓰기 어려운 경우가 많다. • 예: 버스(bus), 인터넷(internet), 피자(pizza), 바나나(banana), 텔레비전(television)

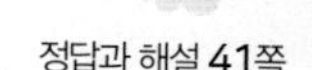

01 ~ 03 밑줄 친 단어의 뜻풀이로 알맞은 것을 고르시오.

01 보영이는 부모님이 맞벌이라서 할머니의 <u>손</u>에서 자랐다.

㉠ 일을 하는 사람.
㉡ 어떤 일을 하는 데 드는 사람의 힘, 노력, 기술.

02 감기에 걸렸을 때는 집에서 푹 <u>쉬는</u> 게 가장 좋다.

㉠ 피로를 풀려고 몸을 편안히 두다.
㉡ 입이나 코로 공기를 들이마셨다 내보냈다 하다.

03 가지무침은 금방 <u>쉬기</u> 때문에 빨리 먹어야 한다.

㉠ 음식 따위가 상하여 맛이 시금하게 변하다.
㉡ 목청에 탈이 나서 목소리가 거칠고 맑지 않게 되다.

04 ~ 08 밑줄 친 단어의 뜻을 <보기>에서 찾아 기호를 쓰시오.

보기

㉠ 일을 하는 사람.
㉡ 피로를 풀려고 몸을 편안히 두다.
㉢ 입이나 코로 공기를 들이마셨다 내보냈다 하다.
㉣ 목청에 탈이 나서 목소리가 거칠고 맑지 않게 되다.
㉤ 사람의 팔목 끝에 달린 부분. 손등, 손바닥, 손목으로 나뉘며 그 끝에 다섯 개의 손가락이 있다.

04 아이는 작은 두 <u>손</u>을 모아 기도했다. (　　　)

05 우리 가게는 일은 많은데 <u>손</u>이 너무 모자란다. (　　　)

06 그는 <u>쉰</u> 목소리로 멈추지 않고 응원을 계속했다. (　　　)

07 수영을 배울 때는 숨 <u>쉬는</u> 것부터 제대로 배워야 한다. (　　　)

08 의사 선생님은 나에게 잘 먹고 푹 <u>쉬는</u> 것이 좋겠다고 말했다. (　　　)

09 ~ 11 다음 설명이 알맞으면 ○에, 틀리면 ×에 표시하시오.

09 한자어는 예부터 우리말에 있었거나 우리말에 기초하여 새로 만들어진 말이다. (○ , ×)

10 다른 나라에서 들어온 말 가운데 우리말로 인정되는 말을 외래어라고 한다. (○ , ×)

11 고유어에는 색깔이나 맛, 모양 등 감각을 생생하게 나타내는 어휘가 많다. (○ , ×)

12 ~ 14 어휘의 종류를 고유어, 한자어, 외래어로 나눌 때, 어휘의 종류가 나머지와 <u>다른</u> 하나를 고르시오.

12 ① 겨울 ② 사람 ③ 느낌 ④ 풀잎 ⑤ 요리

13 ① 이틀 ② 방학 ③ 등산 ④ 선물 ⑤ 자동차

14 ① 노트북 ② 스커트 ③ 물고기 ④ 피아노 ⑤ 오렌지

15 <보기>의 ㉠~㉦을 고유어, 한자어, 외래어로 나누어 표에 쓰시오.

보기

윤호: ㉠<u>오늘</u> ㉡<u>급식</u> ㉢<u>메뉴</u> 뭔지 알아?
지원: ㉣<u>계란</u> ㉤<u>볶음밥</u>이야. ㉥<u>주스</u>도 나온대.
윤호: 빨리 ㉦<u>점심시간</u> 되면 좋겠다.

고유어	한자어	외래어

나의 어휘력 점수는? ________점 / 총 **15**점

• 틀린 어휘의 뜻과 예문을 다시 꼼꼼히 살펴보자.

21회 1

공부한 날 ( )월 ( )일

필수 어휘

척박하다
파리할 瘠 | 엷을 薄

땅이 기름지지 못하고 몹시 메마르다.

예 이렇게 ______한 땅에도 나무가 뿌리를 박는다니 놀랍다.

반의어 비옥(肥沃)하다 땅이 걸고 기름지다.

천연덕스럽다
하늘 天 | 그럴 然

시치미를 뚝 떼어 겉으로는 아무렇지 않은 체하는 태도가 있다.

예 아이들은 어제 그렇게 다투고도 언제 그랬냐는 듯이 ______게 서로 어울려 놀았다.

어휘 쏙 시치미 자기가 하고도 아니한 체, 알고도 모르는 체하는 태도.

철칙
쇠 鐵 | 법 則

바꾸거나 어길 수 없는 중요한 법칙.

예 그는 시간 약속을 반드시 지키는 것을 ______으로 삼고 있다.

첩첩산중
겹쳐질 疊 | 겹쳐질 疊 | 뫼 山 | 가운데 中

여러 산이 겹치고 겹친 산속.

예 우리는 ______에서 길을 잃어 한동안 헤매고 다녔다.

청량하다
맑을 淸 | 서늘할 涼

맑고 서늘하다.

예 나무 밑에 서니 ______한 가을바람이 불어와 내 목을 간질인다.

체류
막힐 滯 | 머무를 留

객지에 가서 머물러 있음.

예 김 교수는 캐나다에서 1년간 ______할 예정이다.

어휘 쏙 객지(客地) 자기 집을 멀리 떠나 임시로 있는 곳.

초조하다
그을릴 焦 | 마를 燥

애가 타서 마음이 조마조마하다.

예 연기를 마친 선수는 점수가 나오기를 ______하게 기다렸다.

유의어 안절부절못하다 마음이 초조하고 불안하여 어찌할 바를 모르다.

총명
밝을 聰 | 밝을 明

썩 영리하고 재주가 있음.

예 민호는 하나를 가르쳐 주면 열을 알 만큼 ______하다.

어휘 쏙 썩 보통의 정도보다 훨씬 뛰어나게.

반의어 우둔(愚鈍) 어리석고 둔함.

추상적
뺄 抽 | 형상 象 | 과녁 的

어떤 사물이 직접 경험하거나 지각할 수 있는 일정한 형태와 성질을 갖추고 있지 않은. 또는 그런 것.

예 '사랑'이나 '꿈'은 구체적인 형태가 없는 ______인 개념이다.

01 ~ 04 다음 단어와 그 뜻풀이를 바르게 연결하시오.

01 총명 • • ㉠ 썩 영리하고 재주가 있음.

02 첩첩산중 • • ㉡ 여러 산이 겹치고 겹친 산속.

03 척박하다 • • ㉢ 애가 타서 마음이 조마조마하다.

04 초조하다 • • ㉣ 땅이 기름지지 못하고 몹시 메마르다.

05 ~ 06 다음 단어의 뜻풀이에서 알맞은 단어를 고르시오.

05 청량하다 : 맑고 (서늘하다 | 푸르르다).

06 천연덕스럽다 : 시치미를 뚝 떼어 (겉 | 속)으로는 아무렇지 않은 체하는 태도가 있다.

07 ~ 09 <보기>의 글자들을 조합하여 다음 뜻풀이에 알맞은 단어를 쓰시오.

보기

추 적 류 철 상 체 칙

07 객지에 가서 머물러 있음. (　　　)

08 바꾸거나 어길 수 없는 중요한 법칙. (　　　)

09 어떤 사물이 직접 경험하거나 지각할 수 있는 일정한 형태와 성질을 갖추고 있지 않은. 또는 그런 것. (　　　)

10 ~ 13 빈칸에 들어갈 알맞은 단어를 <보기>에서 찾아 쓰시오.

보기

우둔 철칙 체류 총명 첩첩산중

10 그는 꽤 오래전부터 이 (　　　　)에 집을 짓고 자연에 파묻혀 살고 있다.

11 우리는 하롱베이에서 3일간 (　　　　)한 후 다낭으로 이동하여 관광을 할 것이다.

12 유정이는 어려서부터 (　　　　)하고 손재주가 좋아 한번 본 것은 그대로 만들어 낸다.

13 종국이는 아침을 거르지 않고 매일 1시간 이상 운동을 한다는 (　　　　)을/를 세워 그것을 10년째 실천하고 있다.

14 밑줄 친 단어의 쓰임이 적절하지 않은 것은?

① 한여름 무더위가 한풀 꺾이자 날씨가 청량해졌다.
② 이 주변의 땅은 너무 척박해서 어떤 곡식도 거둘 수 없다.
③ 발표할 차례가 다가오자 그의 얼굴에는 초조한 빛이 역력했다.
④ 마당의 나무에는 커다란 감들이 천연덕스럽게 주렁주렁 열려 있었다.
⑤ 그녀의 그림은 지나치게 추상적이어서 보통 사람들은 이해하기 어렵다.

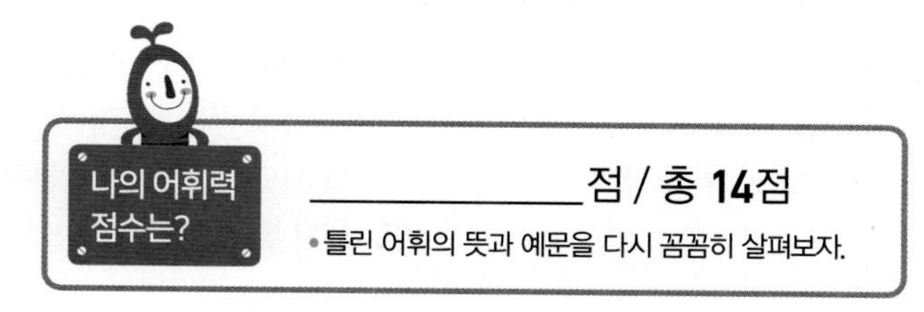

공부한 날 ( )월 ( )일

관용 표현 - 주제별 한자 성어

★ 크게 놀람

대경실색
큰 大 | 놀랄 驚 | 잃을 失 | 빛 色

몹시 놀라 얼굴빛이 하얗게 질림.
예 그는 밤사이 멧돼지가 망가뜨린 밭을 보고 ________하였다.

망연자실
아득할 茫 | 그럴 然 | 스스로 自 | 잃을 失

멍하니 정신을 잃음.
예 그는 지갑과 휴대 전화를 모두 잃어버렸음을 깨닫고 ________하였다.

혼비백산
넋 魂 | 날 飛 | 넋 魄 | 흩을 散

혼백이 어지러이 흩어진다는 뜻으로, 몹시 놀라 넋을 잃음을 이르는 말.
예 으슥한 산길을 걷던 승현이는 갑자기 수풀에서 튀어나온 토끼에 ________했다.
어휘 쏙 혼백(魂魄) 사람의 몸에 있으면서 몸을 거느리고 정신을 다스리는 비물질적인 것. 몸이 죽어도 영원히 남아 있다고 생각하는 초자연적인 것이다.

★ 사람의 마음

일편단심
하나 一 | 조각 片 | 붉을 丹 | 마음 心

한 조각의 붉은 마음이라는 뜻으로, 진심에서 우러나오는 변치 아니하는 마음을 이르는 말.
예 그는 임금을 ________으로 섬기며 충성을 다하였다.

측은지심
슬퍼할 惻 | 숨을 隱 | 갈 之 | 마음 心

인간의 본성에서 우러나오는 마음씨로, 다른 사람의 불행을 불쌍히 여기는 마음을 이르는 말.
예 불행한 일을 당한 사람을 가엾게 여기는 것은 누구나 가지고 있는 ________이다.

★ 생각, 지혜

선견지명
먼저 先 | 볼 見 | 갈 之 | 밝을 明

어떤 일이 일어나기 전에 미리 앞을 내다보고 아는 지혜.
예 그 배우가 선택한 드라마가 매번 큰 인기를 얻는 걸 보면, 그는 ________이 있는 게 분명해.

심사숙고
깊을 深 | 생각 思 | 익을 熟 | 생각할 考

깊이 잘 생각함.
예 몇 개의 후보를 두고 ________한 끝에 이사할 집을 결정했다.

역지사지
바꿀 易 | 땅 地 | 생각 思 | 갈 之

처지를 바꾸어서 생각하여 봄.
예 친구와 다퉈서 속상해하는 나에게, 어머니께서는 ________의 태도로 친구의 입장을 헤아려 보라고 하셨다.

01 ~ 04 다음 뜻풀이에 해당하는 한자 성어를 <보기>에서 찾아 쓰시오.

보기

망연자실 선견지명 측은지심 혼비백산

01 멍하니 정신을 잃음. (   )

02 어떤 일이 일어나기 전에 미리 앞을 내다보고 아는 지혜. (   )

03 혼백이 어지러이 흩어진다는 뜻으로, 몹시 놀라 넋을 잃음을 이르는 말. (   )

04 인간의 본성에서 우러나오는 마음씨로, 다른 사람의 불행을 불쌍히 여기는 마음을 이르는 말. (   )

05 ~ 08 제시된 초성을 참고하여 다음 뜻풀이에 알맞은 한자 성어를 쓰시오.

05 깊이 잘 생각함.

ㅅ		ㅅ	

06 처지를 바꾸어서 생각하여 봄.

	ㅈ		ㅈ

07 몹시 놀라 얼굴빛이 하얗게 질림.

ㄷ	ㄱ		

08 한 조각의 붉은 마음이라는 뜻으로, 진심에서 우러나오는 변치 아니하는 마음을 이르는 말.

		ㄷ	ㅅ

09 ~ 11 다음 대화 내용과 의미가 통하는 한자 성어를 <보기>에서 찾아 쓰시오.

보기

심사숙고 역지사지 측은지심

09 손녀: 지진이 나서 몇몇 지역에 피해가 크대요.
할머니: 저런, 안됐구나. 뭐 도울 수 있는 방법이 없을까? (   )

10 아들: 아, 짜증 나. 형이 또 제 옷을 입고 갔어요.
엄마: 그 옷이 꼭 필요했던 게 아닐까? 너도 전에 형 옷을 입고 간 적 있으니, 그때를 생각해서 기분 풀렴. (   )

11 동생: 대학에 갈 때 무슨 과를 선택해야 할지 너무 고민이 돼.
언니: 일단 네가 무엇에 흥미를 느끼는지, 그리고 앞으로 선택하고 싶은 직업과 관련이 깊은 학과인지 등을 꼼꼼히 살피고 판단해야 돼. (   )

12 밑줄 친 한자 성어의 쓰임이 적절하지 않은 것은?

① 우리 집 강아지 복실이는 오로지 나만을 일편단심으로 좋아한다.
② 그는 평생을 어려운 이웃을 위해 혼비백산을 바쳐 봉사하며 살았다.
③ 김 대표는 선견지명이 있어서 성공할 만한 사업 아이템을 기가 막히게 알아본다.
④ 미술관 직원은 벽에 전시해 둔 그림 한 점이 사라진 것을 발견하고 대경실색하였다.
⑤ 정성 들여 관리한 비닐하우스가 태풍에 허물어진 것을 발견하고 그는 망연자실하였다.

나의 어휘력 점수는? ______________점 / 총 12점

• 틀린 어휘의 뜻과 예문을 다시 꼼꼼히 살펴보자.

공부한 날 ( )월 ( )일

헷갈리기 쉬운 말

주리다	제대로 먹지 못하여 배를 곯다. 예 빵을 허겁지겁 먹는 모습으로 보아 그가 몹시 배를 ______고 있었음을 알 수 있었다.
줄이다	① 물체의 길이나 넓이, 부피 따위를 본디보다 작게 하다. 예 이 바지는 길이를 조금 ______면 더 예쁠 것 같아. ② 수나 분량을 본디보다 적게 하거나 무게를 덜 나가게 하다. 예 교통사고를 ______기 위한 대책이 필요하다.
집다	손가락이나 발가락으로 물건을 잡아서 들다. 예 떨어진 책을 ______어 책상 위에 올려놓았다.
짚다	바닥이나 벽, 지팡이 따위에 몸을 의지하다. 예 길이 울퉁불퉁해서 목발을 ______고 걷기가 어렵다.
짓다	① 재료를 들여 밥, 옷, 집 따위를 만들다. 예 그들은 아름다운 강가에 오두막을 ______고 살았다. ② 어떤 표정이나 태도 따위를 얼굴이나 몸에 나타내다. 예 유정이는 무슨 좋은 일이 있는지 하루 종일 미소를 ______고 다닌다.
짖다	개가 목청으로 소리를 내다. 예 골목에 들어서자 옆집 개가 컹컹 ______기 시작했다.

필수 개념 - 문법

유의어 무리 類 | 뜻 義 | 말씀 語	말소리는 다르지만 의미가 서로 비슷한 관계에 있는 단어들. 예 식당 – 음식점, 잡다 – 쥐다, 비슷하다 – 유사하다
반의어 돌이킬 反 | 뜻 義 | 말씀 語	의미가 서로 반대되는 관계에 있는 단어들. 예 남자 – 여자, 낮 – 밤, 오르다 – 내리다, 덥다 – 춥다
상의어 위 上 | 뜻 義 | 말씀 語	한쪽이 의미상 다른 쪽을 포함하는 단어. 예 '악기' ➡ '바이올린, 피아노, 플루트, 트럼펫'을 포함하는 상의어
하의어 아래 下 | 뜻 義 | 말씀 語	한쪽이 의미상 다른 쪽에 포함되는 단어. 예 '티셔츠'와 '바지' ➡ '옷'에 포함되는 하의어

01 ~ 04 다음 단어와 그 뜻풀이를 바르게 연결하시오.

01 집다 •　　• ㉠ 재료를 들여 밥, 옷, 집 따위를 만들다.

02 짓다 •　　• ㉡ 바닥이나 벽, 지팡이 따위에 몸을 의지하다.

03 짚다 •　　• ㉢ 손가락이나 발가락으로 물건을 잡아서 들다.

04 줄이다 •　　• ㉣ 물체의 길이나 넓이, 부피 따위를 본디보다 작게 하다.

05 ~ 07 다음 문장에서 적절한 단어를 고르시오.

05 그녀는 무언가를 곰곰이 생각하며 혼자서 한숨을 (짓고 | 짖고) 있었다.

06 내 동생은 발가락으로 물건을 마음대로 (집어 | 짚어) 옮기는 재주가 있다.

07 음식점에서 풍겨 나오는 고기 굽는 냄새가 그의 (주린 | 줄인) 배를 더욱 고프게 했다.

08 밑줄 친 단어의 쓰임이 적절하지 않은 것은?

① 할아버지께서는 지팡이를 짚고 다니신다.
② 오늘은 저녁으로 맛있는 오곡밥을 지어 먹었다.
③ 의사의 권유로 그는 식사량을 주리고 운동량은 늘렸다.
④ 우리가 독립해 나간 뒤 부모님은 집을 줄여 이사를 하셨다.
⑤ 우리 집 개는 처음 보는 손님이 와도 짖지 않고 꼬리를 흔든다.

09 ~ 12 다음 설명이 알맞으면 ○에, 틀리면 ×에 표시하시오.

09 유의어는 의미가 서로 반대되는 관계에 있는 단어들이다. (○ , ×)

10 의미상 다른 쪽을 포함하는 단어를 상의어라고 한다. (○ , ×)

11 반의 관계를 이루는 단어의 예로 '남자 – 여자', '덥다 – 춥다'가 있다. (○ , ×)

12 '악기'와 '바이올린' 중에 하의어는 '악기'이다. (○ , ×)

13 다음 중 단어의 의미 관계가 다른 하나는?

① 친구 – 벗　② 가다 – 오다
③ 뛰다 – 달리다　④ 기쁘다 – 흥겹다
⑤ 무겁다 – 둔하다

14 밑줄 친 단어와 반의 관계를 형성하는 것은?

실내로 들어온 채영이는 모자를 벗어 가방에 넣었다.

① 입다　② 넣다　③ 끼다
④ 신다　⑤ 쓰다

15 다음 중 상하 관계의 연결이 적절하지 않은 것은?

① 황토, 진흙, 적토 : 흙
② 농부, 교사, 작가 : 회사원
③ 진달래, 무궁화, 개나리 : 꽃
④ 블라우스, 치마, 반바지 : 옷
⑤ 짜장면, 탕수육, 짬뽕 : 중화요리

나의 어휘력 점수는?　＿＿＿＿＿점 / 총 15점
• 틀린 어휘의 뜻과 예문을 다시 꼼꼼히 살펴보자.

공부한 날 ( )월 ( )일

필수 어휘

추세
달릴 趨 | 기세 勢

어떤 현상이 일정한 방향으로 나아가는 경향.
예 우리나라의 출생 인구는 계속 감소되는 ______이다.

어휘 쏙 경향(傾向) 현상이나 사상, 행동 따위가 어떤 방향으로 기울어짐.

추호
가을 秋 | 가는 털 毫

가을철에 털갈이하여 새로 돋아난 짐승의 가는 털을 뜻하는 말로, 매우 적거나 조금인 것을 비유적으로 이르는 말.
예 내 말에는 ______의 거짓도 없다.

취지
뜻 趣 | 뜻 旨

어떤 일의 근본이 되는 목적이나 긴요한 뜻.
예 오늘 모임의 ______는 서로 친목을 다지는 것입니다.

어휘 쏙 긴요(緊要)하다 꼭 필요하고 중요하다.

치안
다스릴 治 | 편안할 安

국가 사회의 안녕과 질서를 유지 · 보전함.
예 경찰은 우리나라의 ______을 위해 힘쓰고 있다.

어휘 쏙 안녕(安寧) 아무 탈 없이 편안함.

치유
다스릴 治 | 병 나을 癒

치료하여 병을 낫게 함.
예 자연은 스트레스로 상한 마음을 ______하는 데 큰 도움이 된다.

침해
침노할 侵 | 해로울 害

침범하여 해를 끼침.
예 연예인에 대한 대중 매체의 사생활 ______가 점점 심해지고 있다.

어휘 쏙 침범(侵犯) 남의 영토나 권리, 재산, 신분 따위를 불법으로 범하거나 해를 끼침.

탁월하다
높을 卓 | 넘을 越

남보다 두드러지게 뛰어나다.
예 그는 이야기를 재미있게 하는 데 ______한 능력을 가지고 있다.

유의어 출중(出衆)하다 여러 사람 가운데서 특별히 두드러지다.

탐관오리
탐할 貪 | 벼슬 官 | 더러울 汚 | 벼슬아치 吏

백성의 재물을 탐내어 빼앗는, 행실이 깨끗하지 못한 관리.
예 ______의 괴롭힘으로 백성들의 고통이 심하다.

반의어 청백리(淸白吏) 재물에 대한 욕심이 없이 곧고 깨끗한 관리.

탈피
벗을 脫 | 가죽 皮

일정한 상태나 처지에서 완전히 벗어남.
예 이 영화는 흔한 추리 소재에서 ______하여 관객들에게 신선한 재미를 느끼게 한다.

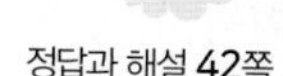

01 ~ 05 다음 뜻풀이에 해당하는 단어를 말상자에서 찾아 표시하시오.

소	탐	대	실	망	치
기	관	계	수	이	유
정	오	정	추	호	의
치	리	기	소	정	하
안	전	탁	월	하	다

01 치료하여 병을 낫게 함.

02 남보다 두드러지게 뛰어나다.

03 국가 사회의 안녕과 질서를 유지·보전함.

04 백성의 재물을 탐내어 빼앗는, 행실이 깨끗하지 못한 관리.

05 가을철에 털갈이하여 새로 돋아난 짐승의 가는 털을 뜻하는 말로, 매우 적거나 조금인 것을 비유적으로 이르는 말.

06 ~ 09 <보기>의 글자들을 조합하여 다음 뜻풀이에 알맞은 단어를 쓰시오.

보기

해　피　취　침　추　지　탈　세

06 침범하여 해를 끼침. (　　　　)

07 일정한 상태나 처지에서 완전히 벗어남. (　　　　)

08 어떤 일의 근본이 되는 목적이나 긴요한 뜻. (　　　　)

09 어떤 현상이 일정한 방향으로 나아가는 경향. (　　　　)

10 ~ 13 빈칸에 들어갈 알맞은 단어를 <보기>에서 찾아 쓰시오.

보기

추호　치유　침해　탈피　청백리

10 순진한 동생은 내가 하는 말이라면 (　　　　)도 의심하지 않는다.

11 그 정도의 작은 상처는 시간이 지나면 아마 저절로 (　　　　)가 될 것이다.

12 영화는 무대에서 상연하는 연극이 갖는 시간적·공간적 제약을 (　　　　)한 장르이다.

13 그 작가는 파일을 복제하고 불법으로 공유하는 등 저작권을 (　　　　)하는 행위에 대해 법적으로 대응하겠다고 밝혔다.

14 밑줄 친 단어의 쓰임이 적절하지 않은 것은?

① 최근 몇 달 동안 택배를 이용한 물건 구매가 늘어나는 추세이다.
② 귤은 비타민 C가 많이 들어 있어서 피로 회복 기능이 탁월하다.
③ 홍길동은 탐관오리에게서 빼앗은 재물로 가난한 백성들을 도와주었다.
④ 우리나라는 비교적 치안이 잘되어 있어 혼자 자유롭게 여행하는 것이 가능하다.
⑤ 겨울철 등산은 눈사태와 같은 갑작스러운 취지에 대비하여 준비를 철저히 해야 한다.

나의 어휘력 점수는? ________점 / 총 14점

• 틀린 어휘의 뜻과 예문을 다시 꼼꼼히 살펴보자.

공부한 날 ( )월 ( )일

관용 표현 - 주제별 관용어

★ 음식

미역국을 먹다	시험에서 떨어지다. 예 자격증 시험에 두 번째 응시했지만 또 ______었다.
밥 먹듯 하다	예사로 자주 하다. 예 양치기 소년은 거짓말을 ______여 아무도 그를 믿지 않게 되었다.
죽을 쑤다	어떤 일을 망치거나 실패하다. 예 동생은 너무 긴장하여 시합에서 ______었다며 울상을 지었다.

★ 분위기

산통이 깨지다	다 잘되어 가던 일이 뒤틀리다. 예 감동적인 영화 장면에서 누군가의 전화벨이 울리는 바람에 ______고 말았다.
재를 뿌리다	일, 분위기 따위를 망치거나 훼방을 놓다. 예 공부 좀 하려는데 왜 옆에서 시끄럽게 하면서 ______고 그러니.
찬물을 끼얹다	잘되어 가고 있는 일에 뛰어들어 분위기를 흐리거나 공연히 트집을 잡아 헤살을 놓다. 예 광고 포스터 작업이 겨우 마무리되어 갈 때에, 지나가던 다른 직원이 보고 모양이 이상하다며 ______었다. 어휘 쏙 헤살 일을 짓궂게 훼방함. 또는 그런 짓.

★ 특정 상황

날개 돋치다	① 상품이 인기가 있어 빠른 속도로 팔려 나가다. 예 그 회사가 이번에 내놓은 신상품은 ______친 듯 팔려 나갔다. ② 소문 같은 것이 먼 데까지 빨리 퍼져 가다. 예 나쁜 소문일수록 ______친 듯 퍼져 나가기 마련이다.
칼자루를 잡다	어떤 일에 실제적인 권한을 가지다. 예 우리 집에서 외식 메뉴를 결정하는 일만큼은 막내가 ______고 있다.
탄력을 받다	점차 증가하거나 많아지다. 예 그는 일이 익숙해지자 ______아 예상보다 빠르게 일을 마무리 지었다.

정답과 해설 42쪽

01 ~ 05 다음 뜻풀이에 해당하는 관용어를 <보기>에서 찾아 기호를 쓰시오.

보기
- ㉠ 탄력을 받다
- ㉡ 재를 뿌리다
- ㉢ 밥 먹듯 하다
- ㉣ 칼자루를 잡다
- ㉤ 산통이 깨지다

01 예사로 자주 하다. (　　　)

02 점차 증가하거나 많아지다. (　　　)

03 다 잘되어 가던 일이 뒤틀리다. (　　　)

04 어떤 일에 실제적인 권한을 가지다. (　　　)

05 일, 분위기 따위를 망치거나 훼방을 놓다. (　　　)

06 ~ 09 제시된 초성을 활용하여 관용어의 뜻풀이를 완성하시오.

06 미역국을 먹다

→ [ㅅ][ㅎ]에서 떨어지다.

07 죽을 쑤다

→ 어떤 일을 망치거나 [ㅅ][ㅍ]하다.

08 찬물을 끼얹다

→ 잘되어 가는 일에 뛰어들어 [ㅂ][ㅇ][ㄱ]를 흐리거나 공연히 [ㅌ][ㅈ]을 잡아 헤살을 놓다.

09 날개 돋치다

→ [ㅅ][ㅁ] 같은 것이 먼 데까지 빨리 퍼져 가다.

→ 상품이 [ㅇ][ㄱ]가 있어 빠른 속도로 팔려 나가다.

10 ~ 13 다음 빈칸에 들어갈 관용어를 <보기>에서 찾아 문맥에 맞게 쓰시오.

보기
- ㉠ 죽을 쑤다
- ㉡ 탄력을 받다
- ㉢ 찬물을 끼얹다
- ㉣ 칼자루를 잡다

10 이번 협상에서 __________ 있는 것은 우리 쪽이므로 상대방에게 끌려다닐 필요가 없다.

11 재호는 필기시험은 잘 봤지만 너무 긴장한 탓에 면접에서 __________ 합격 여부가 불투명하다.

12 경기를 이기고 있는 상황에서 반칙으로 페널티 킥을 허용한 것은 경기 흐름에 __________ 행위였다.

13 전문가들은 오디션 프로그램의 수출을 계기로 엔터테인먼트 산업의 해외 확장도 __________ 것으로 내다보고 있다.

14 밑줄 친 관용어의 쓰임이 적절하지 않은 것은?

① 데이트를 하는 자리에 친구들이 우르르 나타나 재를 뿌렸다.
② 영화에 나온 라면이 우리나라뿐만 아니라 외국에서도 날개 돋친 듯 팔리고 있다.
③ 동생 숙제하는 데 괜히 끼어들어 밥 먹듯 하지 말고 방에 들어가 책이라도 읽으렴.
④ 친구가 지원한 대학에 나도 따라 지원했는데, 친구는 합격하고 나는 미역국을 먹었다.
⑤ 울던 아기가 겨우 잠들었는데, 갑자기 울리는 현관 벨 소리에 산통이 깨져 아기가 다시 울기 시작했다.

나의 어휘력 점수는? __________ 점 / 총 14점

• 틀린 어휘의 뜻과 예문을 다시 꼼꼼히 살펴보자.

공부한 날 ( )월 ( )일

다의어 · 동음이의어

쓰다[1]
선을 그을 수 있는 도구로 종이 따위에 획을 그어서 일정한 글자의 모양이 이루어지게 하다.
예 얇은 종이에 글자를 꾹꾹 눌러 ______다 보니 종이가 찢어지고 말았다.

쓰다[2]
모자 따위를 머리에 얹어 덮다.
예 햇빛이 강해서 모자를 ______고 나갔다.

쓰다[3]
어떤 일을 하는 데에 재료나 도구, 수단을 이용하다.
예 요즘은 문서를 작성할 때 컴퓨터를 ______지 않는 사람이 드물다.

쓰다[4]
혀로 느끼는 맛이 한약이나 소태, 씀바귀의 맛과 같다.
예 이 커피는 향기도 없고 ______기만 하다.
어휘 쏙 소태 소태나무의 껍질. 약재로 쓰이는데 맛이 아주 쓰며, 매우 질기다.

이르다[1]
어떤 장소나 시간에 닿다.
예 이 배의 속도로는 한 시간을 가도 저 섬에 ______지 못한다.

이르다[2]
무엇이라고 말하다.
예 아이들에게 주의할 점을 단단히 ______고 집을 나섰다.

이르다[3]
대중이나 기준을 잡은 때보다 앞서거나 빠르다.
예 보라는 평소보다 ______게 학교에 도착했다.

필수 개념 - 문법

표준어
標 표 | 準 법도 | 語 말씀

표 標 | 법도 準 | 말씀 語

한 나라에서 공용어로 쓰는 규범으로서의 언어. 여러 방언 가운데 공식적으로 쓰는 언어로서의 자격을 부여받은 것이다.

지역 방언
땅 地 | 지경 域 | 모 方 | 말씀 言

한 언어 내에서 지역에 따라 달라진 말.
■ 지역 방언의 특징과 예
• 특징: 우리말의 어휘를 풍부하게 하고, 그 지역의 정서와 특색을 느낄 수 있게 한다.
• 예: '깍두기'를 지역에 따라 '깍대기, 무짐치, 똑딱지' 등으로 일컫는다.

사회 방언
모일 社 | 모일 會 | 모 方 | 말씀 言

세대나 직업, 성별 등 사회적 요인에 따라 다르게 쓰이는 말.
■ 사회 방언의 특징과 예
• 특징: 사용하는 집단의 특성을 반영하며, 구성원들의 소속감을 강화하거나 집단 내에서 의사소통의 효율성을 높인다.
• 예: 청소년층은 '생파(생일 파티)', '생선(생일 선물)'과 같은 줄임말이나 유행어를 많이 쓴다.

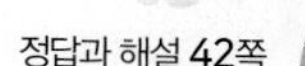

01 ~ 03 밑줄 친 단어의 뜻풀이로 알맞은 것을 고르시오.

01 머리에 가발을 쓰니 더워서 땀이 난다.

㉠ 모자 따위를 머리에 얹어 덮다.

㉡ 혀로 느끼는 맛이 한약이나 소태, 씀바귀의 맛과 같다.

02 다시는 거짓말을 하지 말라고 엄히 일렀다.

㉠ 무엇이라고 말하다.

㉡ 대중이나 기준을 잡은 때보다 앞서거나 빠르다.

03 쓰다 남은 양초를 하나 찾아다가 불을 밝혔다.

㉠ 어떤 일을 하는 데에 재료나 도구, 수단을 이용하다.

㉡ 선을 그을 수 있는 도구로 종이 따위에 획을 그어서 일정한 글자의 모양이 이루어지게 하다.

04 ~ 08 밑줄 친 단어의 뜻을 <보기>에서 찾아 기호를 쓰시오.

보기

㉠ 어떤 장소나 시간에 닿다.
㉡ 모자 따위를 머리에 얹어 덮다.
㉢ 대중이나 기준을 잡은 때보다 앞서거나 빠르다.
㉣ 혀로 느끼는 맛이 한약이나 소태, 씀바귀의 맛과 같다.
㉤ 선을 그을 수 있는 도구로 종이 따위에 획을 그어서 일정한 글자의 모양이 이루어지게 하다.

04 몸에 좋은 약이 입에는 쓰다. ( )

05 학용품에는 자기 이름을 쓰세요. ( )

06 올해는 예년보다 장마의 시작이 이른 것 같다. ( )

07 자정에 이르러서야 겨우 숙소에 도착할 수 있었다. ( )

08 외국인 친구는 갓을 쓴 선비 인형을 기념품으로 골랐다. ( )

09 ~ 11 다음 설명이 알맞으면 ○에, 틀리면 ×에 표시하시오.

09 표준어는 한 나라에서 공용어로 쓰는 규범으로서의 언어이다. (○ , ×)

10 한 언어 내에서 지역에 따라 달라진 말을 사회 방언이라고 한다. (○ , ×)

11 사회 방언은 사용하는 집단의 특성을 반영하며, 구성원들의 소속감을 강화하거나 집단 내에서 의사소통의 효율성을 높인다. (○ , ×)

12 다음 대화에서 알 수 있는 어휘의 양상에 대한 설명으로 적절하지 않은 것은? (정답 2개)

가 <중학생인 한솔이와 친구의 대화>
한솔: 송이 생파에 갈 거지?
도희: 당근이지. 그런데 생선을 뭐로 할지 고민이네.
한솔: 난 문상 샀어. 송이가 뭘 좋아할지 모르겠어서.

나 <경상도가 고향인 할머니와 한솔이의 대화>
할머니: 한솔이 왔나? 배고프제?
한솔: 아니요. 친구 생선 사고 떡볶이 먹었어요.
할머니: 생선? 물게기 샀으면 구워 먹게 이리 도.

① 의사소통에서는 표준어와 방언이 두루 쓰인다.
② 한 언어 내에서 지역에 따라 달라진 말이 쓰인다.
③ 청소년들은 줄임말을 많이 사용하는 경향이 있다.
④ 사회 방언은 세대 간의 의사소통을 원활하게 한다.
⑤ 노년층은 전문 분야에서 사용되는 개념을 두루 알고 사용한다.

나의 어휘력 점수는? ________점 / 총 **12**점

• 틀린 어휘의 뜻과 예문을 다시 꼼꼼히 살펴보자.

23회 1

공부한 날 ( )월 ( )일

필수 어휘

탕진
털어 없앨 蕩 | 다할 盡

재물 따위를 다 써서 없앰.

예 진호는 게임을 하느라 용돈을 ______하여 부모님께 꾸중을 들었다.

토로
토할 吐 | 이슬 露

마음에 있는 것을 죄다 드러내어서 말함.

예 그는 인터뷰에서 심판의 판정에 대한 불만을 ______했다.

퇴치
물러날 退 | 다스릴 治

물리쳐서 아주 없애 버림.

예 이 제품은 모기를 ______하는 데 효과적이다.

폐해
폐단 弊 | 해로울 害

폐단으로 생기는 해.

예 대기 오염의 ______로 우리의 건강이 위협받고 있다.

어휘 쏙 폐단(弊端) 어떤 일이나 행동에서 나타나는 옳지 못한 경향이나 해로운 현상.

포괄하다
쌀 包 | 묶을 括

일정한 대상이나 현상 따위를 어떤 범위나 한계 안에 모두 끌어 넣다.

예 한국어란 우리말과 우리글을 ______하는 용어이다.

어휘 쏙 범위(範圍) 일정하게 한정된 영역.

풍기다

① 냄새가 나다. 또는 냄새를 퍼뜨리다.

예 갓 볶은 땅콩에서 구수한 냄새가 ______고 있었다.

② 어떤 분위기가 나다. 또는 그런 것을 자아내다.

예 그에게서 ______는 분위기가 퍽 진지하여 나는 선뜻 장난을 걸지 못했다.

하소연

억울한 일이나 잘못된 일, 딱한 사정 따위를 말함.

예 외국으로 유학을 간 친구는 그곳 음식이 안 맞아 힘들다고 ______을 했다.

어휘 쏙 딱하다 사정이나 처지가 애처롭고 가엾다.

유의어 넋두리 불만을 길게 늘어놓으며 하소연하는 말.

할당
나눌 割 | 마땅할 當

몫을 갈라 나눔. 또는 그 몫.

예 팀장이 팀원들에게 업무를 ______했다.

유의어 배분(配分) 몫몫이 별러 나눔.

함유
머금을 含 | 있을 有

물질이 어떤 성분을 포함하고 있음.

예 과일에는 비타민이 풍부하게 ______되어 있다.

어휘 쏙 포함(包含) 어떤 사물이나 현상 가운데 함께 들어 있거나 함께 넣음.

01 ~ 04 다음 뜻풀이에 해당하는 단어를 <보기>에서 찾아 쓰시오.

보기
토로　퇴치　함유　하소연

01 물리쳐서 아주 없애 버림. (　　　)

02 물질이 어떤 성분을 포함하고 있음. (　　　)

03 마음에 있는 것을 죄다 드러내어서 말함. (　　　)

04 억울한 일이나 잘못된 일, 딱한 사정 따위를 말함. (　　　)

05 ~ 06 다음 단어의 뜻풀이에서 알맞은 단어를 고르시오.

05 풍기다 : 냄새가 나다. 또는 냄새를 (퍼뜨리다 | 빨아들이다).

06 포괄하다 : 일정한 대상이나 현상 따위를 어떤 범위나 한계 (밖 | 안)에 모두 끌어 넣다.

07 ~ 09 <보기>의 글자들을 조합하여 다음 뜻풀이에 알맞은 단어를 쓰시오.

보기
진　탕　해　당　할　폐

07 폐단으로 생기는 해. (　　　)

08 재물 따위를 다 써서 없앰. (　　　)

09 몫을 갈라 나눔. 또는 그 몫. (　　　)

10 ~ 13 빈칸에 들어갈 알맞은 단어를 <보기>에서 찾아 쓰시오.

보기
탕진　토로　폐해　포함　할당

10 청소 구역이 나뉘었는데, 우리가 (　　　)을/를 받은 곳은 미술실이었다.

11 도자기에 푹 빠진 그는 값비싼 도자기들을 모으느라 조상 대대로 물려받은 재산을 (　　　)하였다.

12 새로운 작품을 연재하기 시작한 그 작가는 종종 자신의 블로그에 창작의 어려움을 (　　　)하곤 했다.

13 외모 지상주의는 건강을 해치는 다이어트를 부추기고 외적인 것에만 치중하는 그릇된 사고방식을 갖게 하는 등 그 (　　　)이/가 심각하다.

14 밑줄 친 단어의 쓰임이 적절하지 않은 것은?

① 길거리의 쓰레기를 퇴치했더니 온 동네가 지저분해졌다.
② 이 마을은 오래된 한옥이 많아서 예스러운 멋을 풍긴다.
③ 산문은 자유로운 문장으로 쓴 글로, 소설과 수필을 포괄한다.
④ 녹차에는 카페인이 함유되어 있으므로 섭취 시 주의할 필요가 있다.
⑤ 정은이는 눈물을 글썽거리며 자신의 억울함을 친구들에게 하소연했다.

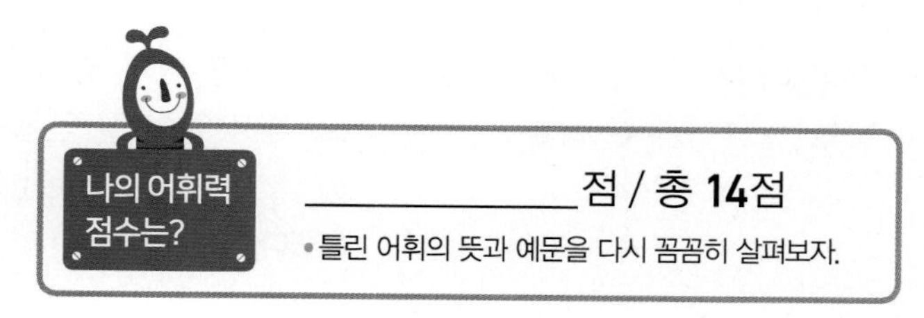

공부한 날 ( )월 ( )일

관용 표현 - 주제별 한자 성어

★ 욕심, 이기심

견물생심
볼 見 | 만물 物 | 날 生 | 마음 心

어떠한 실물을 보게 되면 그것을 가지고 싶은 욕심이 생김.

예 ______ 이라고, 백화점에 가서 구경을 하다 보면 무언가를 꼭 사게 된다.

소탐대실
작을 小 | 탐할 貪 | 큰 大 | 잃을 失

작은 것을 탐하다가 큰 것을 잃음.

예 눈앞의 이익에만 신경 쓰다가 ______ 할 수 있다는 걸 명심해라.

아전인수
나 我 | 밭 田 | 끌 引 | 물 水

자기 논에 물 대기라는 뜻으로, 자기에게만 이롭게 되도록 생각하거나 행동함을 이르는 말.

예 자기가 필요할 때만 배려를 강조하는 그의 태도는 ______ 그 자체였다.

★ 기운, 기세

기호지세
말탈 騎 | 범 虎 | 갈 之 | 기세 勢

호랑이를 타고 달리는 형세라는 뜻으로, 이미 시작한 일을 중도에서 그만둘 수 없는 경우를 이르는 말.

예 그 사업에는 돈과 노력이 이미 너무 많이 들어가서, 이제 와 그만두려고 해도 그만둘 수 없는 ______ 이다.

파죽지세
깨뜨릴 破 | 대 竹 | 갈 之 | 기세 勢

대를 쪼개는 기세라는 뜻으로, 적을 거침없이 물리치고 쳐들어가는 기세를 이르는 말.

예 그들은 ______ 로 적군을 이 땅에서 몰아냈다.

호연지기
넓을 浩 | 그럴 然 | 갈 之 | 기운 氣

사람의 마음에 차 있는 너르고 크고 올바른 기운.

예 신라 시대의 화랑들은 산과 들을 누비며 ______ 를 키웠다.

★ 억울함, 불행

오비이락
까마귀 烏 | 날 飛 | 배나무 梨 | 떨어질 落

까마귀 날자 배 떨어진다는 뜻으로, 아무 관계도 없이 한 일이 공교롭게도 때가 같아 억울하게 의심을 받거나 난처한 위치에 서게 됨을 이르는 말.

예 승아가 청소한 화단에서 깨진 화분이 발견되자, 승아는 ______ 이라며 억울해했다.

어휘 쏙 난처(難處)하다 이럴 수도 없고 저럴 수도 없어 처신하기 곤란하다.

계란유골
닭 鷄 | 알 卵 | 있을 有 | 뼈 骨

달걀에도 뼈가 있다는 뜻으로, 운수가 나쁜 사람은 모처럼 좋은 기회를 만나도 역시 일이 잘 안됨을 이르는 말.

예 ______ 이라고, 줄을 서서 겨우 음식점에 들어왔더니 직원이 와서 재료가 떨어졌다고 알렸다.

확인 문제

01 ~ 04 다음 뜻풀이에 해당하는 한자 성어를 <보기>에서 찾아 쓰시오.

> **보기**
> 계란유골　소탐대실　아전인수　호연지기

01 작은 것을 탐하다가 큰 것을 잃음. (　　　　)

02 사람의 마음에 차 있는 너르고 크고 올바른 기운. (　　　　)

03 운수가 나쁜 사람은 모처럼 좋은 기회를 만나도 역시 일이 잘 안됨을 이르는 말. (　　　　)

04 자기 논에 물 대기라는 뜻으로, 자기에게만 이롭게 되도록 생각하거나 행동함을 이르는 말. (　　　　)

05 ~ 08 제시된 초성을 참고하여 다음 뜻풀이에 알맞은 한자 성어를 쓰시오.

05 어떠한 실물을 보게 되면 그것을 가지고 싶은 욕심이 생김.

ㄱ ☐ ☐ ㅅ

06 대를 쪼개는 기세라는 뜻으로, 적을 거침없이 물리치고 쳐들어가는 기세를 이르는 말.

07 호랑이를 타고 달리는 형세라는 뜻으로, 이미 시작한 일을 중도에서 그만둘 수 없는 경우를 이르는 말.

08 까마귀 날자 배 떨어진다는 뜻으로, 아무 관계도 없이 한 일이 공교롭게도 때가 같아 억울하게 의심을 받거나 난처한 위치에 서게 됨을 이르는 말.

ㅇ ☐ ㅇ ☐

09 ~ 11 다음 대화 내용과 의미가 통하는 한자 성어를 <보기>에서 찾아 쓰시오.

> **보기**
> 견물생심　아전인수　파죽지세

09 **혜미:** 어머, 저거 사야 될 것 같지 않아?
준하: 홈 쇼핑을 계속 보고 있으니까 물건이 사고 싶어지지. (　　　　)

10 **아나운서:** 우리나라 축구팀이 8강전에서 스페인을 꺾고 월드컵 4강에 진출합니다!
해설자: 폴란드와 포르투갈을 차례로 이기고 16강에 진출해 이탈리아마저 꺾지 않았습니까? 대한민국의 기세가 대단합니다. (　　　　)

11 **동주:** 우리 학교에는 나랑 같은 초등학교를 나온 애들이 많으니까 회장 선거에서 내가 당선될 가능성이 높다고 봐.
서영: 그건 상황을 너한테 유리한 쪽으로만 예측한 것 같은데? (　　　　)

12 밑줄 친 한자 성어의 쓰임이 적절하지 않은 것은?

① 산에 오른 학생들은 탁 트인 자연을 보며 <u>호연지기</u>를 키우겠다고 다짐했다.
② 하필이면 내가 안았을 때 아기가 울어 내가 울린 꼴이 되었으니 <u>오비이락</u> 격이다.
③ 차비가 아까워서 빗속을 걷다가 감기에 걸려 병원비가 더 나왔다면, 그건 <u>소탐대실</u>이지.
④ <u>계란유골</u>이라고, 선착순으로 판매하는 한정품을 겨우 구했는데 뜯어보니 제품이 불량이었다.
⑤ 우리 팀은 상대 팀의 <u>기호지세</u>에 밀려 경기 내내 제대로 된 반격 한 번 못 하고 수비에 급급했다.

나의 어휘력 점수는? ________점 / 총 12점
• 틀린 어휘의 뜻과 예문을 다시 꼼꼼히 살펴보자.

공부한 날 ( )월 ( )일

헷갈리기 쉬운 말

한참

시간이 상당히 지나는 동안.

예 담장을 따라 ______ 을 걸어가니 기와집이 나왔다.

한창

어떤 일이 가장 활기 있고 왕성하게 일어나는 때. 또는 어떤 상태가 가장 무르익은 때.

예 요즘 앞산에는 진달래가 ______ 이다.

햇수
햇 | 셀 數

해의 수.

예 이 동네로 이사 온 지 ______ 로 5년이 되었다.

횟수
돌아올 回 | 셀 數

돌아오는 차례의 수효.

예 민희는 매일 윗몸 일으키기 ______ 를 세 개씩 늘렸다.

해어지다

닳아서 떨어지다.

예 먼 길을 걷다 보니 운동화는 ______ 고 배낭은 흙먼지를 뒤집어써서 더러워졌다.

헤어지다

모여 있던 사람들이 따로따로 흩어지다.

예 동창회가 끝나 친구들과 ______ 고 나니 무척 섭섭하였다.

필수 개념 - 듣기·말하기

토의
칠 討 | 의논할 議

공동의 문제를 합리적으로 해결하기 위해 여러 사람이 의견이나 생각을 주고받는 협력적인 말하기.

■ 토의의 참여자
- 사회자: 토의가 주제에서 벗어나지 않도록 하며, 중립적인 태도로 절차에 따라 진행한다.
- 토의자: 의견을 조리 있게 말하고, 다른 사람의 의견을 존중하며 협력적인 태도로 참여한다.
- 청중: 토의자의 발표를 경청하고, 주제와 관련 없는 질문은 하지 않는다.

면담
낯 面 | 말씀 談

어떤 목적에 따라 서로 만나 의견을 나누거나 묻고 대답하는 일.

■ 면담의 과정

면담 준비	• 면담 목적을 정하고, 면담 대상자를 선정하여 면담 허락을 구함. • 사전 조사를 통해 목적과 대상에 맞는 질문을 마련함.
면담 진행	• 예의 바르고 적극적인 태도로 면담에 임함. • 면담 내용을 기록 또는 녹음하고, 필요에 따라 보충 질문을 함.
면담 결과 정리	기록하거나 녹음한 내용을 바탕으로 면담 내용을 간결하게 정리함.

정답과 해설 43쪽

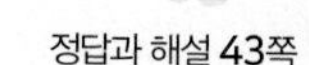

01 ~ 04 다음 단어와 그 뜻풀이를 바르게 연결하시오.

01 한창 •

02 햇수 •

03 해어지다 •

04 헤어지다 •

• ㉠ 해의 수.

• ㉡ 닳아서 떨어지다.

• ㉢ 모여 있던 사람들이 따로 따로 흩어지다.

• ㉣ 어떤 일이 가장 활기 있고 왕성하게 일어나는 때.

05 ~ 07 다음 문장에서 적절한 단어를 고르시오.

05 해가 뜨는 것을 보려면 아직 (한참 | 한창)은 더 기다려야 한다.

06 어느새 외국에서 보낸 (햇수 | 횟수)가 고국에서 보낸 것보다 많아졌다.

07 친구와 갈림길에서 (해어지고 | 헤어지고) 편의점에 들렀다가 집으로 왔다.

08 밑줄 친 단어의 쓰임이 적절하지 않은 것은?

① 그의 얼굴을 보고 한참 후에야 이름이 생각났다.
② 너무 오래 입었는지 청바지의 무릎 부분이 다 해어졌다.
③ 명절 연휴에는 보통 때보다 열차 운행 햇수가 많아진다.
④ 영준이는 지각하는 횟수가 늘더니 오늘은 아예 학교에 오지 않았다.
⑤ 야간 경기가 가능하도록 운동장에 조명 탑을 설치하는 공사가 한창이다.

09 ~ 11 다음 설명이 알맞으면 ○에, 틀리면 ×에 표시하시오.

09 공동의 문제를 합리적으로 해결하기 위해 여러 사람이 의견이나 생각을 주고받는 협력적인 말하기를 면담이라고 한다. (○ , ×)

10 토의의 사회자는 토의가 주제에서 벗어나지 않도록 하면서 중립적인 태도로 진행해야 한다. (○ , ×)

11 면담의 과정 중 '준비' 단계에서는 면담 내용을 기록 또는 녹음하고, 필요에 따라 보충 질문을 한다. (○ , ×)

12 다음 토의에서 '학생 2'의 문제점을 지적한 내용으로 적절한 것은?

> 사회자: 지금까지 학생들이 교내 규칙을 위반하는 사례들을 살펴보았습니다. 그럼 이 학생들을 어떤 방식으로 제재하면 좋을지 그 방안에 대해 자유롭게 말씀해 주시기 바랍니다.
> 학생 1: 교칙을 위반한 학생들의 명단을 공개해 망신을 주어야 합니다. 부끄러워서 같은 잘못을 반복하지 않을 것입니다.
> 학생 2: 그런 무식한 방법은 반대합니다. 저는 이미 여러 학교에서 시행하고 있는 벌점 제도를 도입하는 것이 좋다고 생각합니다.
> 학생 3: 벌점 제도가 최선의 방법일까요? 부작용이 생길 것 같은데요.
> 학생 2: 벌점 제도에 대한 이해가 전혀 없으시네요. 제가 설명을 드리자면……

① 사회자의 지시를 따르지 않았다.
② 의견을 명확하게 표현하지 못했다.
③ 발언 기회를 일방적으로 독점했다.
④ 다른 사람의 의견을 존중하지 않았다.
⑤ 토의 주제에서 벗어나는 의견을 냈다.

나의 어휘력 점수는? ________ 점 / 총 12점

• 틀린 어휘의 뜻과 예문을 다시 꼼꼼히 살펴보자.

24회 1

공부한 날 ( )월 ( )일

필수 어휘

향유
누릴 享 | 있을 有

누리어 가짐.

예 시에서는 다양한 무료 공연을 열어 시민들에게 문화 ______ 의 기회를 제공하고 있다.

허용
허락할 許 | 얼굴 容

허락하여 너그럽게 받아들임.

예 이곳은 어린이의 경우 무료입장을 ______ 하고 있다.

반의어 **금지(禁止)** 법이나 규칙이나 명령 따위로 어떤 행위를 하지 못하도록 함.

형상화
형상 形 | 코끼리 象 | 될 化

형체로는 분명히 나타나 있지 않은 것을 어떤 방법이나 매체를 통하여 구체적이고 명확한 형상으로 나타냄. 특히 어떤 소재를 예술적으로 재창조하는 것을 이른다.

예 홍길동은 비범한 능력을 지닌 영웅으로 ______ 되어 있다.

혹독하다
혹독할 酷 | 독 毒

① 몹시 심하다.

예 나는 ______ 한 시련을 겪은 후에 성숙해질 수 있었다.

② 성질이나 하는 짓이 몹시 모질고 악하다.

예 그는 내가 싫은지, 내게만 유난히 ______ 하게 대한다.

어휘 쏙 **모질다** 마음씨가 몹시 매섭고 독하다.

유의어 **가혹(苛酷)하다** 몹시 모질고 혹독하다.

혹평
혹독할 酷 | 품평 評

몹시 모질고 혹독하게 비평함.

예 김 감독의 이번 영화는 전 작품에 한참 못 미치는 수준이라는 ______ 을 받았다.

어휘 쏙 **비평(批評)하다** 사물의 옳고 그름, 아름다움과 추함 따위를 분석하여 가치를 논하다.

활성화
살 活 | 성품 性 | 될 化

사회나 조직 등의 기능이 활발함. 또는 그러한 기능을 활발하게 함.

예 인터넷의 발달로 온라인 쇼핑이 ______ 되었다.

회상
돌아올 回 | 생각 想

지난 일을 돌이켜 생각함. 또는 그런 생각.

예 나는 옛 친구의 편지를 읽으며 학창 시절을 ______ 했다.

후하다
두터울 厚

마음 씀씀이나 태도가 너그럽다.

예 체육 선생님은 수행 평가 점수를 ______ 하게 주시는 편이다.

반의어 **박(薄)하다** 마음 씀이나 태도가 너그럽지 못하고 쌀쌀하다.

희귀하다
드물 稀 | 귀할 貴

드물어서 특이하거나 매우 귀하다.

예 이 보석은 좀처럼 보기 힘든 ______ 한 것이다.

반의어 **흔하다** 보통보다 더 자주 있거나 일어나서 쉽게 접할 수 있다.

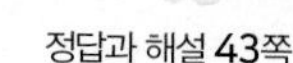

01 ~ 05 다음 빈칸을 채워 십자말풀이를 완성하시오.

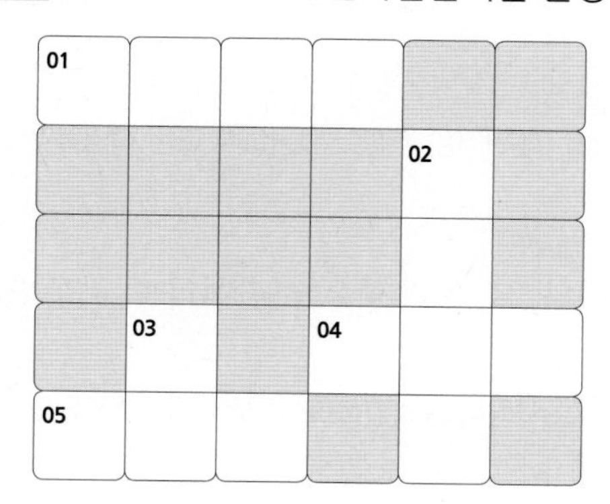

01 몹시 심하다.

02 드물어서 특이하거나 매우 귀하다.

03 지난 일을 돌이켜 생각함. 또는 그런 생각.

04 마음 씀씀이나 태도가 너그럽다.

05 형체로는 분명히 나타나 있지 않은 것을 어떤 방법이나 매체를 통하여 구체적이고 명확한 형상으로 나타냄. 특히 어떤 소재를 예술적으로 재창조하는 것을 이른다.

06 ~ 09 <보기>의 글자들을 조합하여 다음 뜻풀이에 알맞은 단어를 쓰시오.

보기
평 화 활 용 성 향 허 유 혹

06 누리어 가짐. (　　　　)

07 허락하여 너그럽게 받아들임. (　　　　)

08 몹시 모질고 혹독하게 비평함. (　　　　)

09 사회나 조직 등의 기능이 활발함. 또는 그러한 기능을 활발하게 함. (　　　　)

10 ~ 13 빈칸에 들어갈 알맞은 단어를 <보기>에서 찾아 쓰시오.

보기
가혹 향유 허용 혹평 회상

10 자유란 법이 (　　　　)하는 범위 안에서 누릴 수 있는 것이다.

11 판소리는 조선 시대에 양반층과 평민층이 모두 (　　　　)하던 문학 갈래이다.

12 심사 위원들은 그의 무대를 보고 안 맞는 옷을 입은 것처럼 어설프다며 (　　　　)을/를 쏟아 냈다.

13 70을 바라보는 그 배우는 자신이 출연한 옛날 영화를 보고 열정 가득했던 젊은 날을 (　　　　) 하였다.

14 밑줄 친 단어의 쓰임이 적절하지 않은 것은?

① 그해 겨울의 추위는 유난히도 혹독했다.
② 수출이 활성화되면서 우리 경제가 점차 되살아나고 있다.
③ 시골에 있는 외갓집 다락에는 희귀한 골동품들이 많이 있었다.
④ 수달은 낙동강, 섬진강 등 일부 지역에서만 볼 수 있으며 멸종 위기에 있는 후한 동물이다.
⑤ 이 소설은 베트남전에 참전한 작가의 경험을 바탕으로 전쟁의 참혹함을 형상화한 작품이다.

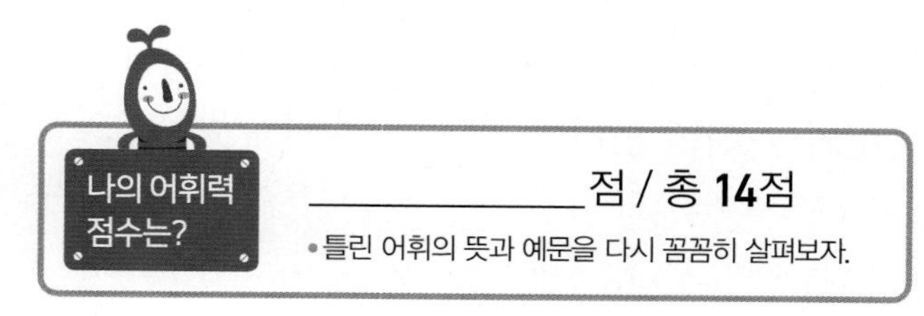

공부한 날 ( )월 ( )일

관용 표현 - 주제별 속담

★ 마지막 힘을 다한 반항

궁지에 빠진 쥐가 고양이를 문다	막다른 지경에 이르게 되면 약한 자도 마지막 힘을 다해 반항함을 이르는 말. 예 ____________가 고양이를 문다더니, 김 과장은 자신이 억울하게 모든 책임을 떠맡게 되자 이 부당함을 언론에 알리겠다고 나섰다.
지렁이도 밟으면 꿈틀한다	아무리 눌려 지내는 미천한 사람이나, 순하고 좋은 사람이라도 너무 업신여기면 가만있지 아니한다는 말. 예 지렁이도 ____________는데, 그 사람이 순하긴 해도 그렇게 막 대하다가는 큰코다칠지도 몰라.

★ 어리석음

제 꾀에 제가 넘어간다	꾀를 내어 남을 속이려다 도리어 자기가 그 꾀에 속아 넘어감을 이르는 말. 예 제 꾀에 ____________더니, 경기에서 심판의 눈을 피해 반칙을 일삼던 그 선수는 무리한 반칙을 하다 부상을 입고 퇴장했다.
하룻강아지 범 무서운 줄 모른다	철없이 함부로 덤비는 경우를 이르는 말. 예 하룻강아지 ____________고, 초등학교 1학년인 동생이 아빠에게 팔씨름을 하자고 조른다.

★ 사람의 심리와 행동

고기도 먹어 본 사람이 많이 먹는다	무슨 일이든지 늘 하던 사람이 더 잘한다는 말. 예 고기도 ____________고, 손에 흙 한 번 안 묻힌 사람보다는 밭에서 호미질이라도 한 번 해 본 사람이 농사일에 더 낫다.
목마른 놈이 우물 판다	제일 급하고 일이 필요한 사람이 그 일을 서둘러 하게 되어 있다는 말. 예 목마른 놈이 ____________고, 계약을 빨리 하고 싶은 쪽이 양보하게 되어 있다.
울며 겨자 먹기	맵다고 울면서도 겨자를 먹는다는 뜻으로, 싫은 일을 억지로 마지못하여 함을 이르는 말. 예 그 일은 반 투표로 결정된 일이기에 싫어도 ____________로 따라야 했다.
호랑이에게 물려 가도 정신만 차리면 산다	아무리 위급한 경우를 당하더라도 정신만 똑똑히 차리면 위기를 벗어날 수가 있다는 말. 예 호랑이에게 물려 가도 ____________니까, 어려운 일이 닥쳐도 포기하지 않으면 극복할 수 있을 거야.

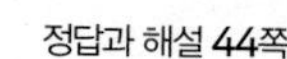
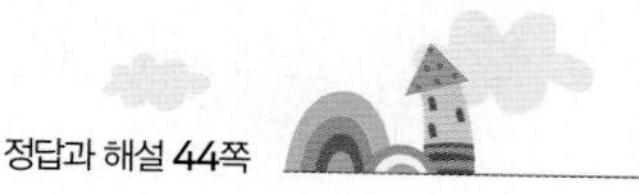

01 ~ 04 다음 뜻풀이에 해당하는 속담을 <보기>에서 찾아 기호를 쓰시오.

보기
- ㉠ 목마른 놈이 우물 판다
- ㉡ 제 꾀에 제가 넘어간다
- ㉢ 고기도 먹어 본 사람이 많이 먹는다
- ㉣ 호랑이에게 물려 가도 정신만 차리면 산다

01 무슨 일이든지 늘 하던 사람이 더 잘한다는 말. (　　　)

02 제일 급하고 일이 필요한 사람이 그 일을 서둘러 하게 되어 있다는 말. (　　　)

03 꾀를 내어 남을 속이려다 도리어 자기가 그 꾀에 속아 넘어감을 이르는 말. (　　　)

04 아무리 위급한 경우를 당하더라도 정신만 똑똑히 차리면 위기를 벗어날 수가 있다는 말. (　　　)

05 ~ 08 제시된 초성을 참고하여 뜻풀이에 해당하는 속담을 완성하시오.

05 울며 [ㄱ][ㅈ] 먹기

→ 싫은 일을 억지로 마지못하여 함을 이르는 말.

06 [ㅎ][ㄹ][ㄱ][ㅇ][ㅈ] 범 무서운 줄 모른다

→ 철없이 함부로 덤비는 경우를 이르는 말.

07 궁지에 빠진 [ㅈ]가 [ㄱ][ㅇ][ㅇ]를 문다

→ 막다른 지경에 이르게 되면 약한 자도 마지막 힘을 다해 반항함을 이르는 말.

08 [ㅈ][ㄹ][ㅇ]도 밟으면 [ㄲ][ㅌ]한다

→ 아무리 눌려 지내는 미천한 사람이나, 순하고 좋은 사람이라도 너무 업신여기면 가만있지 아니한다는 말.

09 ~ 11 밑줄 친 속담의 쓰임이 적절하면 ○에, 그렇지 않으면 ×에 표시하시오.

09 엄마: 누나가 놀려도 늘 가만있던 서준이가 오늘은 누나한테 엄청 화를 내더라고요.
아빠: <u>지렁이도 밟으면 꿈틀하는</u> 법인데, 서준이라고 맨날 당하기만 하겠어요? (○, ×)

10 나은: 다영이가 등산화를 빌려주기로 했는데, 연락 준다던 다영이한테서 통 연락이 없네.
재현: <u>목마른 놈이 우물 판다</u>잖아. 급한 사람은 너니까 네가 먼저 연락해 봐. (○, ×)

11 하윤: 온라인으로 산 게 그거야? 파란색 가방 주문한다더니 노란색이네?
예지: 내가 색상을 잘못 선택했어. 반품하려면 가방값보다 배송비가 더 들어서 <u>제 꾀에 제가 넘어간</u> 격으로 그냥 쓰려고. (○, ×)

12 ~ 14 빈칸에 들어갈 적절한 속담을 <보기>에서 찾아 기호를 쓰시오.

보기
- ㉠ 궁지에 빠진 쥐가 고양이를 문다
- ㉡ 하룻강아지 범 무서운 줄 모른다
- ㉢ 고기도 먹어 본 사람이 많이 먹는다

12 (　　　)고, 역시 공격수를 주로 했던 선수가 골을 잘 넣는군.

13 (　　　)는 말도 있듯이, 마구 몰아세우다가는 오히려 공격을 당할 수 있으니 조심해야 한다.

14 권투를 시작한 지 1년밖에 안 된 선수가 세계 챔피언에게 도전한다니, (　　　)는 말이 떠오르네.

나의 어휘력 점수는? ________점 / 총 14점

• 틀린 어휘의 뜻과 예문을 다시 꼼꼼히 살펴보자.

공부한 날 ( )월 ( )일

다의어 · 동음이의어

잡다	① 손으로 움키고 놓지 않다. 예 재영이는 날아오는 공을 두 손으로 ______ 았다. ② 자리, 방향, 날짜 따위를 정하다. 예 그는 버스에 타서 자리를 ______ 고 앉자마자 졸기 시작했다.
지다[1]	해나 달이 서쪽으로 넘어가다. 예 산골의 하루는 짧아 어느새 해가 ______ 고 있었다.
지다[2]	내기나 시합, 싸움 따위에서 재주나 힘을 겨루어 상대에게 꺾이다. 예 우리나라 선수들이 강팀을 만나 ______ 기는 했지만, 그래도 잘 싸웠다.
지다[3]	① 물건을 짊어서 등에 얹다. 예 그는 배낭을 등에 ______ 고 터덜터덜 걸었다. ② 책임이나 의무를 맡다. 예 그 문제는 제가 모두 책임을 ______ 겠습니다.
지다[4]	어떤 현상이나 상태가 이루어지다. 예 노을이 ______ 자 깎아 세운 듯한 절벽이 불그스레하게 물이 든다.

필수 개념 - 듣기·말하기

매체 중매 媒 | 몸 體	어떤 작용을 한쪽에서 다른 쪽으로 전달하는 물체 또는 그런 수단. 인쇄 매체, 영상 매체, 인터넷 매체 등이 있다.
영상 매체 비출 映 | 모양 像 | 중매 媒 | 몸 體	텔레비전, 영화 등과 같이 영상 언어를 통해 의미를 표현하고 전달하는 매체. ■ 영상 언어의 구성 요소 • 시각적 요소: 카메라의 거리와 각도, 시각 이미지, 자막 등 • 청각적 요소: 효과음, 등장인물의 말, 배경 음악 등
인터넷 매체 Internet | 중매 媒 | 몸 體	전 세계적으로 연결된 통신망인 인터넷을 통해 정보와 생각을 전달하는 매체. 블로그, 전자 우편, 온라인 대화, 누리 소통망(SNS) 등이 있다. ■ 인터넷 매체의 특성 • 서로 다른 공간에 있는 사람과 의사소통할 수 있고, 여러 명이 동시에 대화할 수 있다. • 기호나 그림을 사용하여 자신의 감정이나 생각을 표현할 수 있다. • 문서, 영상, 사진, 음악 등의 자료를 첨부할 수 있다.

확인 문제

01 ~ 03 밑줄 친 단어의 뜻풀이로 알맞은 것을 고르시오.

01 두 사람은 서로의 손을 꼭 <u>잡고</u> 바닷가를 걸었다.
㉠ 손으로 움키고 놓지 않다.
㉡ 자리, 방향, 날짜 따위를 정하다.

02 동생과 게임을 하면 열 번 중 아홉 번은 내가 <u>진다</u>.
㉠ 어떤 현상이나 상태가 이루어지다.
㉡ 내기나 시합, 싸움 따위에서 재주나 힘을 겨루어 상대에게 꺾이다.

03 그는 옥상 공사를 하기 위해 벽돌 한 짐을 <u>지고</u> 계단을 올라갔다.
㉠ 물건을 짊어서 등에 얹다.
㉡ 해나 달이 서쪽으로 넘어가다.

04 ~ 08 밑줄 친 단어의 뜻을 <보기>에서 찾아 기호를 쓰시오.

보기
㉠ 책임이나 의무를 맡다.
㉡ 손으로 움키고 놓지 않다.
㉢ 해나 달이 서쪽으로 넘어가다.
㉣ 자리, 방향, 날짜 따위를 정하다.
㉤ 어떤 현상이나 상태가 이루어지다.

04 그는 내 옷자락을 <u>잡고</u> 끌어당겼다. (　　)

05 어느새 달은 서산에 <u>지고</u> 별빛도 모두 사라졌다. (　　)

06 포도주스를 쏟는 바람에 옷에 보라색으로 얼룩이 <u>졌다</u>. (　　)

07 국가는 국민의 권리와 안전을 지켜 주어야 할 의무를 <u>지고</u> 있다. (　　)

08 나침반도 없이 사막에서 길을 잃은 대원들은 북극성을 보며 방향을 <u>잡았다</u>. (　　)

09 ~ 11 다음 설명이 알맞으면 ○에, 틀리면 ×에 표시하시오.

09 텔레비전이나 영화처럼 영상 언어로 의미를 표현하고 전달하는 매체를 인터넷 매체라고 한다. (○ , ×)

10 영상 언어는 시각적 요소와 청각적 요소로 구성된다. (○ , ×)

11 서로 다른 공간에 있는 여러 명의 사람과 동시에 대화할 수 있는 것은 영상 매체의 특징이다. (○ , ×)

12 다음과 같은 매체의 특징으로 적절하지 <u>않은</u> 것은?

그룹 대화(4명) | 미호 님이 혜수, 윤기, 태현 님을 초대했습니다.

미호: 모둠 과제 때문에 불렀어^_^ 주말에 모이기 전에 점검할 부분이 있을 것 같아서.

혜수: 안 그래도 생각해 봤는데, 직업을 소개하면서 인터뷰 내용도 곁들이면 어때? ㅎㅎ

좋은 생각이야. 아, 그리고 내가 직업군을 정리해 봤는데, 파일 보낼 테니 미리 살펴보고 말해 줘.
다양한 직업의 종류.hwp

태현: 우리 윤기 역시 짱이야! 

① 문서나 영상, 사진 등 자료를 첨부할 수 있다.
② 여러 사람의 의견을 확인하거나 공유할 수 있다.
③ 다른 공간에 있는 사람과 의사소통을 할 수 있다.
④ 자신만의 공간이므로 자유롭게 의견을 쓸 수 있다.
⑤ 기호나 그림으로 감정이나 생각을 표현할 수 있다.

나의 어휘력 점수는?
______ 점 / 총 **12점**
• 틀린 어휘의 뜻과 예문을 다시 꼼꼼히 살펴보자.

MEMO

수업과 시험에 꼭 필요한 792개 필수 어휘 총정리

1

어휘력 테스트 & 정답과 해설

어휘력 테스트

01회 어휘력 테스트

01 ~ 04 다음 단어와 그 뜻풀이를 바르게 연결하시오.

01 감안 •　　• ㉠ 몸이 튼튼하고 기운이 세다.

02 개간 •　　• ㉡ 여러 사정을 참고하여 생각함.

03 건장하다 •　　• ㉢ 과단성 있고 용감하게 실행하다.

04 감행하다 •　　• ㉣ 거친 땅이나 버려 둔 땅을 일구어 논밭이나 쓸모 있는 땅으로 만듦.

05 ~ 08 다음 빈칸에 들어갈 알맞은 단어를 <보기>에서 찾아 쓰시오.

보기
각축　거처　갈무리　감수성

05 지방에서 서울로 온 민식이는 한동안 (　　　　) 을/를 잡지 못했다.

06 (　　　　)이/가 예민한 소녀들은 그의 이야기를 듣고 눈물을 흘렸다.

07 개인적인 일이 있어서 옆 사람에게 일의 (　　　　) 을/를 부탁하고 먼저 퇴근했다.

08 오는 4일부터 8일까지 12개의 명문고 야구팀이 우승을 놓고 (　　　　)을/를 벌일 예정이다.

09 ~ 12 밑줄 친 단어의 쓰임이 적절하면 ○에, 그렇지 않으면 ×에 표시하시오.

09 된장찌개 끓이는 법을 <u>가르쳐</u> 주마. (○, ×)

10 이 제품은 13단계의 까다로운 과정을 <u>거쳐</u> 완성됩니다. (○, ×)

11 오늘부터 제가 여러분에게 한국어를 <u>가리키게</u> 되었습니다. (○, ×)

12 오늘 우리가 떼는 이 한 <u>걸음</u>이 더 나은 내일을 위한 시작일 것입니다. (○, ×)

13 ~ 18 다음 뜻풀이에 해당하는 한자 성어를 <보기>에서 찾아 쓰시오.

보기		
동분서주	막역지우	부화뇌동
우왕좌왕	조변석개	죽마고우

13 이리저리 왔다 갔다 하며 일이나 나아가는 방향을 종잡지 못함. (　　　　)

14 대나무 말을 타고 놀던 벗이라는 뜻으로, 어릴 때부터 같이 놀며 자란 벗. (　　　　)

15 우렛소리에 맞춰 함께한다는 뜻으로, 줏대 없이 남의 의견에 따라 움직임. (　　　　)

16 서로 거스름이 없는 친구라는 뜻으로, 허물이 없이 아주 친한 친구를 이르는 말. (　　　　)

17 동쪽으로 뛰고 서쪽으로 뛴다는 뜻으로, 사방으로 이리저리 몹시 바쁘게 돌아다님을 이르는 말. (　　　　)

18 아침저녁으로 뜯어고친다는 뜻으로, 계획이나 결정 따위를 일관성이 없이 자주 고침을 이르는 말. (　　　　)

19 ~ 20 다음 빈칸에 들어갈 적절한 말을 쓰시오.

19 기쁨, 슬픔, 분노, 그리움 등과 같이 사람의 마음에 일어나는 여러 가지 감정을 (　　　　)(이)라고 한다.

20 시 속에서 이야기를 하는 사람을 (　　　　)(이)라고 하는데, 이는 (　　　　)이/가 자신의 생각과 느낌을 효과적으로 표현하기 위해 만들어 낸 인물이다.

나의 어휘력 점수는? ________ 점 / 총 20점

• 틀린 어휘는 본문으로 가서 다시 한번 살펴보자.

02회 어휘력 테스트

정답과 해설 44쪽

01 ~ 05 다음 단어와 그 뜻풀이를 바르게 연결하시오.

01 격노 •
02 결의 •
03 경청 •
04 겸연쩍다 •
05 결연하다 •

• ㉠ 귀를 기울여 들음.
• ㉡ 쑥스럽거나 미안하여 어색하다.
• ㉢ 몹시 분하고 노여운 감정이 북받쳐 오름.
• ㉣ 뜻을 정하여 굳게 마음을 먹음. 또는 그런 마음.
• ㉤ 마음가짐이나 행동에 있어 태도가 움직일 수 없을 만큼 확고하다.

06 ~ 09 다음 빈칸에 들어갈 알맞은 단어를 <보기>에서 찾아 쓰시오.

보기

견제　경멸　경신　경외

06 그는 자꾸만 비굴해지는 스스로를 (　　　　)했다.

07 무더위로 전기 사용량이 늘어 이번 주 전력 사용량이 최대치를 (　　　　)했다.

08 나는 스승이 완성한 아름다운 벽화를 (　　　　)의 눈으로 바라보며 깊은 감동에 젖었다.

09 서로 독립된 여러 기관들이 국가 권력을 나누어 맡아 (　　　　)와/과 균형을 이루는 것을 권력 분립이라고 한다.

10 ~ 12 초성을 참고하여 밑줄 친 단어의 뜻풀이를 완성하시오.

10 노인은 아이들의 잘잘못을 환하게 <u>가려</u> 주었다.
→ 잘잘못이나 좋은 것과 나쁜 것 따위를 따져서 (ㅂ ㄱ)하다.

11 제일 먼저 무를 강판에 <u>갈아</u> 물기를 빼 주세요.
→ 잘게 (ㅂ ㅅ ㄱ) 위하여 단단한 물건에 대고 문지르거나 단단한 물건 사이에 넣어 으깨다.

12 하루에 두 번 정도 창문을 열고 실내 공기를 <u>갈아</u> 주어야 한다.
→ 이미 있는 사물을 다른 것으로 (ㅂ ㄲ ㄷ).

13 ~ 17 다음 뜻풀이에 해당하는 관용어를 <보기>에서 찾아 기호를 쓰시오.

보기

㉠ 손에 붙다
㉡ 손이 크다
㉢ 발을 끊다
㉣ 발이 넓다
㉤ 발이 떨어지지 않다

13 씀씀이가 후하고 크다. (　　　)

14 오가지 않거나 관계를 끊다. (　　　)

15 능숙해져서 의욕과 능률이 오르다. (　　　)

16 사귀어 아는 사람이 많아 활동하는 범위가 넓다. (　　　)

17 애착, 미련, 근심, 걱정 따위로 마음이 놓이지 아니하여 선뜻 떠날 수가 없다. (　　　)

18 ~ 20 다음 설명이 적절하면 ○에, 그렇지 않으면 ×에 표시하시오.

18 시어는 사전적 의미 외에 시인이 새롭게 만들어 낸 의미를 담고 있다. (○ , ×)

19 시어를 통해서는 화자의 정서나 태도를 짐작하기가 어렵다. (○ , ×)

20 시어를 통해 머릿속에 대상의 모습이나 구체적인 장면을 떠올릴 수 있다. (○ , ×)

나의 어휘력 점수는?

________점 / 총 20점

• 틀린 어휘는 본문으로 가서 다시 한번 살펴보자.

03회 어휘력 테스트

01 ~ 04 다음 단어와 그 뜻풀이를 바르게 연결하시오.

01 공익 •　　• ㉠ 사회 전체의 이익.

02 고정 관념 •　　• ㉡ 숨김이나 거리낌이 없이 그대로 드러나 있다.

03 골똘하다 •　　• ㉢ 한 가지 일에 온 정신을 쏟아 딴생각이 없다.

04 공공연하다 •　　• ㉣ 잘 변하지 아니하는, 행동을 주로 결정하는 확고한 의식이나 생각.

05 ~ 08 다음 빈칸에 들어갈 알맞은 단어를 <보기>에서 찾아 쓰시오.

보기

계승　고찰　공유　과시

05 전통적으로 왕위 (　　　　)은/는 큰아들 우선이었다.

06 이번 행사를 성공적으로 진행해 나의 능력을 회사 안팎에 (　　　　)했다.

07 고전 소설을 (　　　　)해 보면 현대 소설과는 다른 특성을 발견할 수 있다.

08 인터넷을 통한 불법 파일의 (　　　　)이/가 널리 퍼지는 현상은 심각한 사회 문제이다.

09 ~ 12 밑줄 친 단어의 쓰임이 적절하면 ○에, 그렇지 않으면 ×에 표시하시오.

09 여러 가지 꽃들을 모아 꽃병에 <u>꼽았다</u>. (○, ×)

10 <u>굳은</u> 날씨에도 많은 사람들이 행사에 참석했다. (○, ×)

11 바닷가 바위들에는 굴 <u>껍데기</u>가 닥지닥지 붙어 있었다. (○, ×)

12 우리는 10년 후에 이 자리에서 다시 만나자고 <u>굳게</u> 약속했다. (○, ×)

13 ~ 17 다음 뜻풀이에 해당하는 한자 성어를 <보기>에서 찾아 쓰시오.

보기

괄목상대　마이동풍　온고지신
일취월장　주경야독

13 나날이 다달이 자라거나 발전함. (　　　　)

14 옛것을 익히고 그것을 미루어서 새것을 앎. (　　　　)

15 눈을 비비고 상대편을 본다는 뜻으로, 남의 학식이나 재주가 놀랄 만큼 부쩍 늚을 이르는 말. (　　　　)

16 낮에는 농사짓고 밤에는 글을 읽는다는 뜻으로, 어려운 조건 속에서도 꿋꿋이 공부함을 이르는 말. (　　　　)

17 동풍이 말의 귀를 스쳐 간다는 뜻으로, 남의 말을 귀담아듣지 아니하고 지나쳐 흘려버림을 이르는 말. (　　　　)

18 ~ 20 다음 빈칸에 들어갈 적절한 말을 쓰시오.

18 모양, 빛깔, 움직임 등 눈으로 느낄 수 있는 심상을 (　　　　) 심상이라고 한다.

19 맛과 같이 혀를 통해 느낄 수 있고 혀를 자극하는 심상을 (　　　　) 심상이라고 한다.

20 '푸르른 울음소리'에는 청각을 시각화하여 두 가지 감각을 동시에 떠오르게 하는 (　　　　) 심상이 사용되었다.

나의 어휘력 점수는?

______ 점 / 총 20점

• 틀린 어휘는 본문으로 가서 다시 한번 살펴보자.

04회 어휘력 테스트

정답과 해설 44쪽

01 ~ 05 다음 단어와 그 뜻풀이를 바르게 연결하시오.

01 과언 • • ㉠ 지나치게 말을 함.

02 교류 • • ㉡ 간사하고 꾀가 많다.

03 권위 • • ㉢ 어떤 일에 관계하여 참여하다.

04 관여하다 • • ㉣ 문화나 사상 따위가 서로 통함.

05 교활하다 • • ㉤ 남을 지휘하거나 통솔하여 따르게 하는 힘.

06 ~ 09 다음 빈칸에 들어갈 알맞은 단어를 <보기>에서 찾아 쓰시오.

보기
관습 관점 군림 궁리

06 우리 사장님은 언제나 돈 벌 (　　　　)만 한다.

07 그는 항상 다른 사람들 위에 (　　　　)하려는 모습을 보인다.

08 이와 같은 문제는 장기적인 (　　　　)에서 접근해야 해결할 수 있다.

09 한 나라의 식생활 문화는 오랜 (　　　　)을/를 지니고 있기에 쉽게 바뀌지 않는다.

10 ~ 12 초성을 참고하여 밑줄 친 단어의 뜻풀이를 완성하시오.

10 스파게티 면을 포크에 감아서 먹었다.
→ 어떤 물체를 다른 물체에 말거나 빙 (ㄷ ㄹ ㄷ).

11 그는 공부를 계속하고 싶은 꿈을 버릴 수 없었다.
→ 실제로 이루고 싶은 (ㅎ ㅁ)이나 (ㅇ ㅅ).

12 아기가 걸을 수 있게 되면 예쁜 신발을 사 줘야지.
→ (ㄷ ㄹ)를 움직여 바닥에서 (ㅂ)을 번갈아 떼어 옮기다.

13 ~ 17 다음 뜻풀이에 해당하는 속담을 <보기>에서 찾아 기호를 쓰시오.

보기
㉠ 쥐구멍에도 볕 들 날 있다 ㉡ 물이 깊어야 고기가 모인다 ㉢ 가는 말이 고와야 오는 말이 곱다 ㉣ 될성부른 나무는 떡잎부터 알아본다 ㉤ 하늘이 무너져도 솟아날 구멍이 있다

13 잘될 사람은 어려서부터 남달리 장래성이 엿보인다는 말. (　　　)

14 몹시 고생을 하는 삶도 좋은 운수가 터질 날이 있다는 말. (　　　)

15 자기에게 덕망이 있어야 많은 사람이 따르게 됨을 이르는 말. (　　　)

16 아무리 어려운 경우에 처하더라도 살아 나갈 방도가 생긴다는 말. (　　　)

17 자기가 남에게 말이나 행동을 좋게 하여야 남도 자기에게 좋게 한다는 말. (　　　)

18 ~ 20 다음 설명이 적절하면 ○에, 그렇지 않으면 ×에 표시하시오.

18 비유는 원관념과 보조 관념의 결합으로 표현되는데, 둘 사이에는 유사성이 있어야 한다. (○ , ×)

19 '봄은 고양이로다'는 원관념인 '봄'을 보조 관념인 '고양이'에 빗대어 'A=B'의 형태로 나타낸 표현이다. (○ , ×)

20 '~처럼', '~같이', '~듯이', '~인 듯'과 같은 연결어를 사용하여 원관념을 보조 관념에 직접 연결하는 방법을 은유법이라고 한다. (○ , ×)

나의 어휘력 점수는? ____________점 / 총 20점

•틀린 어휘는 본문으로 가서 다시 한번 살펴보자.

05회 어휘력 테스트

01 ~ 04 다음 단어와 그 뜻풀이를 바르게 연결하시오.

01 극진하다 • • ㉠ 서로의 관계가 매우 가까워 빈틈이 없다.

02 기구하다 • • ㉡ 세상살이가 순탄하지 못하고 가탈이 많다.

03 긴밀하다 • • ㉢ 어떤 대상에 대하여 정성을 다하는 태도가 있다.

04 까마득하다 • • ㉣ 거리가 매우 멀어 보이거나 들리는 것이 희미하다.

05 ~ 08 다음 빈칸에 들어갈 알맞은 단어를 <보기>에서 찾아 쓰시오.

보기
권장 귀화 근거 기하급수적

05 그의 말이 옳다고 확신할 만한 (　　　　)은/는 없다.

06 청소년기에 (　　　　)되는 운동은 달리기와 수영, 요가, 자전거, 산행 등이다.

07 표준 체중보다 체중이 증가하면 당뇨병의 발생률도 (　　　　)(으)로 올라간다.

08 5년 전 외국으로 떠난 그는 그곳에서 직업을 얻고 터를 잡더니 아예 그 나라로 (　　　　)하였다.

09 ~ 12 밑줄 친 단어의 쓰임이 적절하면 ○에, 그렇지 않으면 ×에 표시하시오.

09 창 <u>너머</u> 파란 하늘이 아름답다. (○, ×)

10 병이 얼른 <u>낳아야</u> 식사를 제대로 할 텐데. (○, ×)

11 어려울 때는 먼 친척보다 가까운 이웃이 <u>낫다</u>. (○, ×)

12 비행기 덕분에 인간이 쉽게 하늘을 <u>나를</u> 수 있게 되었다. (○, ×)

13 ~ 17 다음 뜻풀이에 해당하는 한자 성어를 <보기>에서 찾아 쓰시오.

보기
반포지효 풍수지탄 학수고대
호각지세 일일여삼추

13 학의 목처럼 목을 길게 빼고 간절히 기다림. (　　　　)

14 어떤 일을 해낼 수 있는 힘이 서로 비슷비슷한 위세. (　　　　)

15 하루가 삼 년 같다는 뜻으로, 몹시 애태우며 기다림을 이르는 말. (　　　　)

16 효도를 다하지 못한 채 어버이를 여읜 자식의 슬픔을 이르는 말. (　　　　)

17 까마귀 새끼가 자라서 늙은 어미에게 먹이를 물어다 주는 효(孝)라는 뜻으로, 자식이 자란 후에 어버이의 은혜를 갚는 효성을 이르는 말. (　　　　)

18 ~ 20 다음 빈칸에 들어갈 적절한 말을 쓰시오.

18 (　　　　)은 무생물을 살아 있는 것처럼 나타내는 표현 방법이다.

19 의인법은 (　　　　)이/가 아닌 대상에 인격을 부여하여 (　　　　)처럼 나타내는 표현 방법이다.

20 어떤 대상의 일부분으로 전체를 나타내거나, 사물의 속성이나 특징으로 그 사물 자체를 나타내는 표현 방법을 (　　　　)이라고 한다.

나의 어휘력 점수는? ________점 / 총 20점

• 틀린 어휘는 본문으로 가서 다시 한번 살펴보자.

06회 어휘력 테스트

정답과 해설 45쪽

01 ~ 05 다음 단어와 그 뜻풀이를 바르게 연결하시오.

01 능동적 •　　• ㉠ 여기저기 흩어져 어지럽다.

02 낙천적 •　　• ㉡ 세상과 인생을 즐겁고 좋은 것으로 여기는 것.

03 난감하다 •　　• ㉢ 맞부딪쳐 견디어 내거나 해결하기가 어렵다.

04 남루하다 •　　• ㉣ 옷 따위가 낡아 해지고 차림새가 너저분하다.

05 낭자하다 •　　• ㉤ 다른 것에 이끌리지 아니하고 스스로 일으키거나 움직이는 것.

06 ~ 09 다음 빈칸에 들어갈 알맞은 단어를 <보기>에서 찾아 쓰시오.

보기
낙담　누설　냉담　내면화

06 그는 실패에 (　　　　)하지 않고 각오를 다졌다.

07 공장에서 (　　　　)된 폐수로 하천이 오염되었다.

08 경기 규칙을 (　　　　)하여 그 규칙에 익숙해져야 한다.

09 전편에 못 미치는 허술한 스토리로 인해 영화에 대한 관객들의 반응은 (　　　　)했다.

10 ~ 12 초성을 참고하여 밑줄 친 단어의 뜻풀이를 완성하시오.

10 그는 쓸 만한 물건을 고르는 눈이 있다.
→ 사물을 보고 (ㅍ ㄷ)하는 힘.

11 아침부터 오던 비가 개고 구름이 걷혔다.
→ 흐리거나 궂은 (ㄴ ㅆ)가 맑아지다.

12 그녀는 어머니를 그리는 마음을 시로 나타냈다.
→ (ㅅ ㄹ)하는 마음으로 간절히 생각하다.

13 ~ 18 다음 뜻풀이에 해당하는 관용어를 <보기>에서 찾아 기호를 쓰시오.

보기
㉠ 눈에 익다 ㉡ 머리가 굳다 ㉢ 눈이 뒤집히다 ㉣ 머리를 굴리다 ㉤ 머리를 맞대다 ㉥ 머리를 싸매다

13 여러 번 보아서 익숙하다. (　　　)

14 있는 힘을 다하여 노력하다. (　　　)

15 머리를 써서 해결 방안을 생각해 내다. (　　　)

16 어떤 일을 의논하거나 결정하기 위해 서로 마주 대하다. (　　　)

17 충격적인 일을 당하거나 어떤 일에 집착하여 이성을 잃다. (　　　)

18 사고방식이나 사상 따위가 융통성 없이 올곧고 고집이 세다. (　　　)

19 ~ 20 다음 설명이 적절하면 ○에, 그렇지 않으면 ×에 표시하시오.

19 상징은 원관념을 드러내지 않고 보조 관념만으로 의미를 표현한다. (○ , ×)

20 인간의 감정, 사상처럼 눈에 보이지 않는 추상적인 관념을 구체적인 다른 사물로 나타내는 표현 방법을 감정 이입이라고 한다. (○ , ×)

나의 어휘력 점수는?　＿＿＿＿＿점 / 총 20점

•틀린 어휘는 본문으로 가서 다시 한번 살펴보자.

07회 어휘력 테스트

01 ~ 04 다음 단어와 그 뜻풀이를 바르게 연결하시오.

01 다분하다 • • ㉠ 중요하게 여길 만하다.

02 다채롭다 • • ㉡ 그 비율이 어느 정도 많다.

03 단호하다 • • ㉢ 결심이나 태도, 입장 따위가 과단성 있고 엄격하다.

04 대수롭다 • • ㉣ 여러 가지 색채나 형태, 종류 따위가 한데 어울려 호화스럽다.

05 ~ 08 다음 빈칸에 들어갈 알맞은 단어를 <보기>에서 찾아 쓰시오.

보기

당부 대응 덕택 도입

05 그의 정성 어린 간호 ( )에 병이 나았다.

06 이 건물은 새로운 건축 기법을 ( )하여 만들어졌다.

07 고유어 '느낌'에 ( )하는 한자어는 '감상', '감정', '기분' 등 여러 개이다.

08 꽃집 아주머니가 이 화분은 한 달에 한 번만 물을 주어야 한다고 ( )하셨다.

09 ~ 12 밑줄 친 단어의 쓰임이 적절하면 ○에, 그렇지 않으면 ×에 표시하시오.

09 그는 아침마다 인삼 <u>달인</u> 물을 마신다. (○ , ×)

10 옛날에는 다리미 대신 인두로 옷을 <u>다렸다</u>. (○ , ×)

11 나이가 들수록 점점 기억력이 떨어지고 몸도 예전과 <u>틀리다</u>. (○ , ×)

12 교문이 굳게 <u>다쳐</u> 학생들은 학교 안으로 들어갈 수 없었다. (○ , ×)

13 ~ 17 다음 뜻풀이에 해당하는 한자 성어를 <보기>에서 찾아 쓰시오.

보기

남부여대 단표누항 삼순구식
필부필부 초동급부

13 평범한 남녀. ( )

14 삼십 일 동안 아홉 끼니밖에 먹지 못한다는 뜻으로, 몹시 가난함을 이르는 말. ( )

15 땔나무를 하는 아이와 물을 긷는 아낙네라는 뜻으로, 평범한 사람을 이르는 말. ( )

16 남자는 지고 여자는 인다는 뜻으로, 가난한 사람들이 살 곳을 찾아 이리저리 떠돌아다님을 이르는 말. ( )

17 좁고 지저분한 거리에서 먹는 한 그릇의 밥과 한 바가지의 물이라는 뜻으로, 선비의 청빈한 생활을 이르는 말. ( )

18 ~ 20 다음 빈칸에 들어갈 적절한 말을 쓰시오.

18 모방성은 ( )의 모습을 본뜨거나 반영하는 소설의 특징이다.

19 ( )은 인물, 사건, 배경 등을 갖추고 일정한 흐름에 따라 사건이 전개되는 소설의 특징이다.

20 실제로 일어난 일이 아니라 작가가 꾸며 낸 이야기라는 점에서 소설은 ( )을 지니지만, 삶의 진실을 추구하고 바람직한 인간상을 찾고자 한다는 점에서 ( )이 있다.

나의 어휘력 점수는? ______ 점 / 총 20점

• 틀린 어휘는 본문으로 가서 다시 한번 살펴보자.

08회 어휘력 테스트

정답과 해설 45쪽

01 ~ 05 다음 단어와 그 뜻풀이를 바르게 연결하시오.

01 독창적 •
02 매섭다 •
03 돈독하다 •
04 만연하다 •
05 면밀하다 •

• ㉠ 도탑고 성실하다.
• ㉡ 정도가 매우 심하다.
• ㉢ 자세하고 빈틈이 없다.
• ㉣ 전염병이나 나쁜 현상이 널리 퍼지다.
• ㉤ 다른 것을 본뜨거나 본받음 없이 새로운 것을 처음 만들어 내거나 생각해 내는 것.

06 ~ 09 다음 빈칸에 들어갈 알맞은 단어를 <보기>에서 찾아 쓰시오.

보기
등용 만회 매료 막바지

06 밴드부원들은 공연을 앞두고 (   ) 연습이 한창이다.

07 그는 이번 영화를 통해 떨어진 인기가 (   ) 되기를 바라고 있다.

08 그 사람은 새로 부임한 사장의 신임을 받아 중요한 자리에 (   )되었다.

09 강연을 들은 청중들은 그의 깊은 지식과 막힘없고 유쾌한 말솜씨에 (   )되었다.

10 ~ 12 초성을 참고하여 밑줄 친 단어의 뜻풀이를 완성하시오.

10 누나가 던진 팽이는 핑핑 잘도 돌았다.
→ 물체가 일정한 축을 중심으로 (ㅇ)을 그리면서 움직이다.

11 기계가 말을 안 들어서 공장이 잠시 멈추었다.
→ 기계, 장치 따위가 (ㅈ ㅅ ㅈ)으로 움직이다.

12 상대방이 도도하게 나오기에 나도 거만하게 굴었다.
→ 어떠한 (ㅌ ㄷ)를 취하여 겉으로 드러내다.

13 ~ 17 다음 뜻풀이에 해당하는 속담을 <보기>에서 찾아 기호를 쓰시오.

보기
㉠ 티끌 모아 태산
㉡ 공든 탑이 무너지랴
㉢ 달리는 말에 채찍질
㉣ 우물을 파도 한 우물을 파라
㉤ 열 번 찍어 안 넘어가는 나무 없다

13 기세가 한창 좋을 때 더 힘을 가한다는 말. (   )

14 아무리 작은 것이라도 모이고 모이면 나중에 큰 덩어리가 됨을 이르는 말. (   )

15 힘을 다하고 정성을 다하여 한 일은 그 결과가 반드시 헛되지 아니함을 이르는 말. (   )

16 아무리 뜻이 굳은 사람이라도 여러 번 권하거나 꾀고 달래면 결국은 마음이 변한다는 말. (   )

17 일을 너무 벌여 놓거나 하던 일을 자주 바꾸어 하면 아무런 성과가 없으니 어떠한 일이든 한 가지 일을 끝까지 하여야 성공할 수 있다는 말. (   )

18 ~ 20 다음 설명이 적절하면 ○에, 그렇지 않으면 ×에 표시하시오.

18 인물은 사건을 일으키고 행동하며, 이를 통해 소설의 주제가 드러난다. (○ , ×)

19 소설의 인물은 성격이 변화하는지 여부에 따라 주동 인물과 반동 인물로 나뉜다. (○ , ×)

20 소설의 인물 중 사회의 특정 계층이나 집단을 대표하는 인물을 전형적 인물이라고 한다. (○ , ×)

나의 어휘력 점수는? ________ 점 / 총 20점

• 틀린 어휘는 본문으로 가서 다시 한번 살펴보자.

09회 어휘력 테스트

01 ~ 04 다음 단어와 그 뜻풀이를 바르게 연결하시오.

01 밀접 •
02 무고하다 •
03 미묘하다 •
04 민망하다 •

• ㉠ 아무런 잘못이나 허물이 없다.
• ㉡ 낯을 들고 대하기가 부끄럽다.
• ㉢ 뚜렷하지 않고 야릇하고 묘하다.
• ㉣ 아주 가깝게 맞닿아 있음. 또는 그런 관계에 있음.

05 ~ 08 다음 빈칸에 들어갈 알맞은 단어를 <보기>에서 찾아 쓰시오.

보기
무모　무료　모름지기　무궁무진

05 학생이라면 (　　　　) 공부를 열심히 해야 한다.

06 우주의 신비는 (　　　　)하여 연구를 할 거리가 너무도 많다.

07 나는 (　　　　)함을 달래기 위해 동네 공원으로 산책을 나갔다.

08 감독이 밀어붙인 (　　　　)한 작전 때문에 그 팀은 경기에서 지고 말았다.

09 ~ 12 밑줄 친 단어의 쓰임이 적절하면 ○에, 그렇지 않으면 ×에 표시하시오.

09 겨울이 되어 <u>두터운</u> 이불을 꺼내 덮었다. (○, ×)

10 그는 소매를 걷어 팔뚝을 <u>들어내고</u> 못질을 하였다. (○, ×)

11 원주민들은 독을 <u>묻힌</u> 화살로 동물들을 사냥하였다. (○, ×)

12 어릴 적에는 봄이 되면 산에서 나물을 뜯어 <u>무쳐</u> 먹곤 했다. (○, ×)

13 ~ 18 다음 뜻풀이에 해당하는 한자 성어를 <보기>에서 찾아 쓰시오.

보기
개과천선　권선징악　동상이몽
비몽사몽　사필귀정　안분지족

13 모든 일은 반드시 바른길로 돌아감. (　　　　)

14 착한 일을 권장하고 악한 일을 징계함. (　　　　)

15 편안한 마음으로 제 분수를 지키며 만족할 줄을 앎. (　　　　)

16 지난날의 잘못이나 허물을 고쳐 올바르고 착하게 됨. (　　　　)

17 완전히 잠이 들지도 잠에서 깨어나지도 않은 어렴풋한 상태. (　　　　)

18 같은 자리에 자면서 다른 꿈을 꾼다는 뜻으로, 겉으로는 같이 행동하면서도 속으로는 각각 딴생각을 하고 있음을 이르는 말. (　　　　)

19 ~ 20 다음 빈칸에 들어갈 적절한 말을 쓰시오.

19 소설에서 (　　　　)은 인물의 마음속에서 일어나는 심리적 갈등이고, (　　　　)은 인물과 외부 요인 사이에서 발생하는 갈등이다.

20 인물과 (　　　　)의 갈등은 인물이 자신이 살고 있는 사회의 제도 · 관습 · 윤리 등과 부딪쳐 겪는 갈등이다.

나의 어휘력 점수는?
__________ 점 / 총 20점
• 틀린 어휘는 본문으로 가서 다시 한번 살펴보자.

10회 어휘력 테스트

정답과 해설 45쪽

01 ~ 05 다음 단어와 그 뜻풀이를 바르게 연결하시오.

01 반열 •　　• ㉠ 남을 배척하는 것.

02 반전 •　　• ㉡ 일의 형세가 뒤바뀜.

03 배타적 •　　• ㉢ 품계나 신분, 등급의 차례.

04 보채다 •　　• ㉣ 어떠한 것을 요구하며 성가시게 조르다.

05 방자하다 •　　• ㉤ 어려워하거나 조심스러워하는 태도가 없이 무례하고 건방지다.

06 ~ 09 다음 빈칸에 들어갈 알맞은 단어를 <보기>에서 찾아 쓰시오.

보기

박탈　범람　방치　발산

06 음식을 상온에 오래 (　　　　)하면 상하게 된다.

07 강물이 (　　　　)하는 바람에 마을 주민들이 모두 대피했다.

08 마당에서 모닥불이 훈훈한 기운을 (　　　　)하면서 타오르고 있었다.

09 임금은 백성들의 재물을 빼앗고 횡포를 부린 관리들의 관직을 (　　　　)하라고 어명을 내렸다.

10 ~ 12 초성을 참고하여 밑줄 친 단어의 뜻풀이를 완성하시오.

10 여러 섬들이 다리로 이어져 있다.
→ (ㅁ)을 건널 수 있도록 만든 시설물.

11 대규모 아파트 건설 현장에는 늘 일손이 달린다.
→ 재물이나 기술, 힘 따위가 (ㅁ ㅈ ㄹ ㄷ).

12 후반전이 되자 다리에 쥐가 나는 선수가 생겼다.
→ (ㅅ ㄹ)이나 (ㄷ ㅁ)의 몸통 아래 붙어 있는 신체의 부분.

13 ~ 17 다음 뜻풀이에 해당하는 관용어를 <보기>에서 찾아 기호를 쓰시오.

보기

㉠ 얼굴을 들다
㉡ 가슴이 뜨겁다
㉢ 얼굴이 두껍다
㉣ 가슴이 뜨끔하다
㉤ 얼굴만 쳐다보다

13 남을 떳떳이 대하다. (　　　)

14 부끄러움을 모르고 염치가 없다. (　　　)

15 아무 대책 없이 서로에게 기대기만 하다. (　　　)

16 자극을 받아 마음이 깜짝 놀라거나 양심의 가책을 받다. (　　　)

17 깊고 큰 사랑과 배려를 받아 고마움으로 마음의 감동이 크다. (　　　)

18 ~ 20 다음 설명이 적절하면 ○에, 그렇지 않으면 ×에 표시하시오.

18 소설에서 구성이란 작가가 인물, 사건, 배경 등을 자신의 의도에 따라 짜임새 있게 배열한 것이다. (○ , ×)

19 소설 구성의 5단계 중 절정은 갈등이 심화되고 긴장감이 차츰 높아지는 단계이다. (○ , ×)

20 소설의 결말은 갈등이 최고조에 달하면서 사건 해결의 실마리가 나타나는 단계이다. (○ , ×)

나의 어휘력 점수는?　　　　　점 / 총 20점

• 틀린 어휘는 본문으로 가서 다시 한번 살펴보자.

11회 어휘력 테스트

01 ~ 04 다음 단어와 그 뜻풀이를 바르게 연결하시오.

01 봉착 •　　　• ㉠ 피할 수 없다.

02 불호령 •　　　• ㉡ 몹시 심하게 하는 꾸지람.

03 비범하다 •　　　• ㉢ 어떤 처지나 상태에 부닥침.

04 불가피하다 •　　　• ㉣ 보통 수준보다 훨씬 뛰어나다.

05 ~ 08 다음 빈칸에 들어갈 알맞은 단어를 <보기>에서 찾아 쓰시오.

보기
본질　분간　부합　부산물

05 그 둘은 형태는 다르지만 실상 (　　　　)은 같다.

06 문명 발달의 (　　　　)이 자연 파괴가 되어서는 곤란하다.

07 정자는 우리 민족의 정서와 자연환경에 (　　　　) 되는 한국적인 건축물 가운데 하나이다.

08 일본인과 중국인은 겉모습만 봐서는 어느 나라 사람인지 잘 (　　　　)이 안 될 때가 많다.

09 ~ 12 밑줄 친 단어의 쓰임이 적절하면 ○에, 그렇지 않으면 ×에 표시하시오.

09 우리 할머니께서는 일평생을 <u>반드시</u> 살아오셨다. (○, ×)

10 그의 얼굴은 부끄러움에 점점 <u>붉어지기</u> 시작했다. (○, ×)

11 나는 우리 선수들이 부상 없이 대회를 잘 치르기를 <u>바래고</u> 있다. (○, ×)

12 우리 사장님은 가게에 대한 이상한 소문이 <u>불거지는</u> 것을 걱정하셨다. (○, ×)

13 ~ 17 다음 뜻풀이에 해당하는 한자 성어를 <보기>에서 찾아 쓰시오.

보기
동병상련　적반하장　주객전도 초지일관　화룡점정

13 처음에 세운 뜻을 끝까지 밀고 나감. (　　　　)

14 무슨 일을 하는 데에 가장 중요한 부분을 완성함을 이르는 말. (　　　　)

15 도둑이 도리어 매를 든다는 뜻으로, 잘못한 사람이 아무 잘못도 없는 사람을 나무람을 이르는 말. (　　　　)

16 주인과 손의 위치가 서로 뒤바뀐다는 뜻으로, 사물의 중요한 정도나 순서 따위가 서로 뒤바뀜을 이르는 말. (　　　　)

17 같은 병을 앓는 사람끼리 서로 가엾게 여긴다는 뜻으로, 어려운 처지에 있는 사람끼리 서로 가엾게 여김을 이르는 말. (　　　　)

18 ~ 20 다음 빈칸에 들어갈 적절한 말을 쓰시오.

18 희곡은 무대에서 상연하기 위해 쓴 (　　　　)의 대본으로, 허구적인 이야기이다.

19 희곡은 사건이 지금 눈앞에서 일어나고 있는 것처럼 (　　　　)(으)로 나타낸다.

20 희곡의 대사 중 한 명의 등장인물이 상대방 없이 혼자 하는 말은 (　　　　)이고, 무대 위의 다른 인물에게는 들리지 않고 관객만 들을 수 있는 것으로 약속된 말은 (　　　　)이다.

나의 어휘력 점수는? ______________점 / 총 20점

• 틀린 어휘는 본문으로 가서 다시 한번 살펴보자.

12회 어휘력 테스트

정답과 해설 46쪽

01 ~ 05 다음 단어와 그 뜻풀이를 바르게 연결하시오.

01 생동감 • • ㉠ 보잘것없이 작거나 적다.

02 선연히 • • ㉡ 실제로 보는 것같이 생생하게.

03 사소하다 • • ㉢ 생기 있게 살아 움직이는 듯한 느낌.

04 생소하다 • • ㉣ 음식이 풍족하여 먹음직한 데가 있다.

05 소담스럽다 • • ㉤ 어떤 대상이 친숙하지 못하고 낯이 설다.

06 ~ 09 다음 빈칸에 들어갈 알맞은 단어를 <보기>에서 찾아 쓰시오.

보기: 사려 서슬 선별 성찰

06 자리를 박차고 일어나는 그의 (   )에 놀라 사람들이 움찔했다.

07 정의롭지 못했던 나의 행동을 (   )하고 고쳐 나가기로 결심했다.

08 우리 회사는 재활용품을 (   )하여 자원을 다시 만들어 내는 일을 한다.

09 남을 배려하는 모습을 보니 그가 (   ) 깊고 자상한 사람이라는 것을 알겠다.

10 ~ 12 초성을 참고하여 밑줄 친 단어의 뜻풀이를 완성하시오.

10 내가 신호를 줄 <u>때</u> 출발하면 된다.
→ 시간의 어떤 (ㅅ ㄱ)이나 부분.

11 연못 위에 활짝 핀 연꽃이 <u>떠</u> 있었다.
→ (ㅁ) 위나 (ㄱ ㅈ)에 있거나 솟아오르다.

12 약수터 물을 바가지에 <u>떠서</u> 마셨다.
→ 어떤 곳에 담겨 있는 물건을 퍼내거나 (ㄷ ㅇ) 내다.

13 ~ 18 다음 뜻풀이에 해당하는 속담을 <보기>에서 찾아 기호를 쓰시오.

보기
㉠ 빛 좋은 개살구
㉡ 낫 놓고 기역 자도 모른다
㉢ 아니 땐 굴뚝에 연기 날까
㉣ 콩을 팥이라 해도 곧이듣는다
㉤ 윗물이 맑아야 아랫물이 맑다
㉥ 콩 심은 데 콩 나고 팥 심은 데 팥 난다

13 아주 무식함을 이르는 말. (   )

14 남의 말을 곧이곧대로 잘 믿음을 이르는 말. (   )

15 겉만 그럴듯하고 실속이 없는 경우를 이르는 말. (   )

16 원인이 없으면 결과가 있을 수 없음을 이르는 말. (   )

17 윗사람이 잘하면 아랫사람도 따라서 잘하게 된다는 말. (   )

18 모든 일은 근본에 따라 거기에 걸맞은 결과가 나타나는 것임을 이르는 말. (   )

19 ~ 20 다음 설명이 적절하면 ○에, 그렇지 않으면 ×에 표시하시오.

19 요약하기란 글의 제목이나 그림 등을 활용하여 이어질 내용이나 글쓴이의 의도를 미리 짐작해 보는 것이다. (○ , ×)

20 요약하기의 방법 중 '일반화'는 중심 내용이 담긴 문장을 새로 만드는 것이다. (○ , ×)

나의 어휘력 점수는? ________점 / 총 20점

• 틀린 어휘는 본문으로 가서 다시 한번 살펴보자.

13회 어휘력 테스트

01 ~ 04 다음 단어와 그 뜻풀이를 바르게 연결하시오.

01 숱하다 •
02 순탄하다 •
03 수월하다 •
04 수려하다 •

• ㉠ 아주 많다.
• ㉡ 빼어나게 아름답다.
• ㉢ 삶 따위가 아무 탈 없이 순조롭다.
• ㉣ 까다롭거나 힘들지 않아 하기가 쉽다.

05 ~ 08 다음 빈칸에 들어갈 알맞은 단어를 <보기>에서 찾아 쓰시오.

보기

소외 숙고 승화 승강이

05 그의 음악은 슬픔과 외로움이 예술로 (   )된 것이다.

06 긴 시간의 (   ) 끝에 그는 대학원에 진학하기로 결정했다.

07 연석이와 경훈이는 서로 자기가 음식값을 내겠다고 (   )를 벌였다.

08 사회적으로 (   )된 계층에 대한 관심과 더불어 경제적 지원이 필요하다.

09 ~ 12 밑줄 친 단어의 쓰임이 적절하면 ○에, 그렇지 않으면 ×에 표시하시오.

09 편지 봉투에 주소를 쓰고 우표를 <u>부쳤다</u>. (○ , ×)

10 체중이 너무 <u>부어</u> 형과 함께 운동을 하기로 했다. (○ , ×)

11 아기를 바라보는 그녀의 얼굴에 웃음이 <u>배어</u> 나왔다. (○ , ×)

12 지팡이를 만들기 위해 뒷산에서 대나무 하나를 <u>베어</u> 왔다. (○ , ×)

13 ~ 17 다음 뜻풀이에 해당하는 한자 성어를 <보기>에서 찾아 쓰시오.

보기

공명정대 독야청청 솔선수범
전대미문 좌정관천

13 이제까지 들어 본 적이 없음. (   )

14 남보다 앞장서서 행동해서 몸소 다른 사람의 본보기가 됨. (   )

15 하는 일이나 태도가 사사로움이나 그릇됨이 없이 아주 정당하고 떳떳함. (   )

16 우물 속에 앉아서 하늘을 본다는 뜻으로, 사람의 견문이 매우 좁음을 이르는 말. (   )

17 홀로 푸르다는 뜻으로, 남들이 모두 절개를 꺾는 상황 속에서도 홀로 절개를 굳세게 지키고 있음을 이르는 말. (   )

18 ~ 20 다음 빈칸에 들어갈 적절한 말을 쓰시오.

18 설명문은 글쓴이 개인의 의견을 피하고 대상을 정확한 (   )에 근거하여 설명한다.

19 설명문의 구성은 '머리말 – 본문 – (   )'(으)로 이루어진다.

20 논설문은 독자를 설득하기 위하여 글쓴이가 자신의 (   )(이)나 의견을 타당한 (   )을/를 들어 논리적으로 밝힌 글이다.

나의 어휘력 점수는?

________점 / 총 20점

• 틀린 어휘는 본문으로 가서 다시 한번 살펴보자.

14회 어휘력 테스트

정답과 해설 46쪽

01 ~ 05 다음 단어와 그 뜻풀이를 바르게 연결하시오.

01 암시 •　　• ㉠ 넌지시 알림.

02 시사 •　　• ㉡ 희망이 없고 절망적이다.

03 신신당부 •　　• ㉢ 거듭해 간곡히 하는 당부.

04 신출귀몰 •　　• ㉣ 그 당시에 일어난 여러 가지 사회적 사건.

05 암담하다 •　　• ㉤ 그 움직임을 쉽게 알 수 없을 만큼 자유자재로 나타나고 사라짐.

06 ~ 09 다음 빈칸에 들어갈 알맞은 단어를 <보기>에서 찾아 쓰시오.

보기

안달　실태　알선　실효성

06 동생은 저 인형이 갖고 싶어서 (　　　　)이다.

07 이 제도는 (　　　　)이/가 없다는 지적이 나온다.

08 형은 어머니 친구분의 (　　　　)(으)로 책방에서 일하고 있다.

09 청소년의 언어생활 (　　　　)을/를 파악하여 다음 시간에 모둠별로 발표하세요.

10 ~ 12 초성을 참고하여 밑줄 친 단어의 뜻풀이를 완성하시오.

10 그는 올해부터 팀의 주장을 <u>맡게</u> 되었다.
→ 어떤 일에 대한 (ㅊ ㅇ)을 지고 담당하다.

11 화장실에 다녀올 동안 자리 좀 <u>맡아</u> 줄래?
→ (ㅈ ㄹ)나 물건 따위를 차지하다.

12 책상과 침대가 너무 붙어 있으니 살짝 <u>띄워라</u>.
→ 공간적으로 (ㄱ ㄹ)를 꽤 멀게 하다.

13 ~ 18 다음 뜻풀이에 해당하는 관용어를 <보기>에서 찾아 기호를 쓰시오.

보기

㉠ 입이 짧다
㉡ 코가 꿰이다
㉢ 배가 아프다
㉣ 배를 불리다
㉤ 코가 납작해지다
㉥ 입이 딱 벌어지다

13 약점이 잡히다. (　　　)

14 매우 놀라거나 좋아하다. (　　　)

15 남이 잘되어 심술이 나다. (　　　)

16 음식을 심하게 가리거나 적게 먹다. (　　　)

17 재물이나 이득을 많이 차지하여 사리사욕을 채우다. (　　　)

18 몹시 무안을 당하거나 기가 죽어 위신이 뚝 떨어지다. (　　　)

19 ~ 20 다음 설명이 적절하면 ○에, 그렇지 않으면 ×에 표시하시오.

19 언어의 자의성이란 어떤 의미(내용)를 나타내는 말소리(형식)는 우연히 결정된 것이며, 둘 사이에는 필연적인 연관성이 없다는 것이다. (○ , ×)

20 언어의 사회성이란 시간이 흐르면서 말소리나 의미가 변하기도 하고, 쓰이던 말이 사라지거나 없던 말이 생기기도 하는 특성이다. (○ , ×)

나의 어휘력 점수는?

__________점 / 총 20점

• 틀린 어휘는 본문으로 가서 다시 한번 살펴보자.

15회 어휘력 테스트

01 ~ 04 다음 단어와 그 뜻풀이를 바르게 연결하시오.

01 압축 •

02 앳되다 •

03 어림잡다 •

04 억척스럽다 •

• ㉠ 애티가 있어 어려 보이다.

• ㉡ 대강 짐작으로 헤아려 보다.

• ㉢ 일정한 범위나 테두리를 줄임.

• ㉣ 어떤 어려움에도 굴하지 않고 몹시 모질고 끈덕지게 일을 해 나가는 태도가 있다.

05 ~ 08 다음 빈칸에 들어갈 알맞은 단어를 <보기>에서 찾아 쓰시오.

보기

야속 양상 억압 엄수

05 최근 세계의 정세는 복잡한 (　　　　)을/를 띤다.

06 배고픈 어린애를 외면하다니, 세상인심 (　　　　) 도 하다.

07 보고서의 형식은 자유지만 정해진 쪽수를 넘지 않도록 분량은 꼭 (　　　　)해 주시기 바랍니다.

08 일제 강점기에 우리 민족은 일본의 (　　　　)와/과 경제적 수탈로 고통스러운 시간을 보내야만 했다.

09 ~ 12 밑줄 친 단어의 쓰임이 적절하면 ○에, 그렇지 않으면 ×에 표시하시오.

09 나가기 전에 머리를 단정하게 빗었다. (○, ×)

10 주말에 놀았더니 해야 할 일이 산더미처럼 싸였다. (○, ×)

11 그 정치인은 사회적 물의를 빚어 죄송하다는 사과문을 발표했다. (○, ×)

12 세계에는 산악인들이 아직까지도 정복하지 못한 봉오리들이 많이 있다. (○, ×)

13 ~ 17 다음 뜻풀이에 해당하는 한자 성어를 <보기>에서 찾아 쓰시오.

보기

구우일모 목불식정 언중유골
유구무언 동문서답

13 물음과는 전혀 상관없는 엉뚱한 대답. (　　　　)

14 입은 있어도 말은 없다는 뜻으로, 변명할 말이 없거나 변명을 못함을 이르는 말. (　　　　)

15 말 속에 뼈가 있다는 뜻으로, 예사로운 말 속에 단단한 속뜻이 들어 있음을 이르는 말. (　　　　)

16 아홉 마리의 소 가운데 박힌 하나의 털이란 뜻으로, 매우 많은 것 가운데 극히 적은 수를 이르는 말. (　　　　)

17 아주 간단한 글자인 '丁' 자를 보고도 그것이 '고무래'인 줄을 알지 못한다는 뜻으로, 글을 전혀 읽을 줄 모르는 무식함 또는 그런 사람을 이르는 말. (　　　　)

18 ~ 20 다음 빈칸에 들어갈 적절한 말을 쓰시오.

18 공통된 성질을 가진 단어끼리 묶어 놓은 단어의 갈래를 (　　　　)(이)라고 한다.

19 단어가 문장에서 쓰일 때 형태가 변하지 않는 말은 (　　　　), 형태가 변하는 말은 (　　　　)(이)라고 한다.

20 단어의 기능에 따라 품사를 분류하면, 관형사와 부사는 (　　　　)에 해당하고 동사와 형용사는 (　　　　)에 해당한다.

나의 어휘력 점수는?

________점 / 총 20점

• 틀린 어휘는 본문으로 가서 다시 한번 살펴보자.

16회 어휘력 테스트

정답과 해설 47쪽

01 ~ 05 다음 단어와 그 뜻풀이를 바르게 연결하시오.

01 역량 •　　　• ㉠ 뜻밖에 얻는 행운.

02 요행 •　　　• ㉡ 어떤 일을 해낼 수 있는 힘.

03 유기적 •　　　• ㉢ 더 어찌할 나위가 없을 만큼 가차 없이.

04 여지없이 •　　　• ㉣ 자취나 기미, 기억 따위가 환히 알 수 있게 또렷하다.

05 역력하다 •　　　• ㉤ 전체를 구성하고 있는 각 부분이 서로 밀접하게 관련되어 떼어 낼 수 없는 것.

06 ~ 09 다음 빈칸에 들어갈 알맞은 단어를 <보기>에서 찾아 쓰시오.

보기
여울　오류　위력　여념

06 그는 요즘 전시회 준비에 (　　　　)이/가 없다.

07 숙희네 집에 가려면 저 (　　　　)을/를 건너야 해.

08 편견에 사로잡히면 잘못된 판단으로 (　　　　)에 빠질 가능성이 높다.

09 인터넷의 발달로 개인 SNS의 영향력이 텔레비전 방송 못지않게 (　　　　)을/를 갖게 되었다.

10 ~ 12 초성을 참고하여 밑줄 친 단어의 뜻풀이를 완성하시오.

10 가뭄이 심각해서 나뭇잎이 바짝 말랐다.
→ (ㅁ ㄱ)가 다 날아가서 없어지다.

11 네 살 먹은 아이처럼 떼를 써 봤자 소용없다.
→ 일정한 (ㄴ ㅇ)에 이르거나 (ㄴ ㅇ)를 더하다.

12 오늘은 점심으로 잔치국수를 말아 먹었다.
→ 밥이나 국수 따위를 (ㅁ)이나 (ㄱ ㅁ)에 넣어서 풀다.

13 ~ 17 다음 뜻풀이에 해당하는 속담을 <보기>에서 찾아 기호를 쓰시오.

보기
㉠ 내 코가 석 자
㉡ 한술 밥에 배부르랴
㉢ 돌다리도 두들겨 보고 건너라
㉣ 세 살 적 버릇이 여든까지 간다
㉤ 열 길 물속은 알아도 한 길 사람의 속은 모른다

13 잘 아는 일이라도 세심하게 주의를 하라는 말. (　　　)

14 어떤 일이든지 단번에 만족할 수는 없다는 말. (　　　)

15 사람의 속마음을 알기란 매우 힘듦을 이르는 말. (　　　)

16 내 사정이 급하고 어려워서 남을 돌볼 여유가 없음을 이르는 말. (　　　)

17 어릴 때 몸에 밴 버릇은 늙어 죽을 때까지 고치기 힘들다는 뜻으로, 어릴 때부터 나쁜 버릇이 들지 않도록 잘 가르쳐야 함을 이르는 말. (　　　)

18 ~ 20 다음 설명이 적절하면 ○에, 그렇지 않으면 ×에 표시하시오.

18 체언은 명사와 대명사를 합하여 이르는 말이다. (○ , ×)

19 사람이나 사물, 장소의 이름을 대신하여 나타내는 단어를 대명사라고 한다. (○ , ×)

20 '고양이, 제주도, 용기'의 품사는 명사이고 '하나, 둘, 셋'의 품사는 대명사이다. (○ , ×)

나의 어휘력 점수는? ________점 / 총 20점

• 틀린 어휘는 본문으로 가서 다시 한번 살펴보자.

17회 어휘력 테스트

01 ~ 04 다음 단어와 그 뜻풀이를 바르게 연결하시오.

01 윽박지르다 • • ㉠ 뜻이 매우 깊다.

02 을씨년스럽다 • • ㉡ 심하게 짓눌러 기를 꺾다.

03 의기양양하다 • • ㉢ 뜻한 바를 이루어 만족한 마음이 얼굴에 나타난 상태이다.

04 의미심장하다 • • ㉣ 보기에 날씨나 분위기 따위가 몹시 스산하고 쓸쓸한 데가 있다.

05 ~ 08 다음 빈칸에 들어갈 알맞은 단어를 <보기>에서 찾아 쓰시오.

보기
유대 음미 이변 의향

05 여론 조사 결과를 보니 (   )이/가 없는 한 그 후보가 당선될 것 같다.

06 교장 선생님의 말씀에 담긴 교훈을 다시 한번 찬찬히 (   )해 보았다.

07 어머니는 한적한 곳으로 이사를 하고 싶어서 가족들에게 (   )을/를 물어보았다.

08 우리나라는 미국뿐만 아니라 중국을 비롯한 여러 국가와 경제적 (   ) 관계를 유지하고 있다.

09 ~ 12 밑줄 친 단어의 쓰임이 적절하면 ○에, 그렇지 않으면 ×에 표시하시오.

09 항아리에 금이 가서 물이 줄줄 <u>샌다</u>. (○, ×)

10 그는 설 명절을 <u>쇠기</u> 위해 두 달 만에 고향에 갔다. (○, ×)

11 분명히 손에 카드를 들고 있었는데 언제 <u>잊어버렸는지</u> 모르겠다. (○, ×)

12 이 사건은 당분간 비공개로 수사할 예정이니 관련 내용이 외부로 <u>세지</u> 않도록 주의하세요. (○, ×)

13 ~ 17 다음 뜻풀이에 해당하는 한자 성어를 <보기>에서 찾아 쓰시오.

보기
금상첨화 설상가상 안하무인 점입가경 오십보백보

13 조금 낫고 못한 정도의 차이는 있으나 본질적으로는 차이가 없음을 이르는 말. (   )

14 비단 위에 꽃을 더한다는 뜻으로, 좋은 일 위에 또 좋은 일이 더하여짐을 이르는 말. (   )

15 들어갈수록 점점 재미가 있음. 또는 시간이 지날수록 하는 짓이나 몰골이 더욱 꼴불견임을 이르는 말. (   )

16 눈 아래에 사람이 없다는 뜻으로, 방자하고 교만하여 다른 사람을 업신여김을 이르는 말. (   )

17 눈 위에 서리가 덮인다는 뜻으로, 난처한 일이나 불행한 일이 잇따라 일어남을 이르는 말. (   )

18 ~ 20 다음 빈칸에 들어갈 적절한 말을 쓰시오.

18 용언이 문장에서 쓰일 때 형태가 다양하게 변하는 것을 (   )(이)라고 하는데, 이때 변하는 부분은 어간과 어미 중 (   )이다.

19 동사는 사람이나 사물의 (   )을/를 나타내는 단어이고, 형용사는 사람이나 사물의 (   )(이)나 성질을 나타내는 단어이다.

20 '기쁘다, 아름답다, 하얗다'의 품사는 (   )이고, '뛰다, 앉다, 웃다'의 품사는 (   )이다.

나의 어휘력 점수는? ____________점 / 총 20점

• 틀린 어휘는 본문으로 가서 다시 한번 살펴보자.

18회 어휘력 테스트

정답과 해설 47쪽

01 ~ 05 다음 단어와 그 뜻풀이를 바르게 연결하시오.

01 익살 •
02 일다 •
03 잉여 •
04 인기척 •
05 일관하다 •

• ㉠ 쓰고 난 후 남은 것.
• ㉡ 겉으로 부풀거나 위로 솟아오르다.
• ㉢ 남을 웃기려고 일부러 하는 말이나 몸짓.
• ㉣ 사람이 있음을 알 수 있게 하는 소리나 기색.
• ㉤ 하나의 방법이나 태도로써 처음부터 끝까지 한결같이 하다.

06 ~ 09 다음 빈칸에 들어갈 알맞은 단어를 <보기>에서 찾아 쓰시오.

보기

인식 일화 일반화 인신공격

06 선생님은 어린 시절의 (   ) 한 토막을 소개하는 것으로 강연을 시작했다.

07 그는 청소년들에게 올바른 역사 (   )을/를 심어 주기 위한 책을 쓰고 있다.

08 휴대 전화 사용이 (   )하면서 집에 전화기를 따로 두지 않는 가정이 많아졌다.

09 인터넷 게시판의 익명성을 악용하여 다른 사람을 (   )하는 이들에 대한 제재가 필요하다.

10 ~ 12 초성을 참고하여 밑줄 친 단어의 뜻풀이를 완성하시오.

10 그가 내 쪽으로 두어 발 다가섰다.
→ (ㄱ ㅇ)을 세는 단위.

11 밤송이가 벌어진 모양이 탐스러웠다.
→ 갈라져서 (ㅅ ㅇ)가 뜨다.

12 쓰레기 처리장 설치에 대한 찬반 토론이 벌어졌다.
→ 어떤 일이 일어나거나 (ㅈ ㅎ)되다.

13 ~ 17 다음 뜻풀이에 해당하는 관용어를 <보기>에서 찾아 기호를 쓰시오.

보기

㉠ 숨을 돌리다
㉡ 손발이 맞다
㉢ 말을 맞추다
㉣ 말꼬리를 잡다
㉤ 팔을 걷어붙이다

13 잠시 여유를 얻어 휴식을 취하다. (   )

14 남의 말 가운데서 잘못 표현된 부분의 약점을 잡다. (   )

15 어떤 일에 뛰어들어 적극적으로 일할 태세를 갖추다. (   )

16 함께 일을 하는 데에 마음이나 의견, 행동 방식 따위가 서로 맞다. (   )

17 제삼자에게 같은 말을 하기 위하여 다른 사람과 말의 내용이 다르지 않게 하다. (   )

18 ~ 20 다음 설명이 적절하면 ○에, 그렇지 않으면 ×에 표시하시오.

18 관형사와 부사는 문장에서 다른 단어를 꾸며 주는 기능을 하는 수식언에 해당한다. (○ , ×)

19 관형사는 주로 용언 앞에 놓여서 용언을 꾸미지만, 다른 관형사나 체언, 문장 전체를 꾸미기도 한다. (○ , ×)

20 부사는 관형사와 달리 '은, 는, 도, 만'과 같은 조사와 결합할 수 있다. (○ , ×)

나의 어휘력 점수는?

__________점 / 총 20점

• 틀린 어휘는 본문으로 가서 다시 한번 살펴보자.

19회 어휘력 테스트

01 ~ 04 다음 단어와 그 뜻풀이를 바르게 연결하시오.

01 장악 •
02 재촉 •
03 절박하다 •
04 잔망스럽다 •

• ㉠ 얄밉도록 맹랑한 데가 있다.
• ㉡ 어떤 일을 빨리하도록 조름.
• ㉢ 어떤 일이나 때가 가까이 닥쳐서 몹시 급하다.
• ㉣ 손안에 잡아 쥔다는 뜻으로, 무엇을 마음대로 할 수 있게 됨을 이르는 말.

05 ~ 08 다음 빈칸에 들어갈 알맞은 단어를 <보기>에서 찾아 쓰시오.

보기
적막 자긍심 적신호 자초지종

05 그는 이 세상에 혼자 남겨진 듯한 ( )와/과 슬픔을 느꼈다.

06 그들은 갑자기 쏟아진 소나기를 피하느라 이렇게 늦었노라고 ( )을/를 설명했다.

07 케이 팝의 인기와 우리 영화의 국제 영화제 수상으로 한류 문화에 대한 ( )이/가 높아지고 있다.

08 갑자기 살이 찐 분들은 성인병의 ( )이/가 켜진 것이므로 음식을 조절하며 건강에 신경 써야 합니다.

09 ~ 12 밑줄 친 단어의 쓰임이 적절하면 ○에, 그렇지 않으면 ×에 표시하시오.

09 그는 돈보다 명예를 <u>좇는</u> 사람이다. (○ , ×)

10 저녁거리로 갈치를 사다가 소금에 푹 <u>저렸다</u>. (○ , ×)

11 선생님께서 그렇게 말씀하시니 그대로 <u>좇겠습니다</u>. (○ , ×)

12 겨울에는 비가 많이 내리지 않아서 여름에 비해 강수량이 <u>작다</u>. (○ , ×)

13 ~ 17 다음 뜻풀이에 해당하는 한자 성어를 <보기>에서 찾아 쓰시오.

보기
고립무원 일석이조 계륵
진퇴유곡 혈혈단신

13 의지할 곳이 없는 외로운 홀몸. ( )

14 고립되어 구원을 받을 데가 없음. ( )

15 이러지도 저러지도 못하고 꼼짝할 수 없는 궁지. ( )

16 닭의 갈비라는 뜻으로, 그다지 큰 소용은 없으나 버리기에는 아까운 것을 이르는 말. ( )

17 돌 한 개를 던져 새 두 마리를 잡는다는 뜻으로, 동시에 두 가지 이득을 봄을 이르는 말. ( )

18 ~ 20 다음 빈칸에 들어갈 적절한 말을 쓰시오.

18 ( )은/는 문장에 쓰인 단어들의 문법적 관계를 나타내는 단어로, 조사를 이르는 말이다.

19 조사는 문장에서 쓰일 때 형태가 변하지 않지만, 예외적으로 조사 '( )'은/는 형태가 변한다.

20 독립언은 문장에서 다른 단어에 얽매이지 않고 독립적으로 쓰이는 단어로 ( )을/를 이르는 말인데, '앗, 어머나'처럼 느낌을 나타내거나 '어이, 야, 응, 네'처럼 부름이나 ( )을/를 나타낸다.

나의 어휘력 점수는? ________ 점 / 총 20점

• 틀린 어휘는 본문으로 가서 다시 한번 살펴보자.

20회 어휘력 테스트

정답과 해설 47쪽

01 ~ 05 다음 단어와 그 뜻풀이를 바르게 연결하시오.

01 종적 •

02 지레 •

03 질책 •

04 점진적 •

05 진부하다 •

• ㉠ 꾸짖어 나무람.

• ㉡ 조금씩 앞으로 나아가는. 또는 그런 것.

• ㉢ 없어지거나 떠난 뒤에 남는 자취나 형상.

• ㉣ 사상, 표현, 행동 따위가 낡아서 새롭지 못하다.

• ㉤ 어떤 일이 일어나기 전 또는 어떤 기회나 때가 무르익기 전에 미리.

06 ~ 09 다음 빈칸에 들어갈 알맞은 단어를 <보기>에서 찾아 쓰시오.

보기

지체 정화 지천 착수

06 잠시도 (   ) 말고 바로 집으로 가거라.

07 그 학교는 건물 공사를 곧 (   )할 예정이다.

08 오염된 자연을 (   )하는 데에는 엄청난 시간이 걸린다.

09 김장철이 되면 시장에 (   )(으)로 있는 것이 무와 배추이다.

10 ~ 12 초성을 참고하여 밑줄 친 단어의 뜻풀이를 완성하시오.

10 잡채는 손이 많이 가는 음식이다.

→ 어떤 일을 하는 데 드는 사람의 힘이나 (ㄴ ㄹ), 기술.

11 내일은 밖에 안 나가고 집에서 그냥 쉴 거야.

→ (ㅍ ㄹ)를 풀려고 (ㅁ)을 편안히 두다.

12 사람들은 손을 흔들며 선수단을 환영했다.

→ 사람의 (ㅍ ㅁ) 끝에 달린 부분. 손등, 손바닥, 손목으로 나뉘며 그 끝에 (ㅅ ㄱ ㄹ)이 있다.

13 ~ 18 다음 뜻풀이에 해당하는 속담을 <보기>에서 찾아 기호를 쓰시오.

보기

㉠ 누워서 떡 먹기
㉡ 백지장도 맞들면 낫다
㉢ 고기는 씹어야 맛을 안다
㉣ 호박이 넝쿨째로 굴러떨어졌다
㉤ 길고 짧은 것은 대어 보아야 안다
㉥ 안되는 사람은 뒤로 넘어져도 코가 깨진다

13 하기가 매우 쉬운 것을 이르는 말. (   )

14 쉬운 일이라도 협력하여 하면 훨씬 쉽다는 말. (   )

15 뜻밖에 좋은 물건을 얻거나 행운을 만났다는 말. (   )

16 운수가 나쁜 사람은 보통 사람에게는 생기지도 않는 나쁜 일까지 생김을 이르는 말. (   )

17 크고 작고, 이기고 지고, 잘하고 못하는 것은 실지로 겨루어 보거나 겪어 보아야 알 수 있다는 말. (   )

18 겉으로만 봐서는 진짜 맛을 모른다는 뜻으로, 무엇이든 바로 알려면 실제로 겪어 보아야 한다는 말. (   )

19 ~ 20 다음 설명이 적절하면 ○에, 그렇지 않으면 ×에 표시하시오.

19 고유어는 예부터 우리말에 있었거나 우리말에 기초하여 새로 만들어진 말이다. (○ , ×)

20 외래어는 대부분 고유어로 바꾸어 쓸 수 있으므로, 외래어를 그대로 사용하기보다는 고유어로 바꾸어 사용하는 것이 바람직하다. (○ , ×)

나의 어휘력 점수는? ________점 / 총 20점

• 틀린 어휘는 본문으로 가서 다시 한번 살펴보자.

21회 어휘력 테스트

01 ~ 04 다음 단어와 그 뜻풀이를 바르게 연결하시오.

01 초조하다 • • ㉠ 맑고 서늘하다.

02 척박하다 • • ㉡ 애가 타서 마음이 조마조마하다.

03 청량하다 • • ㉢ 땅이 기름지지 못하고 몹시 메마르다.

04 천연덕스럽다 • • ㉣ 시치미를 뚝 떼어 겉으로는 아무렇지 않은 체하는 태도가 있다.

05 ~ 08 다음 빈칸에 들어갈 알맞은 단어를 <보기>에서 찾아 쓰시오.

보기

체류 총명 철칙 추상적

05 언어는 구체적인 사물뿐만 아니라 (   ) 개념도 나타낼 수 있다.

06 종석이는 (   )한 아이니까 어려운 일에 부딪쳐도 스스로 문제를 잘 해결해 나갈 거야.

07 그는 경찰 생활 20년 동안 외부 압력에 절대 굴하지 않는다는 (   )을/를 지키며 살아왔다.

08 터키에서 온 그는 우리나라에 장기 (   ) 중이어서 터키보다 오히려 우리나라 사정에 더 밝다.

09 ~ 12 밑줄 친 단어의 쓰임이 적절하면 ○에, 그렇지 않으면 ×에 표시하시오.

09 큰아이의 옷을 <u>줄여</u> 막내에게 입혔다. (○ , ×)

10 승기가 바닥에 떨어진 내 연필을 <u>짚어</u> 책상에 올려 주었다. (○ , ×)

11 그는 <u>주린</u> 배를 움켜쥐고 지친 얼굴로 식당을 찾아 헤맸다. (○ , ×)

12 무대 위 네 살배기들의 재롱을 보며 부모들은 흐뭇한 표정을 <u>짖고</u> 박수를 쳤다. (○ , ×)

13 ~ 18 다음 뜻풀이에 해당하는 한자 성어를 <보기>에서 찾아 쓰시오.

보기

대경실색 혼비백산 선견지명
역지사지 측은지심 일편단심

13 처지를 바꾸어서 생각하여 봄. (   )

14 몹시 놀라 얼굴빛이 하얗게 질림. (   )

15 어떤 일이 일어나기 전에 미리 앞을 내다보고 아는 지혜. (   )

16 혼백이 어지러이 흩어진다는 뜻으로, 몹시 놀라 넋을 잃음을 이르는 말. (   )

17 한 조각의 붉은 마음이라는 뜻으로, 진심에서 우러나오는 변치 아니하는 마음을 이르는 말. (   )

18 인간의 본성에서 우러나오는 마음씨로, 다른 사람의 불행을 불쌍히 여기는 마음을 이르는 말. (   )

19 ~ 20 다음 빈칸에 들어갈 적절한 말을 쓰시오.

19 (   )은/는 말소리는 다르지만 의미가 서로 비슷한 관계에 있는 단어들이고, (   )은/는 의미가 서로 반대되는 관계에 있는 단어들이다.

20 (   )은/는 한쪽이 의미상 다른 쪽을 포함하는 단어이고, (   )은/는 의미상 다른 쪽에 포함되는 단어이다.

나의 어휘력 점수는?

________점 / 총 20점

• 틀린 어휘는 본문으로 가서 다시 한번 살펴보자.

22회 어휘력 테스트

정답과 해설 48쪽

01 ~ 05 다음 단어와 그 뜻풀이를 바르게 연결하시오.

01 추호 •　　• ㉠ 침범하여 해를 끼침.

02 치안 •　　• ㉡ 남보다 두드러지게 뛰어나다.

03 침해 •　　• ㉢ 일정한 상태나 처지에서 완전히 벗어남.

04 탈피 •　　• ㉣ 국가 사회의 안녕과 질서를 유지·보전함.

05 탁월하다 •　　• ㉤ 매우 적거나 조금인 것을 비유적으로 이르는 말.

06 ~ 09 다음 빈칸에 들어갈 알맞은 단어를 <보기>에서 찾아 쓰시오.

보기
취지　치유　추세　탐관오리

06 올해 들어 우리나라의 수출량은 계속해서 증가하는 (　　　　)이다.

07 조선 후기에는 (　　　　)의 횡포가 극심해져 백성들의 원성이 극에 달했다.

08 충분한 휴식을 취하고 균형 있는 식습관을 가졌더니 (　　　　)가 불가능해 보였던 병도 나아졌다.

09 노벨상은 스웨덴의 화학자 노벨에 의해 제정된 상으로, 인류에 가장 큰 공헌을 한 사람이나 단체에게 시상한다는 (　　　　)로 만들어졌다.

10 ~ 12 초성을 참고하여 밑줄 친 단어의 뜻풀이를 완성하시오.

10 바닷가에 이르자 바람결에 비릿한 냄새가 난다.
→ 어떤 (ㅈ ㅅ)나 시간에 닿다.

11 요즘은 학교에서 청소를 할 때 전기 청소기를 쓴다던데 정말이니?
→ 어떤 일을 하는 데에 재료나 도구, (ㅅ ㄷ)을 이용하다.

12 숙제로 연습장에 영어 단어를 열 번씩 써 오세요.
→ 선을 그을 수 있는 도구로 종이 따위에 획을 그어서 일정한 (ㄱ ㅈ)의 모양이 이루어지게 하다.

13 ~ 17 다음 뜻풀이에 해당하는 관용어를 <보기>에서 찾아 기호를 쓰시오.

보기
㉠ 탄력을 받다
㉡ 날개 돋치다
㉢ 찬물을 끼얹다
㉣ 미역국을 먹다
㉤ 칼자루를 잡다

13 시험에서 떨어지다. (　　　)

14 점차 증가하거나 많아지다. (　　　)

15 어떤 일에 실제적인 권한을 가지다. (　　　)

16 소문 같은 것이 먼 데까지 빨리 퍼져 가다. (　　　)

17 잘되어 가고 있는 일에 뛰어들어 분위기를 흐리거나 공연히 트집을 잡아 훼살을 놓다. (　　　)

18 ~ 20 다음 설명이 적절하면 ○에, 그렇지 않으면 ×에 표시하시오.

18 표준어는 지역 방언과 사회 방언을 통틀어 이르는 말이다. (○ , ×)

19 지역 방언은 우리말의 어휘를 풍부하게 하고, 그 지역의 정서와 특색을 느낄 수 있게 한다. (○ , ×)

20 사회 방언은 집단 내에서 구성원들 간의 의사소통을 방해하므로 가급적 사용하지 않는 것이 좋다. (○ , ×)

나의 어휘력 점수는? ________ 점 / 총 20점

• 틀린 어휘는 본문으로 가서 다시 한번 살펴보자.

23회 어휘력 테스트

01 ~ 04 다음 단어와 그 뜻풀이를 바르게 연결하시오.

01 토로 •
02 탕진 •
03 풍기다 •
04 포괄하다 •

• ㉠ 재물 따위를 다 써서 없앰.
• ㉡ 마음에 있는 것을 죄다 드러내어서 말함.
• ㉢ 어떤 분위기가 나다. 또는 그런 것을 자아내다.
• ㉣ 일정한 대상이나 현상 따위를 어떤 범위나 한계 안에 모두 끌어 넣다.

05 ~ 08 다음 빈칸에 들어갈 알맞은 단어를 <보기>에서 찾아 쓰시오.

보기
퇴치 폐해 함유 하소연

05 무능한 지도자가 국민에게 끼치는 (   )은/는 참으로 막대하다.

06 요즘은 화학 성분이 (   )되지 않은 천연 비누가 인기를 누린다.

07 인류는 각종 질병을 (   )하기 위한 노력을 끊임없이 기울여 왔다.

08 할아버지는 의사에게 요즘 들어 소화가 잘 안 된다고 (   )을/를 하였다.

09 ~ 12 밑줄 친 단어의 쓰임이 적절하면 ○에, 그렇지 않으면 ×에 표시하시오.

09 논에서는 벼가 <u>한창</u> 익어 가고 있었다. (○ , ×)

10 그는 약속 시간을 <u>한참</u>이나 넘기고서야 나타났다. (○ , ×)

11 그녀는 가방 속에서 낡아 <u>헤어진</u> 옛 사진을 꺼내 들었다. (○ , ×)

12 그 두 사람이 결혼한 지 <u>횟수</u>로 따지면 벌써 십 년째이다. (○ , ×)

13 ~ 17 다음 뜻풀이에 해당하는 한자 성어를 <보기>에서 찾아 쓰시오.

보기
견물생심 계란유골 오비이락
아전인수 파죽지세

13 어떠한 실물을 보게 되면 그것을 가지고 싶은 욕심이 생김. (   )

14 대를 쪼개는 기세라는 뜻으로, 적을 거침없이 물리치고 쳐들어가는 기세를 이르는 말. (   )

15 자기 논에 물 대기라는 뜻으로, 자기에게만 이롭게 되도록 생각하거나 행동함을 이르는 말. (   )

16 아무 관계도 없이 한 일이 공교롭게도 때가 같아 억울하게 의심을 받거나 난처한 위치에 서게 됨을 이르는 말. (   )

17 달걀에도 뼈가 있다는 뜻으로, 운수가 나쁜 사람은 모처럼 좋은 기회를 만나도 역시 일이 잘 안됨을 이르는 말. (   )

18 ~ 20 다음 빈칸에 들어갈 적절한 말을 쓰시오.

18 토의는 공동의 문제를 합리적으로 해결하기 위해 여러 사람이 의견이나 생각을 주고받는 (   )적인 말하기이다.

19 토의에서 (   )은/는 의견을 조리 있게 말하고 다른 사람의 의견을 존중해야 하며, (   )은/는 중립적인 태도로 절차에 따라 토의를 진행하고, (   )은/는 토의 내용을 경청해야 한다.

20 면담의 준비 단계에서는 사전 조사를 통해 면담의 (   )와/과 대상에 적합한 질문을 마련해야 한다.

나의 어휘력 점수는? ________점 / 총 20점

• 틀린 어휘는 본문으로 가서 다시 한번 살펴보자.

24회 어휘력 테스트

정답과 해설 48쪽

01 ~ 05 다음 단어와 그 뜻풀이를 바르게 연결하시오.

01 향유 •　　• ㉠ 누리어 가짐.

02 혹평 •　　• ㉡ 몹시 모질고 혹독하게 비평함.

03 후하다 •　　• ㉢ 드물어서 특이하거나 매우 귀하다.

04 혹독하다 •　　• ㉣ 마음 씀씀이나 태도가 너그럽다.

05 희귀하다 •　　• ㉤ 성질이나 하는 짓이 몹시 모질고 악하다.

06 ~ 09 다음 빈칸에 들어갈 알맞은 단어를 <보기>에서 찾아 쓰시오.

보기

회상　허용　형상화　활성화

06 이 기숙사 건물은 외부인의 출입을 (　　　)하지 않는다.

07 소설이나 희곡은 인물, 갈등, 사건 등을 통해 주제를 (　　　)한다.

08 우리 지역은 관광 산업을 더욱 (　　　)하기 위해 외국인용 승차권을 개발하였다.

09 여러분이 이 학교에 입학했던 때를 (　　　)해 보니, 어느새 이렇게 성장하여 졸업을 앞둔 모습이 대견하기만 합니다.

10 ~ 12 초성을 참고하여 밑줄 친 단어의 뜻풀이를 완성하시오.

10 그는 해 질 무렵이 되어서야 집에 돌아왔다.
➜ 해나 달이 (ㅅ ㅉ)으로 넘어가다.

11 우리는 지게를 지고 나무를 하러 산으로 갔다.
➜ 물건을 짊어서 (ㄷ)에 얹다.

12 희애와 병철이는 결혼식 날짜를 가을로 잡았다.
➜ 자리, 방향, (ㄴ ㅉ) 따위를 정하다.

13 ~ 18 다음 뜻풀이에 해당하는 속담을 <보기>에서 찾아 기호를 쓰시오.

보기

㉠ 울며 겨자 먹기
㉡ 제 꾀에 제가 넘어간다
㉢ 목마른 놈이 우물 판다
㉣ 지렁이도 밟으면 꿈틀한다
㉤ 하룻강아지 범 무서운 줄 모른다
㉥ 호랑이에게 물려 가도 정신만 차리면 산다

13 철없이 함부로 덤비는 경우를 이르는 말. (　　　)

14 싫은 일을 억지로 마지못하여 함을 이르는 말. (　　　)

15 제일 급하고 일이 필요한 사람이 그 일을 서둘러 하게 되어 있다는 말. (　　　)

16 꾀를 내어 남을 속이려다 도리어 자기가 그 꾀에 속아 넘어감을 이르는 말. (　　　)

17 아무리 위급한 경우를 당하더라도 정신만 똑똑히 차리면 위기를 벗어날 수가 있다는 말. (　　　)

18 아무리 눌려 지내는 미천한 사람이나, 순하고 좋은 사람이라도 너무 업신여기면 가만있지 아니한다는 말. (　　　)

19 ~ 20 다음 설명이 적절하면 ○에, 그렇지 않으면 ×에 표시하시오.

19 영상 매체를 이용하는 사람들은 영상 언어를 통해 여러 명이 동시에 의견을 주고받거나 다양한 자료를 즉각적으로 첨부할 수 있다. (○ , ×)

20 인터넷 매체는 전 세계적으로 연결된 통신망인 인터넷을 통해 정보와 생각을 전달하는 매체로 블로그, 전자 우편, 온라인 대화 등이 있다. (○ , ×)

나의 어휘력 점수는?

________점 / 총 20점

• 틀린 어휘는 본문으로 가서 다시 한번 살펴보자.

MEMO

정답과 해설

정답과 해설

01회

01회 1

본문 9쪽

01 ㉡	02 ㉠	03 ㉣	04 ㉢
05 몸	06 용감하게	07 감안	08 거처
09 개간	10 감안	11 간수	12 거처
13 각축	14 ②		

14 '건장하다'의 의미는 '몸이 튼튼하고 기운이 세다.'이다. 사고방식이나 생활 습관은 '정신적으로나 육체적으로 아무 탈이 없고 튼튼하다.'라는 의미를 지닌 '건강하다'를 사용하여 나타내는 것이 적절하다.

01회 2

본문 11쪽

01 죽마고우	02 동분서주	03 조변석개	04 수어지교
05 우왕좌왕	06 부화뇌동	07 관포지교	08 막역지우
09 조변석개	10 관포지교	11 부화뇌동	12 ②

12 '수어지교'는 '물이 없으면 살 수 없는 물고기와 물의 관계라는 뜻으로, 아주 친밀하여 떨어질 수 없는 사이를 이르는 말'이다. 따라서 만나기만 하면 아웅다웅 싸우는 사이를 나타내기에 적절하지 않다.

01회 3

본문 13쪽

01 ㉣	02 ㉠	03 ㉡	04 ㉢
05 거름	06 걷힌	07 가리키며	08 ④
09 X	10 ○	11 ○	12 ㉠, ㉢

08 '가리키다'는 '손가락 따위로 어떤 방향이나 대상을 집어서 보이거나 말하거나 알리다.'를 뜻하고, '가르치다'는 '지식이나 기능, 이치 따위를 깨닫게 하거나 익히게 하다.'를 뜻한다. 따라서 '미술을 가르치는 선생님이다.'가 적절한 표현이다.

09 시에서 화자는 시 속에서 말하는 사람을 의미한다.

12 '엄마야 누나야'라고 말하는 것으로 보아 이 시의 화자는 남자아이이다(㉠). '강변'은 뜰에 금모래가 반짝이고 뒷문 밖에서 갈잎의 노래가 들리는 아름답고 평화로운 곳이므로 이 시의 화자는 아름답고 평화로운 곳에서 살고 싶어 함을 알 수 있다(㉢).

오답 풀이

㉡ 이 시의 화자는 시에 직접 드러나 있지 않다.

㉣ 시인은 화자를 내세워 강변에서 살고 싶은 소망을 노래했다.

㉤ 이 시에는 화자가 느끼는 외로움의 정서가 아니라, 아름답고 평화로운 곳에서 살고 싶은 소망이 드러나 있다.

02회

02회 1

본문 15쪽

01 ~ 05 해설 참조		06 경멸	07 격노
08 결의	09 견제	10 결심	11 경신
12 격노	13 존경	14 ②	

01 ~ 05

겹	경 (04)	사	겸 (03)	상	복
정	신	혼	연	일	체
식	음	악	쩍	경 (01)	청
결 (05)	연	하	다	기	부
혼	경 (02)	외	과	의	사

14 '경멸'은 '깔보아 업신여김.'을 의미하므로, 어질고 너그러운 사람이 '경멸'을 받는다는 표현은 적절하지 않다. '남의 인격, 사상, 행위 따위를 받들어 공경함.'을 의미하는 '존경'을 받는다는 표현이 어울린다.

02회 2

본문 17쪽

01 ㉡	02 ㉠	03 ㉣	04 ㉢
05 ㉤	06 씀씀이	07 관계	08 능률
09 범위	10 발을 빼고	11 손에 잡히지	
12 손을 내밀어		13 손에 붙기	14 ⑤

14 공사의 진행 상태가 궁금하여 새집을 자주 드나드는 상황이므로 '애착, 미련, 근심, 걱정 따위로 마음이 놓이지 아니하여 선뜻 떠날 수가 없다.'라는 의미의 '발이 떨어지지 않다'를 사용하기에는 적절하지 않다. 이 문장에서는 '매우 분주하게 많이 다니다.'라는 의미의 '발이 닳도록'을 사용하는 것이 적절하다.

02회 3

본문 19쪽

01 ㉠	02 ㉠	03 ㉡	04 ㉣
05 ㉤	06 ㉢	07 ㉡	08 ㉠
09 ○	10 ○	11 X	12 ④

11 시어는 의미가 함축적이기 때문에 시적 상황이나 문맥에 따라 다양한 의미로 해석할 수 있다.

12 2연의 내용으로 미루어 보아 이 시에서 '길'은 인간이 살아가면서 지나가야 하는 길, 즉 삶과 인생을 의미한다는 것을 알 수 있다.

03회

03회 1

본문 21쪽

01 과시	02 공익	03 공공연하다	
04 골똘하다	05 행동	06 우연히	07 고찰
08 공유	09 계승	10 계승	11 과시
12 고찰	13 공유	14 ④	

14 출산율이 떨어지고 고령화가 진행되면 학생 수는 당연히 줄어들 수밖에 없다. 즉 학생 수 감소가 우연히 생기는 결과가 아니므로 이 경우 '공교롭게도'를 사용하는 것은 적절하지 않다.

03회 2

본문 23쪽

01 온고지신	02 독서삼매	03 우이독경	04 괄목상대
05 박학다식	06 일취월장	07 주경야독	08 마이동풍
09 일취월장	10 우이독경	11 박학다식	12 ②

12 과거의 낡은 제도를 버리는 것은 옛것을 익히는 자세가 아니므로 '옛것을 익히고 그것을 미루어서 새것을 앎.'을 뜻하는 '온고지신'은 어울리지 않는다.

03회 3

본문 25쪽

01 ㉡	02 ㉢	03 ㉠	04 ㉣
05 껍데기	06 굳은	07 꼽은	08 ④
09 ○	10 X	11 ○	12 ㉢, ㉣, ㉤

08 '껍질'은 '물체의 겉을 싸고 있는 단단하지 않은 물질'을 뜻하고, '껍데기'는 '달걀이나 조개 따위의 겉을 싸고 있는 단단한 물질'을 뜻한다. 따라서 '굴이나 달걀의 껍데기는'이 적절한 표현이다.

10 '닭 우는 소리'는 귀로 느낄 수 있는 청각적 심상이 사용된 표현이다.

12 이 시에는 청각적 심상과 시각적 심상이 두드러지게 나타난다. '오 · 오 · 오 · 오 · 오', '머언 뇌성이 울더니', '철썩, 처얼썩, 철썩, 처얼썩, 철썩'에서 청각적 심상이 쓰였고, '포돗빛으로 부풀어졌다.' 등에서 시각적 심상이 쓰였다. 〈보기〉의 ㉢, ㉤에는 시각적 심상이, ㉣에는 청각적 심상이 사용되었다.

오답 풀이

㉠은 후각적 심상이 사용된 표현이고 ㉡은 미각적 심상이 사용된 표현인데, 이 시에는 후각적 · 미각적 심상은 나타나지 않는다.

04회

04회 1

본문 27쪽

01 ~ 05 해설 참조		06 과언	07 권위
08 궁리	09 관점	10 군림	11 관점
12 궁리	13 과언	14 ①	

01 ~ 05

01 교	류				
		02 관	습		03 교
	04 군				활
	림				하
		05 관	여	하	다

14 손톱을 깨무는 것은 개인적인 행동이므로, 어떤 사회에서 오랫동안 지켜 내려와 그 사회 성원들이 널리 인정하는 '관습'이라고 볼 수 없다. 여기서는 '오랫동안 자꾸 반복하여 몸에 익어 버린 행동'을 의미하는 '버릇'을 사용하는 것이 적절하다.

04회 2

본문 29쪽

01 ㉣	02 ㉡	03 ㉢	04 ㉠
05 쥐구멍, 볕	06 물, 고기	07 하늘, 구멍	08 나무, 떡잎
09 X	10 ◯	11 ◯	12 ㉠
13 ㉢	14 ㉡		

09 '쥐구멍에도 볕 들 날 있다'는 '몹시 고생을 하는 삶도 좋은 운수가 터질 날이 있다는 말'이다. 따라서 형과 다툰 명준에게 먼저 연락해 보라고 조언하는 상황에서 활용하기에는 적절하지 않다.

04회 3

본문 31쪽

01 ㉠	02 ㉠	03 ㉡	04 ㉢
05 ㉡	06 ㉠	07 ㉣	08 ㉤
09 ◯	10 ◯	11 X	
12 Ⓐ: ㉠, ㉣, ㉤ / Ⓑ: ㉡, ㉢			

11 연결어 없이 원관념을 보조 관념에 은근히 빗대어 표현하는 방법은 은유법이다.

12 Ⓐ는 잠깐 나타났다가 곧 사라지는 '햇비'(원관념)의 모습을 연결어 '~처럼'을 사용하여 '아씨'(보조 관념)에 직접 빗대었다. 이러한 직유법이 사용된 것은 ㉠, ㉣, ㉤이다. ㉠은 연결어 '~처럼'을 사용하여 '파란 호수'를 '하늘'에 빗대었고, ㉣은 연결어 '~같은'을 사용하여 '발소리'를 '배춧잎'에 빗대었다. ㉤ 역시 연결어 '~같이'를 사용하여 '고양이의 털'을 '꽃가루'에 빗대었다.
Ⓑ는 연결어 없이 '무지개(원관념) = 하늘 다리(보조 관념)'로 나타냈다. 이러한 은유법이 사용된 것은 '나 = 한 마리 어린 짐승'으로 표현한 ㉡과 '나 = 나룻배, 당신 = 행인'으로 표현한 ㉢이다.

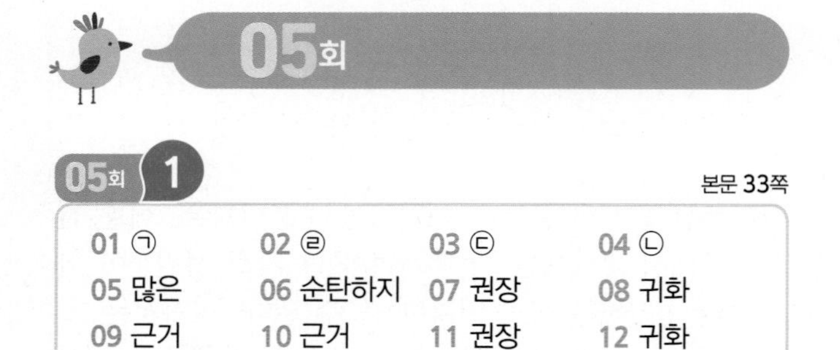

05회

05회 1

본문 33쪽

01 ㉠	02 ㉣	03 ㉢	04 ㉡
05 많은	06 순탄하지	07 권장	08 귀화
09 근거	10 근거	11 권장	12 귀화
13 기하급수적		14 ③	

14 '극진하다'의 뜻은 '어떤 대상에 대하여 정성을 다하는 태도가 있다.'이므로 자전거를 타고 바람을 쐬어 몸과 마음이 산뜻해진 상황을 나타내기에는 적절하지 않다. 이 문장에서는 '느낌이 시원하고 산뜻하다.'라는 뜻의 '상쾌하다'를 사용하는 것이 적절하다.

05회 2

본문 35쪽

01 막상막하	02 망운지정	03 일일여삼추	04 난형난제
05 학수고대	06 호각지세	07 풍수지탄	08 반포지효
09 막상막하	10 일일여삼추	11 반포지효	12 ⑤

12 '풍수지탄'은 '효도를 다하지 못한 채 어버이를 여읜 자식의 슬픔을 이르는 말'이다. 따라서 나라를 잃고 떠돌며 고국을 그리워하는 상황을 나타내기에는 적절하지 않다.

05회 3

본문 37쪽

01 ㉠	02 ㉢	03 ㉣	04 ㉡
05 날던	06 나을	07 너머	08 ②
09 X	10 X	11 ◯	12 ⑤

08 '너머'는 '높이나 경계로 가로막은 사물의 저쪽. 또는 그 공간'을 뜻하는 명사이므로, 국경을 넘는 동작을 나타내는 말로 적절하지 않다. 여기서는 '높은 부분의 위를 지나가거나 경계를 건너 지나다.'라는 뜻을 지닌 동사 '넘다'를 사용해 '국경을 넘어'라고 하는 것이 적절하다.

09 사람이 아닌 대상에 인격을 부여하여 사람처럼 나타내는 표현 방법은 의인법이다.

10 무생물을 살아 있는 것처럼 나타내는 표현 방법은 활유법이다.

12 이 시에서 '삼각산'과 '한강'은 우리 국토의 일부로, 우리나라 전체를 의미한다. 이처럼 대상의 일부분으로 전체를 나타내는 표현 방법은 대유법(㉠)이다. 또한 이 시에서는 그날이 오면 '삼각산'이 마치 사람처럼 일어나 더덩실 춤이라도 출 것이라고 하였는데, 이처럼 사람이 아닌 대상에 인격을 부여하여 사람처럼 나타내는 표현 방법은 의인법(㉡)이다.

06회

06회 1

본문 39쪽

01 ~ 05 해설 참조　06 누설　07 내면화
08 낙담　09 능동적　10 내면화　11 낙담
12 누설　13 능동적　14 ④

01 ~ 05

하	루	남	낙	천	적
다	독	루	담	긍	냉
난	감	하	다	과	담
정	하	다	정	일	하
급	류	낭	자	하	다

14 기온이 내려간 상황에서는 '태도나 마음씨가 동정심 없이 차갑다.'라는 뜻의 '냉담하다'가 아니라 '날씨나 바람 따위가 음산하고 상당히 차갑다.'라는 뜻의 '쌀쌀하다'를 사용하는 것이 적절하다.

06회 2

본문 41쪽

01 ㉠　02 ㉣　03 ㉢　04 ㉡
05 ㉤　06 익숙　07 안목, 버릇　08 해결
09 기억력, 융통성　10 머리를 굴려도
11 눈이 높아서　12 머리를 식히기
13 눈에 익은　14 ③

14 '눈이 뒤집히다'는 '충격적인 일을 당하거나 어떤 일에 집착하여 이성을 잃다.'라는 뜻을 지닌 표현이므로, 모두의 관심과 호기심이 집중된 상황을 나타내기에 적절하지 않다.

06회 3

본문 43쪽

01 ㉡　02 ㉡　03 ㉡　04 ㉡
05 ㉣　06 ㉠　07 ㉢　08 ㉤
09 ○　10 X　11 ○　12 ⑤

10 상징은 원관념을 드러내지 않고 보조 관념만으로 의미를 표현하는 방법이다.

12 이 시조에서 화자는 흐르는 '물'에 자신의 감정을 이입하여 사랑하는 임과 이별한 슬픔을 강조하고 있다.

오답 풀이

① 강인한 의지나 경건한 분위기가 아니라, 임과 이별한 비통함과 슬픔의 정서를 느낄 수 있다.
② 화자는 임과 이별한 현재의 상황만 제시하고 있다.
③ 불합리한 사회 현실에 대해 비판하고 있지 않다.
④ 자연물과의 대조가 아니라 자연물에 감정을 이입하여 주제를 드러내고 있다.

07회

07회 1

본문 45쪽

01 대수롭다　02 대중화　03 도입　04 단호하다
05 많다　06 호화스럽다　07 덕택　08 당부
09 대응　10 도입　11 덕택　12 대중화
13 당부　14 ④

14 '대수롭다'의 뜻은 '중요하게 여길 만하다.'이므로, 영화의 결말이 실망스러움을 나타내는 말로 어울리지 않는다. 이 문장에서는 '신통한 데가 없고 하찮다.'라는 뜻의 '시시하다'를 사용해 '그 영화가 시시하게 끝나 실망했다.'라고 하는 것이 적절하다.

07회 2

본문 47쪽

01 갑남을녀　02 초동급부　03 남부여대　04 단표누항
05 필부필부　06 삼순구식　07 단사표음　08 장삼이사
09 남부여대　10 단표누항　11 장삼이사　12 ③

12 '필부필부'는 '평범한 남녀'를 의미하므로 부부가 얼굴만 보아도 서로의 생각을 알아차릴 정도로 마음이 잘 통함을 나타내는 말로 적절하지 않다.

07회 3

본문 49쪽

01 ㉡　02 ㉣　03 ㉠　04 ㉢
05 다쳐서　06 달여　07 다르다　08 ⑤
09 ○　10 X　11 X　12 ⑤

08 '틀리다'의 뜻은 '셈이나 사실 따위가 그르게 되거나 어긋나다.'이다. 자매의 생김새를 비교하는 상황에서는 '비교가 되는 두 대상이 서로 같지 아니하다.'라는 뜻을 지닌 '다르다'를 사용해야 한다.

10 줄글 형태로 이루어진 산문 문학이라는 특징을 가리키는 용어는 '산문성'이다. '서사성'은 인물, 사건, 배경 등을 갖추고 일정한 흐름에 따라 사건이 전개되는 소설의 특징을 가리킨다.

11 실제로 일어난 일이 아니라 현실에 있음 직한 일을 작가가 상상력을 발휘해 꾸며 낸 이야기라는 소설의 특징을 가리키는 용어는 '허구성'이다. '진실성'은 인생의 진솔한 이야기를 통해 삶의 진실을 추구하고 바람직한 인간상을 찾고자 하는 소설의 특징을 가리킨다.

12 소설의 특징 중 현실 세계의 모습을 본뜨거나 반영하는 것을 가리키는 용어는 '모방성'이다. 이 작품은 '청계천'이라는 실제 장소를 공간적 배경으로 삼고 있고, 자전거를 들고 도망친 수남이의 행동이나 그러한 행동을 칭찬하는 주인 영감의 모습 등은 우리 사회에서 발견할 수 있는 비도덕적인 인간의 모습들이다. 이런 점에서 이 작품은 현실 세계를 반영하고 있다고 볼 수 있다.

오답 풀이

① 이 작품은 소설이므로 줄글 형태로 이루어진 산문 문학에 속한다(산문성).
② 이 작품은 인물, 사건, 배경을 갖추고 일정한 흐름에 따라 사건이 전개되고 있다(서사성).
③ 이 작품의 주인공인 '수남이'는 실존 인물이 아니라 작가가 만들어 낸 존재이다(허구성).
④ 소설은 꾸며 낸 이야기지만 인생의 진솔한 이야기를 통해 삶의 진실을 추구하고 바람직한 인간상을 찾고자 하는데, 이 작품의 경우 수남이라는 순진한 소년이 겪는 갈등을 통해 현대인들의 이기적인 모습과 부도덕한 모습을 드러내고 도덕적인 삶에 대한 교훈을 전하고 있다(진실성).

08회 1

본문 51쪽

01 ~ 05 해설 참조		06 등용	07 막바지
08 만회	09 매섭다	10 만연	11 매료
12 등용	13 만회	14 ②	

01 ~ 05

01 돈	02 독	하	다		03 만
	창				연
	적				하
		04 면	밀	하	다
05 매	료				

14 '막바지'는 '어떤 일이나 현상 따위의 마지막 단계'를 의미한다. 겨울이 끝나 가는데 때 이르게 추위가 닥쳤다는 것은 문맥상 어색하므로, 이 문장에서는 '어떤 일이나 시기가 시작되는 첫머리'를 뜻하는 '초입'을 사용하는 것이 적절하다.

08회 2

본문 53쪽

01 ㉠	02 ㉣	03 ㉡	04 ㉢
05 티끌, 태산	06 공든 탑	07 지성, 감천	08 열, 나무
09 X	10 ○	11 ○	12 ㉡
13 ㉠	14 ㉢		

09 '낙숫물이 댓돌을 뚫는다'는 '작은 힘이라도 꾸준히 계속하면 큰일을 이룰 수 있음을 이르는 말'이므로 사업이 한창 잘되는 때에 더 투자를 하려는 상황에 어울리지 않는다. 이 상황에서는 '기세가 한창 좋을 때 더 힘을 가한다는 말'인 '달리는 말에 채찍질'을 사용하는 것이 적절하다.

08회 3

본문 55쪽

01 ㉠	02 ㉠	03 ㉠	04 ㉢
05 ㉡	06 ㉣	07 ㉠	08 ㉤
09 ○	10 X	11 X	12 ①

10 소설의 인물은 역할에 따라 주동 인물과 반동 인물로 나뉜다. 중심인물은 중요도에 따라 나눈 인물 유형에 해당한다.

11 평면적 인물은 작품의 처음부터 끝까지 성격이 변화하지 않는 인물이다. 작품 속 상황이나 환경이 변화함에 따라 성격이 변하는 인물은 입체적 인물이다.

12 이몽룡이 변 사또와 대립하는 것은 맞지만, 이몽룡은 작가가 전달하려는 주제와 같은 방향으로 움직이는 인물이므로 반동 인물이 아니라 주동 인물이다.

오답 풀이

② 춘향은 변 사또에게 저항하며 끝까지 절개를 지키는 인물이므로, 처음부터 끝까지 성격이 변화하지 않는 평면적 인물이다.
③ 변 사또는 주동 인물인 춘향 · 이몽룡과 대립하므로 반동 인물이며, 성격이 변화하지 않는 평면적 인물이다.
④ 변 사또는 백성들에게 횡포를 부리는 당대의 탐관오리를 대표하는 전형적 인물이다.
⑤ 춘향과 이몽룡은 사건을 이끌어 가는 주인공으로 중심인물이다.

09회

09회 1

본문 57쪽

01 ㉣	02 ㉢	03 ㉠	04 ㉡
05 허물	06 부끄럽다	07 명성	08 무료
09 밀접	10 명성	11 밀접	12 무료
13 무모	14 ⑤		

14 '무고하다'는 '아무런 잘못이나 허물이 없다.'를 뜻하는 말이다. 집에만 있어 따분한 상황을 나타내는 말로는 '흥미 있는 일이 없어 심심하고 지루함.'을 뜻하는 '무료'를 사용하는 것이 적절하다.

09회 2

본문 59쪽

01 사필귀정	02 안분지족	03 개과천선	04 동상이몽
05 시시비비	06 권선징악	07 안빈낙도	08 비몽사몽
09 안빈낙도	10 권선징악	11 동상이몽	12 ①

12 '시시비비'는 '여러 가지의 잘함과 잘못함.'이라는 뜻을 지닌 한자 성어이다. 상대편의 주장에 귀를 기울이는 상황에서는 '처지를 바꾸어서 생각하여 봄.'을 의미하는 '역지사지'를 사용하는 것이 적절하다.

09회 3

본문 61쪽

01 ㉡	02 ㉢	03 ㉣	04 ㉠
05 두텁다	06 드러내	07 묻혀	08 ②
09 ○	10 ○	11 X	12 ⑤

08 '두텁다'는 '신의, 믿음, 관계, 인정 따위가 굳고 깊다.'를 뜻하므로 책의 두께를 나타내는 말로 적절하지 않다. 이 문장에서는 '두께가 보통의 정도보다 크다.'라는 뜻의 '두껍다'를 사용하여 '그 두꺼운 책을'이라고 해야 한다.

11 인물의 마음속에서 두 가지 이상의 생각이 부딪쳐 일어나는 심리적 갈등은 내적 갈등이다. 외적 갈등은 인물과 그 인물을 둘러싼 외부 요인, 즉 다른 인물 · 사회 · 운명 · 자연 등과 부딪쳐 발생하는 갈등이다.

12 이 글에는 '나'에게 감자를 주며 관심을 드러낸 점순이와 그런 점순이의 마음을 몰라주는 '나'가 등장한다. 점순이는 '나'에게 호의를 베풀지만 '나'는 감자를 받지 않고, 점순이는 거절당한 분풀이를 '나'의 씨암탉에게 하고 있다. 즉 이 글에는 '나'와 점순이 사이의 외적 갈등이 나타나 있다.

10회

10회 1

본문 63쪽

01 ~ 05 해설 참조		06 방치	07 반열
08 발산	09 박탈	10 범람	11 발산
12 반전	13 반열	14 ②	

01 ~ 05

등	화	02 반	전	기	04 보
03 배	장	역	세	권	채
타	인	05 방	자	하	다
적	군	집	도	다	리
기	01 범	람	전	과	미

14 '보채다'의 뜻은 '어떠한 것을 요구하며 성가시게 조르다.'이므로 학생들이 농사일을 돕는 상황을 나타내는 말로 적절하지 않다. 이 문장에서는 '모자라는 것을 더하여 채우다.'라는 뜻의 '보태다'를 사용해 '일손을 보탠다'라고 하는 것이 적절하다.

10회 2

본문 65쪽

01 ㉡ 02 ㉠ 03 ㉢ 04 ㉤
05 ㉣ 06 염치 07 마음 08 고마움
09 대책, 눈치 10 가슴이 뜨끔했다
11 가슴에 새기고 12 얼굴을 들
13 얼굴만 쳐다볼 14 ①

14 '얼굴이 두껍다'는 '부끄러움을 모르고 염치가 없다.'를 뜻하므로, 성실하여 동네에서 믿음을 얻고 있는 사람에게 어울리는 표현이 아니다.

10회 3

본문 67쪽

01 ㉠ 02 ㉡ 03 ㉠ 04 ㉠
05 ㉤ 06 ㉣ 07 ㉢ 08 ㉡
09 X 10 ○ 11 ○
12 Ⓐ: ㉤ / Ⓑ: ㉣

09 소설 구성의 3요소는 인물, 사건, 배경이다.

12 Ⓐ는 구성 단계 중 전개에 해당하고, Ⓑ는 결말에 해당한다. 전개에서는 갈등이 드러나면서 사건이 진행되고(㉤), 결말에서는 인물의 운명이 결정되고 사건이 마무리된다(㉣).

오답 풀이

㉠ 절정의 특징이다. 이 작품의 내용에서 '아내가 먹고 싶다던 ~ 고함을 친다.'가 절정에 해당한다.
㉡ 위기의 특징이다. 이 작품의 내용에서 '김 첨지는 친구 치삼을 만나 ~ 불안감을 떨치려 한다.'가 위기에 해당한다.
㉢ 발단의 특징이다. 이 작품의 내용에서 '오랜만에 돈을 벌게 된 ~ 기뻐한다.'가 발단에 해당한다.

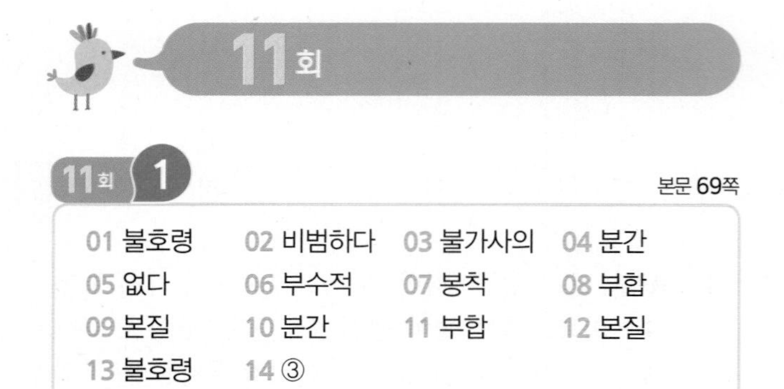

11회

11회 1

본문 69쪽

01 불호령 02 비범하다 03 불가사의 04 분간
05 없다 06 부수적 07 봉착 08 부합
09 본질 10 분간 11 부합 12 본질
13 불호령 14 ③

14 '불가사의'의 뜻은 '사람의 생각으로는 미루어 헤아릴 수 없이 이상하고 야릇함.'이므로 풍랑 때문에 위험하여 여객선 운항이 어려운 상황을 나타내기에 적절하지 않다. 이 문장에서는 여객선을 운항하는 것이 '어렵습니다', '불가능합니다' 정도로 표현하는 것이 적절하다.

11회 2

본문 71쪽

01 유유상종 02 초지일관 03 용두사미 04 동병상련
05 화룡점정 06 초록동색 07 적반하장 08 주객전도
09 적반하장 10 화룡점정 11 동병상련 12 ③

12 '유유상종'은 '같은 무리끼리 서로 사귐.'을 뜻하므로, 비겁한 사람과 어울리면 그를 닮아 비겁해질 수 있음을 나타내는 말로 적절하지 않다. 이 문장에서는 '서로 따르며 친하게 지냄.'이라는 뜻의 '상종'을 사용하여 '상종하지 말라고 말씀하셨다.'라고 하는 것이 적절하다.

11회 3

본문 73쪽

01 ㉣ 02 ㉡ 03 ㉠ 04 ㉢
05 반듯이 06 붉어져 07 바라고 08 ②
09 ○ 10 X 11 ○ 12 ③

08 '붉어지다'는 '빛깔이 점점 붉게 되어 가다.'를 뜻하므로 발가락이 구멍 밖으로 나왔음을 나타내는 말로 적절하지 않다. 이 문장에서는 '물체의 거죽으로 둥글게 툭 비어져 나오다.'를 뜻하는 '불거지다'를 사용해야 한다.

10 희곡은 무대라는 한정된 공간에서 상연하므로 시간과 공간, 등장인물 수의 제약을 받는다.

12 이 글은 희곡의 일부분으로, 주요 등장인물은 형과 아우이다. 형과 아우가 주고받는 말은 희곡의 대사 중 '대화'에 해당한다. 그러나 이 글에는 한 명의 등장인물이 상대방 없이 혼자 하는 말인 '독백'과 무대 위의 다른 인물에게는 들리지 않고 관객만 들을 수 있는 것으로 약속된 말인 '방백'은 사용되지 않았다. 한편 '측량 기사와 조수들 ~ 벽 너머를 비춘다.', '강렬한 불빛 때문에 ~ 당황한다.'는 지시문에 해당한다.

오답 풀이

② 희곡은 사건이 눈앞에서 일어나는 것처럼 현재형으로 표현된다. 이 글 역시 '퇴장한다', '올라간다', '당황한다'와 같이 현재형으로 나타내고 있다.

⑤ 희곡은 인물의 대사와 행동을 통해 사건이 전개되는데, 이 글 역시 형과 아우의 말과 행동을 통해 사건이 진행되고 있다.

12회

12회 1

본문 75쪽

01 ~ 05 해설 참조		06 선별	07 서슬
08 성찰	09 사려	10 선별	11 선연히
12 생동감	13 서슬	14 ①	

01 ~ 05

01 생		02 사	03 소	하	다
동			담		
감			스		04 선
			럽		연
05 생	소	하	다		히

14 '사려'의 뜻은 '여러 가지 일에 대하여 깊게 생각함. 또는 그런 생각'이므로, 군인으로서 맡은 일을 잘 해냈다는 의미를 나타내기에 적절하지 않은 단어이다. 이 문장에서는 '맡겨진 임무'를 의미하는 '사명'을 사용하여 '맡은 바 사명을 다하였다.'라고 하는 것이 적절하다.

12회 2

본문 77쪽

01 ㉠	02 ㉣	03 ㉢	04 ㉡
05 빛, 개살구	06 콩, 팥	07 굴뚝, 연기	
08 콩, 콩, 팥, 팥		09 X	10 ○
11 ○	12 ㉢	13 ㉠	14 ㉡

09 명품 옷을 입고 고급 차를 몰아 겉으로는 화려해 보이지만 실제로 모아 놓은 돈은 없는 상황이므로, 아주 무식함을 이르는 말인 '낫 놓고 기역 자도 모른다'는 적절하지 않다. 이 상황에서는 겉만 그럴듯하고 실속이 없음을 이르는 말인 '속 빈 강정'이나 '빛 좋은 개살구'를 사용하는 것이 적절하다.

12회 3

본문 79쪽

01 ㉠	02 ㉠	03 ㉡	04 ㉠
05 ㉢	06 ㉣	07 ㉡	08 ㉤
09 X	10 ○	11 ○	12 일반화
13 지구 온난화로 인한 문제들과 그 심각성			

09 요약하기의 방법 중 '재구성'은 중심 내용이 담긴 문장을 새로 만드는 것이다. 덜 중요하거나 반복되는 내용을 지우는 방법은 '삭제'이다.

12 <보기>에서는 달리기, 수영, 축구, 농구를 '운동'이라는 말로 포괄하여 '내 동생은 운동을 잘한다.'라고 요약하였다. 이처럼 세부 정보들을 그것들을 포괄하는 말로 묶어 요약하는 방법은 '일반화'이다.

13 '그렇다면 지구 온난화로 인한 문제에는 어떤 것들이 있으며, 그 심각성은 어느 정도일까?'라는 마지막 문장으로 보아 지구 온난화로 인한 문제들과 그 심각성에 대한 내용이 이어질 것임을 예측할 수 있다.

13회

13회 1

본문 81쪽

01 ㉢	02 ㉣	03 ㉠	04 ㉡
05 아름답다	06 험하지	07 숙고	08 소외
09 슬하	10 슬하	11 승화	12 숙고
13 소외	14 ②		

14 '수월하다'는 '까다롭거나 힘들지 않아 하기가 쉽다.'를 뜻하므로 성적이 나쁜 자신에 대해 생각한 내용으로 어울리지 않는다. 이 문장에서는 '보통의 수준이나 등급보다 낮다.'라는 뜻의 '열등하다'를 사용하여 '스스로를 열등하다고 생각하면 안 된다.'라고 하는 것이 적절하다.

13회 2

본문 83쪽

01 전무후무	02 솔선수범	03 좌정관천	04 독야청청
05 전대미문	06 전인미답	07 공명정대	08 정저지와
09 솔선수범	10 정저지와	11 전인미답	12 ③

12 '좌정관천'은 '우물 속에 앉아서 하늘을 본다는 뜻으로, 사람의 견문이 매우 좁음을 이르는 말'이다. 따라서 성공을 한 뒤 지난날의 어려웠던 때를 생각하지 않는 상황을 나타내는 말로 적절하지 않다.

13회 3

본문 85쪽

01 ㉣	02 ㉢	03 ㉠	04 ㉡
05 배어	06 붙는	07 부쳐	08 ④
09 X	10 ○	11 ○	12 ①

08 '붙이다'의 뜻은 '맞닿아 떨어지지 않게 하다.'이므로 짐을 외국으로 보냈음을 나타내는 말로 적절하지 않다. 이 문장에서는 '편지나 물건 따위를 일정한 수단이나 방법을 써서 상대에게로 보내다.'라는 뜻의 '부치다'를 사용해야 한다.

오답 풀이

③ 밤사이 얼굴이 부풀어 오를 것이라고 말하는 상황이므로, '살가죽이나 어떤 기관이 부풀어 오르다.'라는 뜻의 '붓다'를 사용한 것은 적절하다. '붓다'는 '부어, 부으니, 붓는' 등으로 활용한다.

09 어떤 대상에 대한 정보나 지식 등을 독자들이 이해하기 쉽게 풀이하여 쓴 글은 설명문이다. 논설문은 독자를 설득하기 위해 글쓴이가 자신의 주장이나 의견을 타당한 근거를 들어 논리적으로 밝힌 글이다.

12 이 글은 지구 온난화의 피해를 막기 위해 노력해야 한다는 주장을 담은 논설문이다. (가)는 논설문의 서론 부분으로, 영화 이야기로 글을 시작하여 독자의 호기심과 흥미를 유발하고 있다.

오답 풀이

②, ③ 논설문의 결론에 해당하는 내용으로 (다)의 역할이다.
④ 설명문의 본문에 해당하는 내용이다.
⑤ 논설문의 본론에 해당하는 내용으로 (나)의 역할이다.

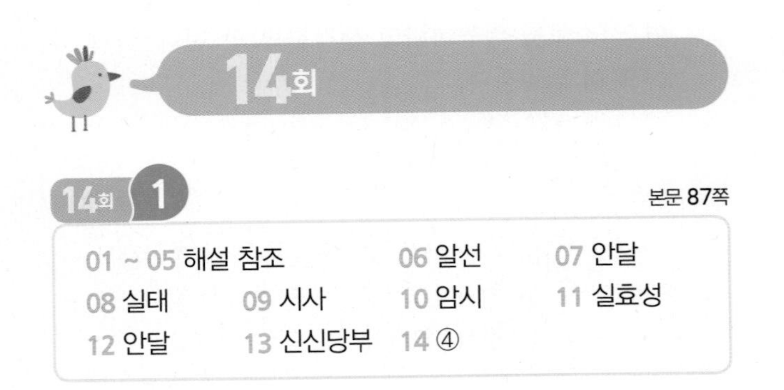

14회

14회 1

본문 87쪽

01 ~ 05 해설 참조		06 알선	07 안달
08 실태	09 시사	10 암시	11 실효성
12 안달	13 신신당부	14 ④	

01 ~ 05

	01 실	효	성		02 암
03 신					담
04 신	출	귀	몰		하
당					다
부			05 암	시	

14 '시사'는 '그 당시에 일어난 여러 가지 사회적 사건'을 의미하므로, 한식 요리에 대해 잘 알고 있음을 나타내기 위한 말로 적절하지 않다. 이 문장에서는 '한식 요리에 대한 지식(상식)이 매우 풍부하다.'라고 하는 것이 적절하다.

14회 2

본문 89쪽

01 ㉤	02 ㉡	03 ㉠	04 ㉢
05 ㉣	06 약점	07 심술	08 음식
09 사리사욕	10 입이 짧아서		11 입을 맞춰
12 코가 꿰인	13 배가 아팠다		14 ①

14 '코가 높다'는 '잘난 체하고 뽐내는 기세가 있다.'라는 뜻을 지닌 표현으로, 잘되어 가는 일을 망치는 행동과 직접적으로 관련된 원인으로 보기 어렵다.

14회 3

본문 91쪽

01 ㉡	02 ㉠	03 ㉠	04 ㉠
05 ㉣	06 ㉤	07 ㉢	08 ㉡
09 ○	10 X	11 ○	12 X
13 ③			

10 '개'를 나타내는 말이 한국어, 영어, 프랑스어가 각각 다른 것은 의미와 말소리 사이에 필연적인 연관성이 없음을 보여 준다. 이러한 언어의 특성을 자의성이라고 한다.

12 언어는 시간이 흐르면서 말소리나 의미가 변하기도 하고, 쓰이던 말이 사라지거나 없던 말이 생기기도 한다. 이러한 언어의 특성을 역사성이라고 한다.

13 언어의 사회성이란, 특정한 의미를 특정한 말소리로 나타내자고 일단 사회적으로 약속한 후에는 개인이

그 약속을 마음대로 바꿀 수 없다는 특성이다. 〈보기〉의 '그'는 이러한 사회성을 고려하지 않음으로써 다른 사람과의 의사소통이 불가능하게 된 것이다.

15회

15회 1

본문 93쪽

01 앳되다	02 애달프다	03 양상	04 억압
05 대강	06 끈덕지게	07 압축	08 엄수
09 야속	10 야속	11 엄수	12 억압
13 압축	14 ①		

14 '어림잡다'의 뜻은 '대강 짐작으로 헤아려 보다.'이므로 방황을 접고 열심히 사는 삼촌의 상황을 나타내는 말로 적절하지 않다. 이 문장에서는 '마음을 바로 가지거나 새롭게 결심하다.'라는 뜻의 '마음잡다'를 사용하여 '이제는 마음잡고 열심히 살고 있다.'라고 하는 것이 적절하다.

15회 2

본문 95쪽

01 동문서답	02 일자무식	03 조족지혈	04 유구무언
05 무지몽매	06 언중유골	07 구우일모	08 목불식정
09 동문서답	10 구우일모	11 언중유골	12 ③

12 '유구무언'은 '입은 있어도 말은 없다는 뜻으로, 변명할 말이 없거나 변명을 못함을 이르는 말'이다. 따라서 실수를 저지르고 오히려 큰소리를 치는 동생의 모습을 나타내는 표현으로 적절하지 않다. 이러한 상황에서는 '도둑이 도리어 매를 든다는 뜻으로, 잘못한 사람이 아무 잘못도 없는 사람을 나무람을 이르는 말'인 '적반하장'을 사용하는 것이 적절하다.

15회 3

본문 97쪽

01 ㉡	02 ㉣	03 ㉠	04 ㉢
05 봉오리	06 쌓이면	07 빚었다	08 ⑤
09 ○	10 X	11 X	12 ②, ③

13 ⓐ: 수사 / ⓑ: 관형사 / ⓒ: 독립언 / ⓓ: 형용사

08 '빗다'의 뜻은 '머리털을 빗 따위로 가지런히 고르다.'이므로 외교적 마찰이 발생하였음을 나타내는 말로 적절하지 않다. 이 문장에서는 '어떤 결과나 현상을 만들다.'라는 의미의 '빚다'를 사용하여 '외교적 마찰을 빚게 되었다.'라고 해야 한다.

10 용언은 가변어로, 단어가 문장에서 쓰일 때 형태가 변하는 말이다.

11 조사와 감탄사는 모두 문장에서 쓰일 때 형태가 변하지 않는 불변어이다. 그런데 단어의 기능에 따라 분류할 경우 조사는 관계언에 해당하고, 감탄사는 독립언에 해당한다.

12 우리말의 품사는 단어의 '의미, 기능, 형태'의 세 가지 기준에 따라 분류된다. ㉠은 단어의 형태 변화 여부에 따른 분류이고, ㉡은 단어가 문장 속에서 하는 역할 즉 기능에 따른 분류이며, ㉢은 단어의 의미에 따른 분류이다. 단어의 중요도나 단어의 형성 방법은 우리말 품사를 분류하는 기준이 아니다.

16회

16회 1

본문 99쪽

01 ~ 05 해설 참조	06 요행	07 역량
08 오류 / 09 여념	10 오류	11 여념
12 요행 / 13 위력	14 ②	

01 ~ 05

가	위 (01)	해	바	기	여 (04)
역 (02)	력	하	다	성	지
사	신	다	행	복	없
유 (05)	기	적	이	여 (03)	이
명	술	군	다	울	상

14 '역량'은 '어떤 일을 해낼 수 있는 힘'을 뜻하므로 최선을 다해 맡아 하는 대상으로 어울리지 않는다. 이 문장에서는 '자기가 마땅히 하여야 할 맡은 바 직책이나 임무'를 뜻하는 '역할'을 사용하는 것이 적절하다.

16회 2
본문 101쪽

01 ㉠ 02 ㉣ 03 ㉡ 04 ㉢
05 한술 밥 06 돌다리 07 되, 말 08 코, 석 자
09 X 10 ○ 11 X 12 ㉢
13 ㉡ 14 ㉠

09 '열 길 물속은 알아도 한 길 사람의 속은 모른다'는 '사람의 속마음을 알기란 매우 힘듦을 이르는 말'이므로, 어릴 때 갖고 있던 버릇이 시간이 지나서도 없어지지 않은 상황을 나타내기에 적절하지 않다. 이 문장에서는 '어릴 때 몸에 밴 버릇은 늙어 죽을 때까지 고치기 힘들다.'라는 뜻의 '세 살 적 버릇이 여든까지 간다'를 사용하는 것이 적절하다.

11 '한술 밥에 배부르랴'는 '어떤 일이든지 단번에 만족할 수는 없다는 말'이므로, 자기도 시간이 없어 상대방을 도울 수 없다고 말하는 상황에 어울리지 않는다. 이 문장에서는 '내 사정이 급하고 어려워서 남을 돌볼 여유가 없음을 이르는 말'인 '내 코가 석 자'를 사용하는 것이 적절하다.

16회 3
본문 103쪽

01 ㉡ 02 ㉡ 03 ㉠ 04 ㉠
05 ㉢ 06 ㉣ 07 ㉤ 08 ㉡
09 ○ 10 X 11 ○ 12 ③
13 ⑤ 14 ④ 15 명사: 소원, 통일 / 대명사: 나 / 수사: 첫째, 둘째, 셋째

10 사람이나 사물, 장소의 이름을 대신하여 나타내는 단어는 대명사이다. 명사는 사람이나 사물, 추상적인 대상의 이름을 나타내는 단어이다.

12 '어디'는 대명사이고, '꿈, 친구, 사랑, 지리산'은 명사이다.

13 '아이'는 명사이고, '우리, 너희, 그것, 저기'는 대명사이다.

14 '다섯'은 수량을 나타내는 수사이고, '귤, 노래, 숫자, 유관순'은 명사이다.

15 문장에서 '소원, 통일'은 대상의 이름을 나타내는 명사이다. '나'는 사람의 이름을 대신하여 나타내는 대명사이고, '첫째, 둘째, 셋째'는 순서를 나타내는 수사이다.

17회

17회 1
본문 105쪽

01 ㉣ 02 ㉡ 03 ㉢ 04 ㉠
05 짓눌러 06 쓸쓸한 07 이변 08 의향
09 유대 10 음미 11 이변 12 의기양양
13 유대 14 ④

14 '의향'은 '마음이 향하는 바. 또는 무엇을 하려는 생각'을 의미하므로, 비슷한 처지에 놓여 있는 두 사람이 가깝고 돈독한 관계가 되었음을 나타내기에 적절하지 않다. 이 문장에서는 '둘 이상을 서로 연결하거나 결합하게 하는 것. 또는 그런 관계'를 뜻하는 '유대'를 사용하는 것이 적절하다.

17회 2
본문 107쪽

01 오만불손 02 오십보백보 03 설상가상 04 안하무인
05 대동소이 06 후안무치 07 금상첨화 08 점입가경
09 점입가경 10 설상가상 11 대동소이 12 ②

12 '후안무치'는 '뻔뻔스러워 부끄러움이 없음.'을 뜻하므로 대회에서 우승하고 고향에 돌아오는 상황을 나타내기에 적절하지 않다. 이 문장에서는 '출세하여 고향에 돌아가거나 돌아옴을 이르는 말'인 '금의환향'을 사용하는 것이 적절하다.

17회 3
본문 109쪽

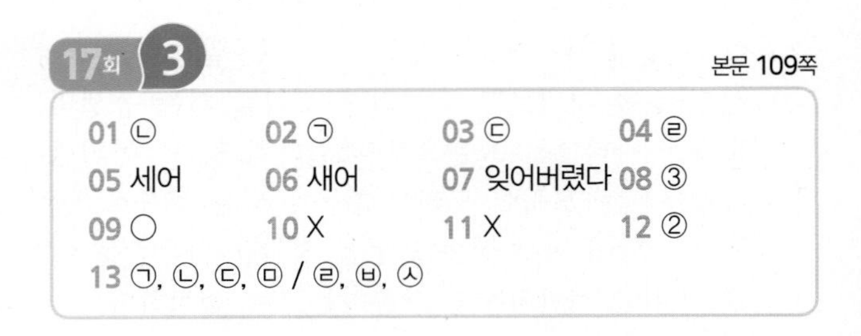
01 ㉡ 02 ㉠ 03 ㉢ 04 ㉣
05 세어 06 새어 07 잊어버렸다 08 ③
09 ○ 10 X 11 X 12 ②
13 ㉠, ㉡, ㉢, ㉤ / ㉣, ㉥, ㉦

08 '새다'의 뜻은 '기체, 액체 따위가 틈이나 구멍으로 조금씩 빠져 나가거나 나오다.' 또는 '비밀, 정보 따위가 보안이 유지되지 못하거나 몰래 밖으로 알려지다.'이므로, 돈의 수효를 헤아림을 나타내는 말로 적절하지 않다. 이 문장에서는 '사물의 수효를 헤아리거나 꼽다.'라는 뜻의 '세다'를 사용하여 '꼼꼼하게 세어 보았다.'라고 해야 한다.

10 용언은 어간과 어미로 이루어지는데, 어간은 활용할 때 변하지 않고 어미만 달라진다.

11 사람이나 사물의 움직임을 나타내는 단어는 동사이다. 형용사는 사람이나 사물의 상태나 성질을 나타내는 단어이다.

12 용언은 동사와 형용사를 통틀어 이르는 말이다. '더워서(덥다)', '시원한(시원하다)'은 형용사이고 '틀고(틀다)', '마셨다(마시다)'는 동사이므로 이들은 모두 용언이다. 그런데 '선풍기'는 사물의 이름을 나타내는 명사로 체언에 해당한다.

13 ㉠의 '차가웠다(차갑다)', ㉡의 '맑았다(맑다)', ㉢의 '고요하다', ㉤의 '노랗게(노랗다)'는 형용사이고, ㉣의 '뛴다(뛰다)', ㉥의 '컸다(크다)', ㉦의 '내린다(내리다)'는 동사이다.

18회

18회 1

본문 111쪽

01 ~ 05 해설 참조		06 잉여	07 인식
08 익살	09 일화	10 인기척	11 잉여
12 익살	13 인식	14 ①	

01 ~ 05

03 인	사	02 인	신	공	격
기	탄	없	다	공	청
척	하	다	시	장	04 일
도	착	각	01 일	소	반
05 일	관	하	다	재	화

14 '일다'의 뜻은 '없던 현상이 생기다.' 또는 '겉으로 부풀거나 위로 솟아오르다.'이므로 호미로 땅을 파서 텃밭을 만들었음을 나타내는 말로 적절하지 않다. 이 문장에서는 '논밭을 만들기 위하여 땅을 파서 일으키다.'라는 뜻의 '일구다'를 사용하여 '작은 텃밭을 일구었다.'라고 하는 것이 적절하다.

18회 2

본문 113쪽

01 ㉣	02 ㉠	03 ㉢	04 ㉤
05 ㉡	06 휴식	07 약점	08 말, 실천
09 마음		10 손발이 맞아	
11 숨이 턱에 닿도록		12 말만 앞세우고	
13 팔을 걷어붙이고		14 ①	

14 '숨을 돌리다'는 '잠시 여유를 얻어 휴식을 취하다.'라는 뜻을 지닌 표현이므로 시험을 준비하느라 매우 바쁜 상황이었음을 나타내기에 적절하지 않다. 이 문장에서는 '좀 쉴 만한 시간적 여유도 없이 몹시 바쁘다.'라는 뜻의 '숨 쉴 사이가 없다'를 사용하여 '일주일 내내 숨 쉴 사이가 없을 정도로 바빴다.'라고 하는 것이 적절하다.

18회 3

본문 115쪽

01 ㉡	02 ㉡	03 ㉡	04 ㉡
05 ㉠	06 ㉤	07 ㉢	08 ㉣
09 ○	10 X	11 X	12 ③
13 ㉠, ㉢, ㉤, ㉥ / ㉡, ㉣			

10 체언 앞에 놓여서 체언을 꾸며 주는 단어는 관형사이다. 부사는 주로 용언 앞에 놓여서 용언을 꾸며 주는 단어이다.

11 문장 내에서 위치가 비교적 자유로운 것은 관형사가 아니라 부사이다.

12 다른 말을 꾸며 주는 기능을 하는 품사는 수식언인 부사와 관형사이다. 그런데 '하얀'은 '하얗다'가 기본형인 형용사이다. 형용사는 사람이나 사물의 성질, 상태를 나타내는 말로 용언에 해당한다.

오답 풀이

① '온갖'은 명사 '꽃'을 꾸며 주는 관형사이다.
② '새'는 명사 '가방'을 꾸며 주는 관형사이다.
④ '갑자기'는 동사 '나타났다(나타나다)'를 꾸며 주는 부사이다.
⑤ '모두'는 동사 '쓰러졌다(쓰러지다)'를 꾸며 주는 부사이다.

13 ㉠, ㉢, ㉤, ㉥의 밑줄 친 부분은 관형사이다. ㉠의 '저런'은 명사 '옷'을 꾸며 주고, ㉢의 '온'은 명사 '세상'을, ㉤의 '모든'은 명사 '사람들'을, ㉥의 '두'는 명사 '조각'을 꾸며 준다.
㉡, ㉣의 밑줄 친 부분은 부사이다. ㉡의 '슬금슬금'

은 동사 '다가왔다(다가오다)'를 꾸며 주고, ㉣의 '살며시'는 동사 '건네주었다(건네주다)'를 꾸며 준다.

19회

19회 1

본문 117쪽

01 자초지종	02 재촉	03 자긍심	04 적신호
05 얄밉도록	06 급하다	07 적막	08 전제
09 장악	10 장악	11 적막	12 재촉
13 전제	14 ①		

14 '잔망스럽다'의 뜻은 '얄밉도록 맹랑한 데가 있다.'이므로 사람들의 칭찬을 듣고 얼굴을 붉히는 상황과 어울리지 않는다. 이 문장에서는 '스스러움을 느끼어 매우 수줍다.'라는 뜻의 '부끄럽다'를 사용하여 '그는 부끄러운지 얼굴을 붉혔다.'라고 하는 것이 적절하다.

19회 2

본문 119쪽

01 혈혈단신	02 진퇴양난	03 일거양득	04 계륵
05 사고무친	06 고립무원	07 진퇴유곡	08 일석이조
09 일거양득	10 고립무원	11 진퇴유곡	12 ②

12 '사고무친'은 '의지할 만한 사람이 아무도 없음.'을 이르는 말이므로, 문제를 일으키고 다니는 자식을 나타내는 말로 적절하지 않다. 이 문장에서는 '늘 사고나 말썽을 일으키는 사람을 낮잡아 이르는 말'인 '사고(事故)뭉치'를 사용하는 것이 적절하다.

19회 3

본문 121쪽

01 ㉡	02 ㉠	03 ㉣	04 ㉢
05 쫓았다	06 절여	07 적다	08 ④
09 X	10 ○	11 ○	12 ②
13 조사: 가, 을, 에 / 감탄사: 아, 그래, 아차			

08 '쫓다'의 뜻은 '어떤 대상을 잡거나 만나기 위하여 뒤를 급히 따르다.'이므로, 아버지가 남긴 말을 받아들여 따름을 나타내는 말로 적절하지 않다. 이 문장에서는 '남의 말이나 뜻을 따르다.'라는 뜻의 '좇다'를 사용하여 '유언을 좇아'라고 해야 한다.

09 문장에 쓰인 단어들의 문법적 관계를 나타내는 기능을 하는 단어는 관계언이다. 독립언은 문장에서 다른 단어에 얽매이지 않고 독립적으로 쓰이는 단어이다.

12 '우아'는 감탄사로 독립언이다. 독립언은 조사와 결합하지 않는다.

오답 풀이

① 이 문장에 사용된 조사는 '에', '이' 2개이다.
③, ④ '에', '이'는 체언 뒤에 붙어 다른 말과의 문법적 관계를 나타내는 기능을 한다. 이러한 조사는 홀로 쓰이지 못하고 반드시 다른 단어에 붙어서 쓰인다.
⑤ '우아'와 같은 독립언은 생략되어도 문장이 성립하는 데 큰 영향을 주지 않는다.

13 대화에서 '가, 을, 에'는 체언 뒤에 붙어 다른 말과의 문법적 관계를 나타내는 조사이다. '아, 그래, 아차'는 감탄사인데, '아'는 느낌을 나타내고 '그래'는 대답을 나타내며, '아차'는 깨달음을 나타낸다.

오답 풀이

- 명사: 배, 떡볶이, 지갑, 사물함
- 대명사: 우리
- 동사: 먹고, 갈래, 가자, 놓고, 왔네
- 형용사: 고프다
- 부사: 많이

20회

20회 1

본문 123쪽

01 ~ 05 해설 참조		06 질책	07 지체
08 정화	09 착수	10 지레	11 질책
12 종적	13 정화	14 ③	

01 ~ 05

01 지					
천		02 점			
		03 진	부	하	다
	04 종	적			
				05 지	레

14 '진부하다'의 뜻은 '사상, 표현, 행동 따위가 낡아서 새롭지 못하다.'이므로, 건강이 회복되는 속도가 느림을 나타내는 말로 적절하지 않다. 이 문장에서는 '어떤 움직임이나 일에 걸리는 시간이 오래다.'라는 뜻의 '더디다'를 사용하여 '회복이 이렇게 더디니 큰일이다.'라고 하는 것이 적절하다.

20회 2 본문 125쪽

01 ㉠	02 ㉣	03 ㉢	04 ㉡
05 땅, 헤엄	06 백지장	07 호박, 넝쿨째	
08 사촌, 이웃		09 ○	10 X
11 ○	12 ㉠	13 ㉡	14 ㉢

10 '호박이 넝쿨째로 굴러떨어졌다'는 '뜻밖에 좋은 물건을 얻거나 행운을 만났다는 말'로, 시합에서 실제로 겨뤄 봐야 우승자를 알 수 있다는 의미를 나타내기에 적절하지 않다. 이 문장에서는 '실지로 겨루어 보거나 겪어 보아야 알 수 있다는 말'인 '길고 짧은 것은 대어 보아야 안다'를 사용하는 것이 적절하다.

20회 3 본문 127쪽

01 ㉡	02 ㉠	03 ㉠	04 ㉤
05 ㉠	06 ㉣	07 ㉢	08 ㉡
09 X	10 ○	11 ○	12 ⑤
13 ①	14 ③	15 고유어: ㉠, ㉤ / 한자어: ㉡, ㉣, ㉦ / 외래어: ㉢, ㉥	

09 한자어는 한자에 기초하여 만들어진 말이다. 예부터 우리말에 있었거나 우리말에 기초하여 새로 만들어진 말은 고유어이다.

12 '요리(料理)'는 한자어이고 '겨울, 사람, 느낌, 풀잎'은 고유어이다.

13 '이틀'은 고유어이고 '방학(放學), 등산(登山), 선물(膳物), 자동차(自動車)'는 한자어이다.

14 '물고기'는 고유어이고 '노트북(notebook), 스커트(skirt), 피아노(piano), 오렌지(orange)'는 외래어이다.

15 '오늘, 볶음밥'은 고유어이고, '급식(給食), 계란(鷄卵), 점심시간(點心時間)'은 한자어이다. '메뉴(menu), 주스(juice)'는 외래어이다.

21회

21회 1 본문 129쪽

01 ㉠	02 ㉡	03 ㉣	04 ㉢
05 서늘하다	06 겉	07 체류	08 철칙
09 추상적	10 첩첩산중	11 체류	12 총명
13 철칙	14 ④		

14 '천연덕스럽다'의 뜻은 '시치미를 뚝 떼어 겉으로는 아무렇지 않은 체하는 태도가 있다.'이므로, 커다란 감들이 주렁주렁 열린 상황을 나타내기에 적절하지 않다. 이 문장에서는 '가지거나 차지하고 싶은 마음이 들 정도로 보기가 좋고 끌리는 데가 있다.'라는 뜻의 '탐스럽다'를 사용할 수 있다.

21회 2 본문 131쪽

01 망연자실	02 선견지명	03 혼비백산	04 측은지심
05 심사숙고	06 역지사지	07 대경실색	08 일편단심
09 측은지심	10 역지사지	11 심사숙고	12 ②

12 '혼비백산'은 '혼백이 어지러이 흩어진다는 뜻으로, 몹시 놀라 넋을 잃음을 이르는 말'이다. 따라서 이웃을 위해 평생 봉사하며 살아온 태도를 나타내기에 적절하지 않다. 이 문장에서는 '온몸'을 뜻하는 '혼신'을 사용하여 '이웃을 위해 혼신을 바쳐'라고 하는 것이 적절하다.

21회 3 본문 133쪽

01 ㉢	02 ㉠	03 ㉡	04 ㉣
05 짓고	06 집어	07 주린	08 ③
09 X	10 ○	11 ○	12 X
13 ②	14 ⑤	15 ②	

08 '주리다'의 뜻은 '제대로 먹지 못하여 배를 곯다.'이므로 먹는 양을 일부러 적게 조절하였음을 나타내는 말로 적절하지 않다. 이 문장에서는 '수나 분량을 본디보다 적게 하거나 무게를 덜 나가게 하다.'라는 뜻의 '줄이다'를 사용해야 한다.

09 유의어는 의미가 서로 비슷한 관계에 있는 단어들이다. 의미가 서로 반대되는 단어들은 반의어이다.

12 '악기'가 상의어이고, '바이올린'이 하의어이다.

13 '가다 – 오다'는 의미가 서로 반대되는 반의어이고, 나머지는 의미가 서로 비슷한 관계에 있는 유의어이다.

14 '모자를 벗어'에서 '벗다'는 '모자 따위를 머리에 얹어 덮다.'라는 뜻의 '쓰다'와 반의 관계를 이룬다.

15 '농부, 교사, 작가'의 상의어는 '직업' 정도로 보는 것이 적절하다.

22회

22회 1

본문 135쪽

01 ~ 05 해설 참조		06 침해	07 탈피
08 취지	09 추세	10 추호	11 치유
12 탈피	13 침해	14 ⑤	

01 ~ 05

소	탐 (04)	대	실	망	치 (01)
기	관	계	수	이	유
정	오	정	추 (05)	호	의
치 (03)	리	기	소	정	하
안	전	탁 (02)	월	하	다

14 '취지'는 '어떤 일의 근본이 되는 목적이나 긴요한 뜻'을 의미하므로, 눈사태와 같은 갑작스러운 일이 벌어진 상태를 나타내는 말로 적절하지 않다. 이 문장에서는 '일이 되어 가는 과정이나 형편'을 뜻하는 '상황'을 사용하는 것이 적절하다.

22회 2

본문 137쪽

01 ㉢	02 ㉠	03 ㉤	04 ㉣
05 ㉡	06 시험	07 실패	
08 분위기, 트집		09 소문, 인기	
10 칼자루를 잡고		11 죽을 쑤어	
12 찬물을 끼얹는		13 탄력을 받을	
14 ③			

14 '밥 먹듯 하다'는 '예사로 자주 하다.'라는 뜻을 지닌 표현이므로 동생이 하는 일에 끼어들어 안 좋은 영향을 미치는 상황을 나타내기에 적절하지 않다. 이 문장에서는 분위기를 흐리거나 일을 훼방한다는 의미를 나타내는 '재를 뿌리다' 또는 '찬물을 끼얹다'를 사용하는 것이 적절하다.

22회 3

본문 139쪽

01 ㉠	02 ㉠	03 ㉠	04 ㉣
05 ㉤	06 ㉢	07 ㉠	08 ㉡
09 ○	10 X	11 ○	12 ④, ⑤

10 한 언어 내에서 지역에 따라 달라진 말은 지역 방언이다. 사회 방언은 세대나 직업, 성별 등 사회적 요인에 따라 다르게 쓰이는 말이다.

12 (가)에서 한솔이와 도희는 '생파(생일 파티)', '생선(생일 선물)', '문상(문화 상품권)' 등 줄임말을 사용하여 원활하게 대화하고 있다. 그러나 (나)에서 할머니는 '생선(생일 선물)'을 먹을 수 있는 물고기로 이해하여, 대화가 원활하게 이루어지지 않았다. 이를 통해 사회 방언이 그것을 사용하는 집단 내에서는 의사소통의 효율성을 높이지만 다른 집단, 세대와는 의사소통을 어렵게 할 수 있음을 알 수 있다(④). 한편 전문 분야에서 사용되는 개념을 두루 알고 사용하는 것이 노년층의 어휘 특성이라고 보기 어려우며, 제시된 대화를 통해서도 알 수 없다(⑤).

오답 풀이

① (가), (나)에는 표준어와 지역 방언, 사회 방언이 두루 쓰였다.
② (나)에서 경상도가 고향인 할머니가 지역 방언을 쓰고 있다. '물게기'는 '물고기'의 경상도 방언이다.
③ (가)에서 중학생인 한솔이와 도희가 '생파, 생선, 문상'과 같은 줄임말을 쓰고 있다.

23회

23회 1

본문 141쪽

01 퇴치	02 함유	03 토로	04 하소연
05 퍼뜨리다	06 안	07 폐해	08 탕진
09 할당	10 할당	11 탕진	12 토로
13 폐해	14 ①		

14 '퇴치'의 뜻은 '물리쳐서 아주 없애 버림.'이므로 쓰레기로 동네가 지저분해진 상황에서 그 원인을 나타내는 말로 적절하지 않다. 이 문장에서는 '내버려 둠.'을 의미하는 '방치'를 사용하여 '쓰레기를 방치했더니 온 동네가 지저분해졌다.'라고 하는 것이 적절하다.

23회 2

본문 143쪽

01 소탐대실	02 호연지기	03 계란유골	04 아전인수
05 견물생심	06 파죽지세	07 기호지세	08 오비이락
09 견물생심	10 파죽지세	11 아전인수	12 ⑤

12 '기호지세'는 '이미 시작한 일을 중도에서 그만둘 수 없는 경우를 이르는 말'이므로, 경기 내내 반격 한 번 제대로 못 할 정도로 세차게 몰아붙이는 상대 팀의 높은 기세를 나타내는 말로 적절하지 않다. 이 문장에서는 '대를 쪼개는 기세라는 뜻으로, 적을 거침없이 물리치고 쳐들어가는 기세를 이르는 말'인 '파죽지세'를 사용하는 것이 적절하다.

23회 3

본문 145쪽

01 ㉣	02 ㉠	03 ㉡	04 ㉢
05 한참	06 햇수	07 헤어지고	08 ③
09 X	10 ◯	11 X	12 ④

08 '햇수'는 '해의 수'를 뜻하는 말인데, 이 문장은 연휴 기간 동안 열차의 운행 수가 평소보다 늘어난다는 의미를 나타내고 있다. 따라서 여기서는 '돌아오는 차례의 수효'를 의미하는 '횟수'를 사용하여 '열차 운행 횟수가 많아진다.'라고 해야 한다.

09 공동의 문제를 합리적으로 해결하기 위해 여러 사람이 의견이나 생각을 주고받는 협력적인 말하기는 토의이다. 면담은 어떤 목적에 따라 서로 만나 의견을 나누거나 묻고 대답하는 일이다.

11 면담의 과정 중 '준비' 단계에서는 면담 목적을 정하고 면담 대상자를 선정하여 면담 허락을 구하며, 사전 조사를 통해 목적과 대상에 맞는 질문을 마련한다. 면담 내용을 기록 또는 녹음하고 필요에 따라 보충 질문을 하는 것은 '진행' 단계이다.

12 학생 2는 학생 1이 제시한 방안에 대해 '무식한 방법'이라며 비난하듯 말하고, 벌점 제도에 대한 의견을 말한 학생 3에게 '벌점 제도에 대한 이해가 전혀 없으시네요.'라며 불쾌감을 줄 수 있는 발언을 하였다. 즉 학생 2는 다른 사람의 의견을 존중하지 않는 태도를 보이고 있다.

오답 풀이

① 사회자는 교칙을 위반하는 학생들을 제재할 방안에 대해 말하라고 하였는데, 학생 2는 이와 관련하여 자신의 의견을 말하였으므로 사회자의 지시를 따르지 않은 것은 아니다.
② 학생 2는 벌점 제도를 도입하자고 자신의 의견을 명확히 표현하였다.
③ 학생 1, 학생 2, 학생 3이 번갈아 발언하였으므로 학생 2가 발언 기회를 일방적으로 독점한 것은 아니다.
⑤ 학생 2는 '교칙을 위반한 학생들에 대한 제재 방안'이라는 토의 주제에 맞는 의견을 냈다.

24회

24회 1

본문 147쪽

01 ~ 05 해설 참조		06 향유	07 허용
08 혹평	09 활성화	10 허용	11 향유
12 혹평	13 회상	14 ④	

01 ~ 05

01 혹	독	하	다		
				02 희	
				귀	
	03 회		04 후	하	다
05 형	상	화		다	

14 '후하다'의 뜻은 '마음 씀씀이나 태도가 너그럽다.'이므로, 수달이 흔히 볼 수 없는 멸종 위기에 처한 동물임을 나타내기에 적절하지 않다. 이 문장에서는 '드물어서 특이하거나 매우 귀하다.'라는 뜻의 '희귀하다'를 사용하여 '멸종 위기에 있는 희귀한 동물이다.'라고 하는 것이 적절하다.

24회 2

본문 149쪽

01 ㉢	02 ㉠	03 ㉡	04 ㉣
05 겨자	06 하룻강아지	07 쥐, 고양이	
08 지렁이, 꿈틀		09 ○	10 ○
11 X	12 ㉢	13 ㉠	14 ㉡

11 '제 꾀에 제가 넘어간다'는 '꾀를 내어 남을 속이려다 도리어 자기가 그 꾀에 속아 넘어감을 이르는 말'이다. 이는 실수로 잘못 주문한 가방을 반품하려면 배송비 때문에 손해를 보게 되어, 어쩔 수 없이 가방을 그냥 쓰려는 상황에 어울리지 않는 말이다. 이 문장에서는 '싫은 일을 억지로 마지못하여 함을 이르는 말'인 '울며 겨자 먹기'를 사용하여 '울며 겨자 먹기로 그냥 쓰려고.'라고 표현할 수 있다.

24회 3

본문 151쪽

01 ㉠	02 ㉡	03 ㉠	04 ㉡
05 ㉢	06 ㉤	07 ㉠	08 ㉣
09 X	10 ○	11 X	12 ④

09 텔레비전, 영화 등과 같이 영상 언어를 통해 의미를 표현하고 전달하는 매체는 인터넷 매체가 아니라 영상 매체이다.

11 서로 다른 공간에 있는 여러 명의 사람이 동시에 대화에 참여할 수 있는 것은 인터넷 매체의 특징이다.

12 제시된 매체는 인터넷 매체 가운데 하나인 온라인 대화이다. 이는 여러 사람이 대화에 참여하고 있으므로 자신만의 공간이라고 할 수 없다.

오답 풀이

① 윤기가 '다양한 직업의 종류'라는 문서 파일을 첨부한 것에서 알 수 있듯이, 온라인 대화는 문서나 사진 등 여러 자료를 첨부할 수 있다.

② 온라인 대화는 여러 사람이 동시에 대화에 참여할 수 있으므로 서로의 의견을 확인하거나 공유할 수 있다.

③ 온라인 대화는 인터넷을 통해 서로 다른 공간에 있는 사람과 의사소통을 할 수 있다.

⑤ 대화에서 '^_^, ㅎㅎ, 😀😭' 등이 사용된 것을 통해 알 수 있듯이, 온라인 대화는 기호나 그림 등을 사용하여 자신의 감정이나 생각을 표현할 수 있다.

어휘력 테스트

01회

2쪽

01 ㉡	02 ㉣	03 ㉠	04 ㉢
05 거처	06 감수성	07 갈무리	08 각축
09 ○	10 ○	11 X	12 ○
13 우왕좌왕	14 죽마고우	15 부화뇌동	16 막역지우
17 동분서주	18 조변석개	19 정서	20 화자, 시인

11 '가리키다'의 뜻은 '손가락 따위로 어떤 방향이나 대상을 집어서 보이거나 말하거나 알리다.'이므로 한국어를 익히게 하는 상황을 나타내는 말로 적절하지 않다. '지식이나 기능, 이치 따위를 깨닫게 하거나 익히게 하다.'라는 의미의 '가르치다'를 사용해 '한국어를 가르치게 되었습니다.'라고 해야 한다.

02회

3쪽

01 ㉢	02 ㉣	03 ㉠	04 ㉡
05 ㉤	06 경멸	07 경신	08 경외
09 견제	10 분간	11 부수기	12 바꾸다
13 ㉡	14 ㉢	15 ㉠	16 ㉣
17 ㉤	18 ○	19 X	20 ○

19 시어를 통해 화자의 정서와 태도를 짐작할 수 있다.

03회

4쪽

01 ㉠	02 ㉣	03 ㉢	04 ㉡
05 계승	06 과시	07 고찰	08 공유
09 X	10 X	11 ○	12 ○
13 일취월장	14 온고지신	15 괄목상대	16 주경야독
17 마이동풍	18 시각적	19 미각적	20 공감각적

09 '꼽다'는 '골라서 지목하다.'를 의미하므로 꽃을 꽃병 안에 넣는 상황을 나타내는 말로 적절하지 않다. '쓰러지거나 빠지지 아니하게 박아 세우거나 끼우다.'라는 뜻의 '꽂다'를 사용해 '꽃병에 꽂았다.'라고 해야 한다.

10 날씨가 좋지 않은 상황을 나타낼 때는 '비나 눈이 내려 날씨가 나쁘다.'라는 뜻의 '궂다'를 사용하여 '궂은 날씨'라고 하는 것이 적절하다.

04회

5쪽

01 ㉠	02 ㉣	03 ㉤	04 ㉢
05 ㉡	06 궁리	07 군림	08 관점
09 관습	10 두르다	11 희망, 이상	12 다리, 발
13 ㉣	14 ㉠	15 ㉡	16 ㉤
17 ㉢	18 ○	19 ○	20 X

20 '~처럼', '~같이', '~듯이', '~인 듯', '~인 양' 등과 같은 연결어를 사용하여 원관념을 보조 관념에 직접 연결하는 방법은 직유법이다.

05회

6쪽

01 ㉢	02 ㉡	03 ㉠	04 ㉣
05 근거	06 권장	07 기하급수적	08 귀화
09 ○	10 X	11 ○	12 X
13 학수고대	14 호각지세	15 일일여삼추	16 풍수지탄
17 반포지효	18 활유법	19 사람, 사람	20 대유법

10 '낳다'의 뜻은 '배 속의 아이, 새끼, 알을 몸 밖으로 내놓다.'이므로 병이 고쳐져 회복되는 것을 나타내는 말로 적절하지 않다. '병이나 상처 따위가 고쳐져 본래대로 되다.'라는 뜻의 '낫다'를 사용하여 '병이 얼른 나아야'라고 하는 것이 적절하다.

12 '나르다'의 뜻은 '물건을 한 곳에서 다른 곳으로 옮기다.'이므로 비행기를 타고 하늘에서 움직이는 상황을 나타내는 말로 적절하지 않다. '공중에 떠서 어떤 위치에서 다른 위치로 움직이다.'라는 뜻의 '날다'를 사용해 '하늘을 날 수 있게 되었다.'라고 해야 한다.

06회

7쪽

01 ㉤	02 ㉡	03 ㉢	04 ㉣
05 ㉠	06 낙담	07 누설	08 내면화
09 냉담	10 판단	11 날씨	12 사랑
13 ㉠	14 ㉥	15 ㉣	16 ㉤
17 ㉢	18 ㉡	19 ○	20 X

20 인간의 감정, 사상처럼 눈에 보이지 않는 추상적인 관념을 구체적인 다른 사물로 나타내는 표현 방법은 상징이다. 감정 이입은 화자의 감정을 다른 대상에 옮겨 넣어 그 대상이 화자와 같은 정서를 느끼는 것처럼 표현하는 기법이다.

07회

8쪽

01 ㉡	02 ㉣	03 ㉢	04 ㉠
05 덕택	06 도입	07 대응	08 당부
09 ○	10 ○	11 X	12 X
13 필부필부	14 삼순구식	15 초동급부	16 남부여대
17 단표누항	18 현실 세계	19 서사성	
20 허구성, 진실성			

11 '틀리다'의 뜻은 '셈이나 사실 따위가 그르게 되거나 어긋나다.'이다. 과거의 몸과 현재의 몸을 비교하는 상황에서는 '비교가 되는 두 대상이 서로 같지 아니하다.'라는 뜻의 '다르다'를 사용해야 한다.

12 '다치다'의 뜻은 '부딪치거나 맞거나 하여 신체에 상처가 생기다.'이다. 이 문장에서는 '열린 문짝, 뚜껑, 서랍 따위가 도로 제자리로 가 막히다.'라는 뜻의 '닫히다'를 사용해야 한다.

08회

9쪽

01 ㉤	02 ㉡	03 ㉠	04 ㉣
05 ㉢	06 막바지	07 만회	08 등용
09 매료	10 원	11 정상적	12 태도
13 ㉢	14 ㉠	15 ㉡	16 ㉤
17 ㉣	18 ○	19 X	20 ○

19 소설의 인물은 성격 변화 여부에 따라 평면적 인물과 입체적 인물로 나뉜다. 주동 인물과 반동 인물은 소설에서의 역할에 따라 나뉘는 인물 유형이다.

09회

10쪽

01 ㉣	02 ㉠	03 ㉢	04 ㉡
05 모름지기	06 무궁무진	07 무료	08 무모
09 X	10 X	11 ○	12 ○
13 사필귀정	14 권선징악	15 안분지족	16 개과천선
17 비몽사몽	18 동상이몽	19 내적 갈등, 외적 갈등	
20 사회			

09 '두텁다'의 뜻은 '신의, 믿음, 관계, 인정 따위가 굳고 깊다.'이다. 이불의 두께를 나타낼 때는 '두께가 보통의 정도보다 크다.'라는 뜻의 '두껍다'를 사용하여 '두꺼운 이불'이라고 해야 한다.

10 '들어내다'의 뜻은 '물건을 들어서 밖으로 옮기다.'이다. 소매를 걷어 팔뚝이 보이도록 하는 상황에서는 '가려 있거나 보이지 않던 것을 보이게 하다.'라는 뜻의 '드러내다'를 사용해야 한다.

10회 11쪽

01 ㉢	02 ㉡	03 ㉠	04 ㉣
05 ㉤	06 방치	07 범람	08 발산
09 박탈	10 물	11 모자라다	12 사람, 동물
13 ㉠	14 ㉢	15 ㉤	16 ㉣
17 ㉡	18 ○	19 X	20 X

19 절정은 갈등이 최고조에 이르고 사건 해결의 실마리가 제시되는 단계이다. 갈등이 심화되고 긴장감이 고조되는 단계는 위기이다.

20 소설의 결말은 갈등이 해소되고 사건이 마무리되며 주인공의 운명이 결정되는 단계이다.

11회 12쪽

01 ㉢	02 ㉡	03 ㉣	04 ㉠
05 본질	06 부산물	07 부합	08 분간
09 X	10 ○	11 X	12 ○
13 초지일관	14 화룡점정	15 적반하장	16 주객전도
17 동병상련	18 연극	19 현재형	20 독백, 방백

09 '반드시'는 '틀림없이 꼭'이라는 뜻을 지니므로 할머니가 살아오신 일생을 나타내는 말로 어울리지 않는다. 이 문장에서는 '작은 물체, 또는 생각이나 행동 따위가 비뚤어지거나 기울거나 굽지 아니하고 바르게'라는 뜻의 '반듯이'를 사용하는 것이 적절하다.

11 '바래다'의 뜻은 '볕이나 습기를 받아 색이 변하다.'이다. 이 문장은 선수들에 대한 소망을 나타내는 상황이므로 '생각이나 바람대로 어떤 일이나 상태가 이루어지거나 그렇게 되었으면 하고 생각하다.'라는 뜻의 '바라다'를 사용해야 한다.

12회 13쪽

01 ㉢	02 ㉡	03 ㉠	04 ㉤
05 ㉣	06 서슬	07 성찰	08 선별
09 사려	10 순간	11 물, 공중	12 덜어
13 ㉡	14 ㉣	15 ㉠	16 ㉢
17 ㉤	18 ㉥	19 X	20 X

19 요약하기란 말이나 글에서 가장 중요하고 중심이 되는 내용을 잡아서 간추리는 것이다. 글의 제목이나 그림 등을 활용하여 이어질 내용이나 글쓴이의 의도를 미리 짐작해 보는 것은 예측하기이다.

20 요약하기의 방법 중 '일반화'는 구체적인 개념들이나 세부 정보들을 그것들을 포괄하는 말로 묶는 것이다. 중심 내용이 담긴 문장을 새로 만드는 것은 '재구성'이다.

13회 14쪽

01 ㉠	02 ㉢	03 ㉣	04 ㉡
05 승화	06 숙고	07 승강이	08 소외
09 X	10 X	11 ○	12 ○
13 전대미문	14 솔선수범	15 공명정대	16 좌정관천
17 독야청청	18 사실	19 맺음말	20 주장, 근거

09 '부치다'의 뜻은 '모자라거나 미치지 못하다.' 또는 '편지나 물건 따위를 일정한 수단이나 방법을 써서 상대에게로 보내다.'이므로, 편지 봉투와 우표를 맞대어 떨어지지 않게 함을 나타내는 말로 적절하지 않다. 이 문장에서는 '맞닿아 떨어지지 않게 하다.'라는 의미의 '붙이다'를 사용하여 '우표를 붙였다.'라고 해야 한다.

10 '붓다'의 뜻은 '살가죽이나 어떤 기관이 부풀어 오르다.'이므로 체중이 늘어났음을 나타내는 말로 적절하지 않다. 이 문장에서는 '분량이나 수효가 많아지다.'라는 의미의 '붇다'를 사용해 '체중이 너무 불어'라고 해야 한다.

14회 15쪽

01 ㉠	02 ㉣	03 ㉢	04 ㉤
05 ㉡	06 안달	07 실효성	08 알선
09 실태	10 책임	11 자리	12 거리
13 ㉡	14 ㉥	15 ㉢	16 ㉠
17 ㉣	18 ㉤	19 ○	20 X

20 시간이 흐르면서 말소리나 의미가 변하기도 하고, 쓰이던 말이 사라지거나 없던 말이 생기기도 하는 특성은 언어의 역사성이다. 언어의 사회성은 특정한 의미를 특정한 말소리로 나타내자고 일단 사회적으로 약속한 후에는 개인이 그 약속을 마음대로 바꿀 수 없다는 특성이다.

15회

16쪽

01 ㉢	02 ㉠	03 ㉡	04 ㉣
05 양상	06 야속	07 엄수	08 억압
09 ○	10 X	11 ○	12 X
13 동문서답	14 유구무언	15 언중유골	16 구우일모
17 목불식정	18 품사	19 불변어, 가변어	
20 수식언, 용언			

10 '싸이다'의 뜻은 '물건이 보이지 않게 씌워져 가려지거나 둘려 말리다.'이므로 할 일이 많이 있는 상황을 나타내는 말로 적절하지 않다. 이 문장에서는 '하여야 할 일이나 걱정, 피로 따위가 한꺼번에 많이 겹치다.'라는 뜻의 '쌓이다'를 사용해야 한다.

12 '봉오리'는 '망울만 맺히고 아직 피지 아니한 꽃'을 의미하므로 산악인들이 올라 정복할 대상이 아니다. 이 문장에서는 '산에서 뾰족하게 높이 솟은 부분'을 의미하는 '봉우리'를 사용해야 한다.

16회

17쪽

01 ㉡	02 ㉠	03 ㉤	04 ㉢
05 ㉣	06 여념	07 여울	08 오류
09 위력	10 물기	11 나이, 나이	12 물, 국물
13 ㉢	14 ㉡	15 ㉤	16 ㉠
17 ㉣	18 X	19 ○	20 X

18 체언은 명사, 대명사, 수사를 통틀어 이르는 말이다.

20 '하나, 둘, 셋'은 수량을 셀 때 쓰는 수사이다.

17회

18쪽

01 ㉡	02 ㉣	03 ㉢	04 ㉠
05 이변	06 음미	07 의향	08 유대
09 ○	10 ○	11 X	12 X
13 오십보백보	14 금상첨화	15 점입가경	16 안하무인
17 설상가상	18 활용, 어미	19 움직임(동작), 상태	
20 형용사, 동사			

11 '잊어버리다'의 뜻은 '한번 알았던 것을 모두 기억하지 못하거나 전혀 기억하여 내지 못하다.'이므로, 손에 들고 있던 카드가 없어졌음을 나타내는 말로 적절하지 않다. 이 문장에서는 '가졌던 물건이 자신도 모르게 없어져 그것을 아주 갖지 아니하게 되다.'라는 뜻의 '잃어버리다'를 사용해야 한다.

12 '세다'의 뜻은 '머리카락이나 수염 따위의 털이 희어지다.' 혹은 '사물의 수효를 헤아리거나 꼽다.'이므로, 정보가 밖에 알려짐을 나타내는 말로 적절하지 않다. 이 문장에서는 '비밀, 정보 따위가 보안이 유지되지 못하거나 몰래 밖으로 알려지다.'라는 뜻의 '새다'를 사용해야 한다.

18회

19쪽

01 ㉢	02 ㉡	03 ㉠	04 ㉣
05 ㉤	06 일화	07 인식	08 일반화
09 인신공격	10 걸음	11 사이	12 진행
13 ㉠	14 ㉣	15 ㉤	16 ㉡
17 ㉢	18 ○	19 X	20 ○

19 관형사는 체언의 앞에서 체언을 꾸며 주는 단어이다. 주로 용언 앞에 놓여서 용언을 꾸며 주는 단어는 부사인데, 부사는 다른 부사나 관형사, 체언, 문장 전체를 꾸미기도 한다.

19회

20쪽

01 ㉣	02 ㉡	03 ㉢	04 ㉠
05 적막	06 자초지종	07 자긍심	08 적신호
09 X	10 X	11 ○	12 X
13 혈혈단신	14 고립무원	15 진퇴유곡	16 계륵
17 일석이조	18 관계언	19 이다	
20 감탄사, 대답			

09 '쫓다'의 뜻은 '어떤 대상을 잡거나 만나기 위하여 뒤를 급히 따르다.'이므로 명예를 추구함을 나타내는 말로 적절하지 않다. 이 문장에서는 '목표, 이상, 행복 따위를 추구하다.'라는 뜻의 '좇다'를 사용해야 한다.

10 '저리다'의 뜻은 '뼈마디나 몸의 일부가 오래 눌려서 피가 잘 통하지 못하여 감각이 둔하고 아리다.'이므로, 생선을 소금에 담가 놓았음을 나타내는 말로 적절하지 않다. 이 문장에서는 '푸성귀나 생선 따위를 소금기나 식초, 설탕 따위에 담가 간이 배어들게 하다.'라는 뜻의 '절이다'를 사용해야 한다.

12 '작다'의 뜻은 '길이, 넓이, 부피 따위가 비교 대상이나 보통보다 덜하다.'이므로 비의 양을 나타내는 말로 적절하지 않다. 이 문장에서는 '수효나 분량, 정도가 일정한 기준에 미치지 못하다.'라는 뜻의 '적다'를 사용해야 한다.

20회 21쪽

01 ㉢	02 ㉤	03 ㉠	04 ㉡
05 ㉣	06 지체	07 착수	08 정화
09 지천	10 노력	11 피로, 몸	
12 팔목, 손가락		13 ㉠	14 ㉡
15 ㉣	16 ㉥	17 ㉤	18 ㉢
19 ○	20 X		

20 외래어는 다른 나라에서 들어온 말 가운데 우리말로 인정되는 말로, '버스, 인터넷, 바나나, 텔레비전' 등과 같이 고유어로 바꾸어 쓰기 어려운 경우가 많다.

21회 22쪽

01 ㉡	02 ㉢	03 ㉠	04 ㉣
05 추상적	06 총명	07 철칙	08 체류
09 ○	10 X	11 ○	12 X
13 역지사지	14 대경실색	15 선견지명	16 혼비백산
17 일편단심	18 측은지심	19 유의어, 반의어	
20 상의어, 하의어			

10 '짚다'의 뜻은 '바닥이나 벽, 지팡이 따위에 몸을 의지하다.'이므로 바닥에 떨어진 연필을 잡아 들었음을 나타내는 말로 적절하지 않다. 이 문장에서는 '손가락이나 발가락으로 물건을 잡아서 들다.'라는 뜻의 '집다'를 사용해야 한다.

12 '짖다'의 뜻은 '개가 목청으로 소리를 내다.'이므로 얼굴에 흐뭇한 표정을 드러냈음을 나타내는 말로 적절하지 않다. 이 문장에서는 '어떤 표정이나 태도 따위를 얼굴이나 몸에 나타내다.'라는 뜻의 '짓다'를 사용해야 한다.

22회 23쪽

01 ㉤	02 ㉣	03 ㉠	04 ㉢
05 ㉡	06 추세	07 탐관오리	08 치유
09 취지	10 장소	11 수단	12 글자
13 ㉣	14 ㉠	15 ㉤	16 ㉡
17 ㉢	18 X	19 ○	20 X

18 표준어는 한 나라에서 공용어로 쓰는 규범으로서의 언어로, 여러 방언 가운데 공식적으로 쓰는 언어로서의 자격을 부여받은 것이다.

20 사회 방언은 세대나 직업, 성별 등 사회적 요인에 따라 다르게 쓰이는 말로, 구성원들의 소속감을 강화하거나 집단 내에서 의사소통의 효율성을 높인다.

23회 24쪽

01 ㉡	02 ㉠	03 ㉢	04 ㉣
05 폐해	06 함유	07 퇴치	08 하소연
09 ○	10 ○	11 X	12 X
13 견물생심	14 파죽지세	15 아전인수	16 오비이락
17 계란유골	18 협력	19 토의자, 사회자, 청중	
20 목적			

11 '헤어지다'의 뜻은 '모여 있던 사람들이 따로따로 흩어지다.'이므로 사진의 낡은 상태를 나타내는 말로 적절하지 않다. 이 문장에서는 '닳아서 떨어지다.'라는 뜻의 '해어지다'를 사용하여 '낡아 해어진 옛 사진'이라고 해야 한다.

12 '횟수'의 뜻은 '돌아오는 차례의 수효'이므로 결혼한 지 십 년째가 되는 상황을 나타내기에 적절하지 않다. 이 문장에서는 '해의 수'를 의미하는 '햇수'를 사용하여 '결혼한 지 햇수로 따지면 벌써 십 년째이다.'라고 해야 한다.

24회 25쪽

01 ㉠	02 ㉡	03 ㉣	04 ㉤
05 ㉢	06 허용	07 형상화	08 활성화
09 회상	10 서쪽	11 등	12 날짜
13 ㉤	14 ㉠	15 ㉢	16 ㉡
17 ㉥	18 ㉣	19 X	20 ○

19 텔레비전이나 영화 등에서 쓰이는 영상 언어는 카메라의 거리와 각도, 시각 이미지, 자막 등의 시각적 요소와 효과음, 등장인물의 말, 배경 음악 등의 청각적 요소로 구성된다. 이러한 영상 언어를 통해서는 여러 명이 동시에 의견을 주고받거나 다양한 자료를 즉각적으로 첨부하는 것이 불가능하다. 이는 인터넷 매체의 특징이다.